beck'**sche reihe**

denker

bsr

„Für meine Generation war er das Erdbeben der Epoche und seit Luther das größte deutsche Sprachgenie" – mit diesen Worten faßt Gottfried Benn seine Bewunderung für Nietzsche zusammen. Und mit dieser Bewunderung, die freilich auch stets Momente der Kritik enthält, steht er nicht allein: Ob Hofmannsthal, Rilke oder George, ob Hermann Hesse oder Thomas Mann – kaum einer der modernen Autoren konnte sich der Faszination entziehen, die von Nietzsches Person wie von seinen Texten ausstrahlt, von „großen Denkern" wie Martin Heidegger ganz zu schweigen. Und Nietzsches Wirkung hält unvermindert an, wie seine unbekümmerte Rezeption in der neueren französischen Philosophie bestätigt . . .

Volker Gerhardt gibt eine umfassende Darstellung von Nietzsches Leben und Werk, die sich den Frühschriften ebenso ausführlich widmet wie den großen Visionen des Spätwerks. Sein konsequenter Verzicht auf die Fachterminologie der Schulphilosophie ermöglicht jedem Leser einen direkten Zugang zur Gedankenwelt Nietzsches, die weit mehr zu bieten hat als „Übermensch" und „Willen zur Macht", als „Umwertung aller Werte" und „Ewige Wiederkehr des Gleichen".

Volker Gerhardt, geb. 1944, war Professor für Philosophie in Münster, Köln und Halle. Er lehrt seit 1992 Philosophie an der Humboldt-Universität Berlin und ist ordentliches Mitglied der Berlin-Brandenburgischen Akademie der Wissenschaften. Veröffentlichungen u. a.: Immanuel Kant (1979); Pathos und Distanz. Studien zur Interpretation Friedrich Nietzsches (1988); Vom Willen zur Macht (1996); Zum ewigen Frieden: Eine Theorie der Politik (1995); Selbstbestimmung. Das Prinzip der Individualität (1999).

Die Reihe „Denker" wird herausgegeben von *Otfried Höffe,* Professor für Philosophie an der Universität Tübingen.

Volker Gerhardt

Friedrich Nietzsche

Verlag C. H. Beck

Mit 9 Abbildungen

Die Deutsche Bibliothek – CIP-Einheitsaufnahme

Gerhardt, Volker:
Friedrich Nietzsche / Volker Gerhardt. – Orig.-Ausg.,
3. Aufl. –
München : Beck, 1999
   (Beck'sche Reihe ; 522 : Denker)
   ISBN 3 406 45998 6
NE: GT

Originalausgabe
ISBN 3 406 45998 6

Dritte Auflage. 1999
Umschlagentwurf: +malsy, Bremen
Umschlagbild: Nietzsche auf dem Krankenlager, Weimar 1899,
Radierung von Hans Olde, 1899, Archiv für Kunst und Geschichte, 1992
© C. H. Beck'sche Verlagsbuchhandlung (Oscar Beck), München 1992
Satz: Appl, Wemding
Druck und Bindung: C. H. Beck'sche Buchdruckerei, Nördlingen
Gedruckt auf säurefreiem, alterungsbeständigem Papier
(hergestellt aus chlorfrei gebleichtem Zellstoff)
Printed in Germany

Inhalt

IV. Experimentalphilosophische Visionen

V. Vorspiel oder Nachspiel einer Philosophie der Zukunft?

VI. Anhang

Abkürzungen

AC	Der Antichrist. Fluch auf das Christentum
DFW	Der Fall Wagner. Ein Musikanten-Problem
EH	Ecce homo. Wie man wird, was man ist
FV	Fünf Vorreden zu fünf ungeschriebenen Büchern
FW	Die fröhliche Wissenschaft
GD	Götzen-Dämmerung oder Wie man mit dem Hammer philosophirt
GM	Zur Genealogie der Moral. Eine Streitschrift
GT	Die Geburt der Tragödie
HL	Vom Nutzen und Nachtheil der Historie für das Leben
J	Jenseits von Gut und Böse. Vorspiel einer Philosophie der Zukunft
KGB	Kritische Gesamtausgabe Briefe
KGW	Kritische Gesamtausgabe Werke
KSA	Kritische Studienausgabe Werke
KSB	Kritische Studienausgabe Briefe
M	Morgenröthe. Gedanken über die moralischen Vorurtheile
MA	Menschliches, Allzumenschliches. Ein Buch für freie Geister
N	Nachlaß
NW	Nietzsche contra Wagner
PdW	Ueber das Pathos der Wahrheit
PhtZ	Die Philosophie im tragischen Zeitalter der Griechen
UB	Unzeitgemässe Betrachtungen
WL	Ueber Wahrheit und Lüge im aussermoralischen Sinne
WS	Der Wanderer und sein Schatten (=2. Teil von MA 2)
Z	Also sprach Zarathustra. Ein Buch für Alle und Keinen
ZB	Ueber die Zukunft unserer Bildungsanstalten

Zitierweise

Alle Nietzsche-Zitate werden nach KSA/KSB zitiert. Die von den Herausgebern beibehaltene Schreibweise der Originale ist in den Zitaten nicht verändert. Die KSA ist mit der KGW seitenidentisch. Welche Bände und Seiten der KSA der KGW entsprechen, ist der Konkordanz in Band 15 der KSA zu entnehmen. Die Briefstellen sind unter Angabe des Absenders oder Empfängers und des Datums belegt.

I. Nietzsche und die Philosophie

1. Ein Künstler als Philosoph

Friedrich Nietzsche gehört, trotz mancher Zweifel, zu den großen Denkern. Auch wenn er in fast allem unfertig geblieben ist, auch wenn sich viele seiner Gedanken in einer exaltierten Geste erschöpfen und es in seinen Schriften kaum eine Einsicht gibt, die sich nicht schon bei anderen findet, ist er ein Klassiker der Philosophie geworden. Während man noch schwankt, ob sich in ihm das 19. Jahrhundert in großartiger Verzerrung spiegelt oder ob er es bewußt karikiert, ob er nur aus den wissenschaftlichen Irrungen und geschmacklichen Wirrungen seiner Epoche zu verstehen ist oder aber als unser Zeitgenosse gelten kann, ist sein Werk längst zum festen Bestandteil der philosophischen Tradition geworden. In wenigen Jahrzehnten wandelte sich der Provokateur posthum zum Klassiker, dem Zeitschriften, Buchreihen, Forschungseinrichtungen und wissenschaftliche Vereinigungen ihren Namen verdanken. Wer nach tiefen Einsichten ins menschliche Dasein, nach pointierter Analyse der philosophischen Grundprobleme, nach Höhepunkten humaner Selbstdarstellung oder auch nur nach dem Beitrag der Philosophie zur Moderne fragt, der kommt um Nietzsche nicht mehr herum. Er ist der *moderne* Klassiker par excellence.

Gemessen an dem Widerstand, den die akademische Philosophie diesem „Dichterphilosophen" anfangs entgegenbrachte, ist das eine erstaunliche Karriere. Sie ist um so beachtlicher, als man auch Nietzsches eigenen Widerstand gegen die Philosophie in Rechnung zu stellen hat. Es ist keineswegs nur der „peinliche Gegenstand" der Universitätsphilosophie, die heruntergekommene „Traum- und Denkwirthschaft" der vom Staat ausgehaltenen Professoren, mit der er abrechnet (3. UB 8; 1, 421),[1] sondern die Philosophie überhaupt ist Zielscheibe seiner vernichtenden

Friedrich Nietzsche mit einem Schulkameraden in Schulpforta um 1864.
Stiftung Weimarer Klassik.

Invektiven: Sie hat für ihn etwas „Krankhaftes", „Kupplerisches", „Gewaltsames", in ihr zeigen sich „Anzeichen eines entarteten Instincts" (N 1879, 40/18; 8, 582 f.) und in ihrer „Widersinnlichkeit" liegt der „größte Widersinn des Menschen" (N 1884, 25/438; 11, 128 f.). In der Philosophie, so meint er, dränge sich eine Überfülle von „Mißrathenen", die mit ihrem aus dem

Herdeninstinkt stammenden Fanatismus „Rache an der Wirklichkeit" nehmen.

Doch ungeachtet solcher Verwünschungen steht außer Zweifel, daß Nietzsche selbst philosophische Ambitionen hat. Obgleich als Philologe ausgebildet und schon mit 24 Jahren auf eine Professur für Klassische Philologie in Basel berufen, versteht er sich primär als Philosoph. Seine erste selbständige Veröffentlichung, die ‚Geburt der Tragödie aus dem Geiste der Musik' (1872), ist eine Deutung griechischer und deutscher Kultur im Geiste Schopenhauers und Wagners; sie ist eine tiefgründige Betrachtung über die tragische Verknüpfung von Leben und Kunst. Wenn sich Nietzsche unter Berufung auf diese Schrift in der eigenen Fakultät um eine freigewordene Philosophieprofessur bewirbt, erscheint dies heute nur konsequent. Denn nachdem er den akademischen Dienst aus Gesundheitsgründen verlassen hat, wird die Philosophie zu seinem Lebensinhalt, zu einer oft mit verzweifelter Anstrengung verfolgten Notwendigkeit, über die er wieder und immer wieder als von seiner eigentlichen Aufgabe spricht. So bezeichnet er sich selbst als einen „Baum der Erkenntnis" ... Und wenn die Früchte dieses Baumes nicht schmecken? „Aber was geht das die Bäume an! Was geht das *uns* an, uns Philosophen! . . ." (GM, Vorr. 2; 5, 249)

Man fügt Nietzsche also kein Unrecht zu, wenn man ihn als einen *Philosophen* behandelt. Gleichwohl ist es im Umgang mit seinen Schriften von größter Wichtigkeit, nicht alles gleichermaßen philosophisch zu nehmen. Nietzsches Ehrgeiz ist stets auf mehr als die Philosophie gerichtet. Von der ‚Geburt der Tragödie' hat er im nachhinein gesagt, daß er sie lieber in *Musik* gesetzt und gesungen hätte. Er will als *Künstler* in der vollen Bedeutung des Wortes gelten: kein bloßer Virtuose, der mit besonderen Fertigkeiten Aufmerksamkeit erregt, sondern eine Ausnahmeexistenz, die Großes schafft und in diesem Schaffen der Menschheit ein Beispiel gibt. Dabei unterstellt er von Anfang an, daß die Größe sich auch im Scheitern zeigen kann, möglicherweise überhaupt erst dann: „Wozu die Menschen da sind, wozu ‚der Mensch' da ist, soll uns gar nicht kümmern: aber wozu Du da bist, das frage dich: und wenn Du es nicht erfahren kannst, nun so stecke Dir selber Ziele, *hohe* und *edle Ziele* und gehe an ihnen zu Grunde! Ich weiss keinen besseren Lebenszweck als am Grossen und Unmöglichen zu Grunde zu gehen: animae magnae prodigus." (N 1873, 29/54; 7, 651)

Nietzsche ist gewiß eine dieser großen Seelen, die verschwenderisch mit ihren Kräften umgehen, und er hat sich wahrlich große und edle Ziele gesetzt. Sie beherrschen sein ganzes Werk, sind keineswegs auf die Philosophie beschränkt und drängen, als sei dies selbstverständlich, über seine Epoche hinaus: Er möchte eine wirkliche Renaissance einleiten, möchte einer neuen Kultur als Geburtshelfer dienen und schließlich auch noch ihr erster Lehrer sein. Er zweifelt nicht daran, auf der Grenze zweier Zeitalter zu leben und verlangt von sich sowohl Vollendung wie Neuanfang. Auch sein vergleichsweise bescheiden wirkender Anspruch, das Zeitalter des Nihilismus zu Ende zu bringen, zielt auf den Übergang in eine durch sein Wirken und Leiden befreite Zukunft. So sucht er in allem nicht nur das Äußerste, sondern er stilisiert sich selbst zum Extrem seiner Epoche, deren Schicksal in ihm exemplarisch werden soll.

In der Stilisierung des eigenen Daseins zeigt sich auch etwas von Nietzsches ästhetischer Meisterschaft. Ganz so, wie er es von der antiken Tragödie behauptet, ist auch bei ihm nicht die „Handlung", sondern das „Pathos" entscheidend. Aus einer tragisch-heroischen Stimmung heraus gibt er sich selbst eine große Form, in der er nicht nur sein Leiden an seiner Zeit, sondern diese Zeit selbst verdichtet. Seine singuläre Existenz wird zum Symbol der Epoche; in ihr kulminiert das menschliche Dasein, und so kann er, gerade in seiner Einzigartigkeit, zum exemplarischen, keineswegs bloß symptomatischen Fall seines Zeitalters werden. Alles geschieht mit der Prätention des „großen Stils", um aus dem Leben selbst ein „Kunstwerk" zu machen (GT 3 u. 7; 1, 36 f. u. 56).

Dazu hat Nietzsche in der Tat zahlreiche Talente: Er ist, trotz seiner exaltiert klingenden Kompositionen, hoch musikalisch; er schreibt eine geschliffene Prosa, die souverän über verschiedene Sprachstile verfügt und reich an einprägsamen Bildern ist; in seiner Lyrik gewinnt er höchste Ausdruckskraft, und es ist nicht zuviel gesagt, daß die deutsche Literatur ihm einige ihrer schönsten

Gedichte verdankt. Außerdem ist er ein Meister logisch-philologischer Kombinatorik und ein Psychologe von hohen Graden. Von Sigmund Freud ist das Geständnis überliefert, daß er sich eines Tages die weitere Lektüre Nietzsches verbot, um nicht ständig lesen zu müssen, was jener alles schon vor ihm entdeckt hatte.

Wie weit Nietzsches Wirkungsanspruch über die Philosophie hinausreicht, belegt am eindrucksvollsten sein Versuch, durch die literarische Kunstfigur „Zarathustra" die Zukunft der Menschheit zu prophezeien. Im biblischen Verkündigungsstil werden der „Übermensch" und der „Wille zur Macht" gelehrt; der Gedanke der „ewigen Wiederkehr des Gleichen" wird wie eine religiöse Botschaft offenbart. Nietzsche versucht sich als Stifter eines neuen Glaubens.

Kennzeichnend ist, daß Nietzsche den Versuch neuer Glaubens- oder zumindest Mythenbildung nicht auf direktem Wege unternimmt. Er ist weit davon entfernt, eine eigene Kirche zu gründen oder auch nur eine Gemeinde um sich zu scharen. Er versteckt sich vielmehr hinter dem Auftritt des persischen Weisen und liebt auch sonst das Verwirrspiel mit vielen Masken. Schon seit der ‚Morgenröthe' (1881) sorgt er dafür, daß dem Propheten der Narr über die Schulter sieht. Zwar hat das Prophetische in ‚Also sprach Zarathustra' Nietzsches Ruhm begründet und ihm um die Jahrhundertwende zu einer unerhörten Wirkung in bildender Kunst und Literatur verholfen, aber die Vision ist kraftlos ohne die Kritik, von der sie ihren Ausgang nimmt. Die mitunter philiströse Metaphorik verlangt heute bereits nach Interpretation, um noch überzeugen zu können. Normalerweise bedarf die Dichtung des Kommentars durch einen prosaischen Text; der ‚Zarathustra' wirkt heute aber eher wie eine ergänzende Illustration zur philosophischen Prosa, und seine poetischen Bilder haben nur selten die Prägnanz der begriffsscharfen Aphoristik. So erweist sich Nietzsche auch in seinem anspruchsvollsten literarischen Werk mehr als Denker denn als Dichter. In jedem Fall ist er weit von aller *Tat* entfernt, die eine neue Zukunft heraufführen könnte.

Diese Distanz gegenüber den praktischen Schritten charakterisiert sein ganzes Schaffen. So kompromißlos und extrem viele seiner Forderungen klingen, so gewalttätig der späte Versuch, „mit dem Hammer zu philosophieren", auch anmutet, stets bleibt ein Überschuß an Nachdenklichkeit, die alle seine Ansprüche im Schwebezustand der Reflexion beläßt. Es geht ihm immer erst um die Erkenntnis – wofür im übrigen sogar die martialisch klingende Metaphorik vom Hammer spricht: Denn gemeint ist vor allem der Auskultationshammer, mit dem der Arzt den Körper des Patienten abklopft; zu seinem Gebrauch gehört ein feines Ohr, das sich auf kleinste Abweichungen einstellt. Erst in zweiter Linie ist an das Werkzeug des Bildhauers gedacht oder an den Hammer, mit dem sich auch Gefängnismauern zum Einsturz bringen lassen. Nietzsche stilisiert sich somit als Philosoph der verfeinerten sinnlichen Wahrnehmung. Dabei propagiert er nicht einfach den Wert der Sinnlichkeit, wie er es von Feuerbach und Wagner her kennt, sondern er demonstriert, was die Sinne als raffinierte Instrumente der psychologisch-philosophischen Analyse und als Medien des geschliffenen Ausdrucks leisten. Er übt seine „Ohren hinter den Ohren" – schafft sich damit eine Art transzendentales Gehör und glaubt so auch das noch vernehmen zu können, was in und zwischen den Tönen klingt.

Nietzsche hat also einen Sinn für das Hintergründige, Doppelbödige, Zwiespältige des Daseins. In fast allem vermag er die Kehrseite der Dinge wahrzunehmen. Daraus entspringt dann erst die Fähigkeit, sie auch in ihrer Ambivalenz zu denken. Und es ist vornehmlich dieses Vermögen, Doppelsinniges aufzuspüren und auszudrücken, das ihn selbst in Widersprüche führt. Es sind erlebte Gegensätze, die er begrifflich auszuhalten sucht. Ihn bewegt das Pathos der Reflexion: die Empfänglichkeit für den Begriff und das Leiden am Überschuß des Denkens. Dieses Pathos zieht ihn in die Gegensätze des Erlebens hinein, macht ihm zugleich aber bewußt, wie sehr die Erkenntnis von der Unmittelbarkeit des Lebens abtrennt. Im Pathos der Reflexion holt Nietzsche seine Kunst ebenso wie seine großen kulturellen Versprechungen stets selbst in das Medium des Gedankens zurück. Auch wenn er die „Tat" fordert und über die kraftlose Innerlichkeit des abstrakten Denkens spottet, bleibt er doch für sich selbst ein Mann der Idee und des Wortes. Er ist ein Artist der Erkenntnis, seine Mittel bleiben auf die Kritik und die Vision beschränkt. Als Meister des begrifflichen Ausdrucks ist er seinem Wunschgegner unter den Philosophen, nämlich Platon, am nächsten.

2. Philosophie als existentielles Experimentieren

Die Einschränkung auf das kritische und visionäre Wort ist Nietzsche stets schmerzlich bewußt. Nur in den ersten gemeinsamen Jahren mit Richard Wagner strebt er eine praktisch-politische Tätigkeit an, hofft insgeheim, aus dem Schatten des Meisters herauszutreten und seine eigene kulturelle Mission erfüllen zu können. Dabei denkt er zunächst an einen kleinen Kreis erlesener Freunde, die in klösterlicher Abgeschiedenheit das Ideal eines neuen Lebens praktizieren. Dort soll die Keimzelle einer neuen Kultur entstehen, die er sich als eine „neue und verbesserte" Natur vorstellt: „ohne Innen und Aussen, ohne Verstellung und Convention", als eine Kultur der „Einhelligkeit zwischen Leben, Denken, Scheinen und Wollen" (2. UB 10; 1, 334). Aber er trifft noch nicht einmal Vorbereitungen für die Erprobung einer solchen neuen Lebensform.

Niemand wird Nietzsche die Unfähigkeit zu praktischem Handeln zum Vorwurf machen wollen, zumal seine Krankheit ihm schon früh eine einsame und unstete Existenzweise aufnötigt. Damit aber ist er ganz auf seine Gedanken und Schriften zurückgeworfen. Er führt, vielleicht als einer der ersten in der Geschichte der Philosophie, das Dasein eines Intellektuellen: aus fast allen sozialen Bindungen gelöst und ohne eine gesellschaftliche Aufgabe, wirksam allein durch das, was er selbst für einsichtig hält. Er ist in der Tat ein „freier Geist" und dabei, wie er selbst es nennt, ein „décadent", der den diagnostizierten Niedergang seiner Epoche nur kommentieren, aber nicht aufhalten kann. Erst recht fehlen ihm die Mittel, das proklamierte postnihilistische Zeitalter mit praktischen Schritten einzuleiten. Ja, seine Enthaltsamkeit geht so weit, daß er es sich in seiner „Philosophie der Zukunft" verbietet, die Grundzüge der neuen Zeit zu entwerfen. Man erfährt stets nur, welche Übel künftig überwunden sein sollten.

Sieht man einmal vom kulturkritischen Beiwerk der Selbstein-schätzung als „décadent" ab, dann kommt das klassische Bild des Philosophen zum Vorschein, dem lediglich die Ausdrucksfor-men seines Denkens zu Gebote stehen. Er ist ganz und gar auf die Mittel intellektueller Aufklärung verwiesen. Gewiß kann er auf die rhetorische Wirkung seiner Sprache vertrauen. Aber die Rhe-torik leistet philosophisch nur dort etwas, wo der Begriff auch trägt. Wenn es keine Einsichten und Argumente sind, was sollte hier sonst exemplarisch werden?

Freilich möchte Nietzsche mit seinen Einsichten stets auch – nach Art der antiken Weisen – erzieherisch wirken. In seinem Wunsch nach Schülern wird deutlich, daß er sein eigenes Leben tatsächlich als ein Bei- und Vorspiel begreift. Er demonstriert an sich selbst, wie man dem Leiden am Dasein einen Lust- und Machtgewinn ablistet, der sich für ihn in begrifflicher Münze auszahlt und den jeder in seiner eigenen Währung einstreichen kann. Wie weit sein Verlangen geht, selbst ein Beispiel zu geben, tritt schließlich in den Wahnsinnsphantasien hervor, in denen er als gekreuzigter Dionysos stellvertretend für die Menschheit lei-den will. Solange er aber bei klarem Bewußtsein ist, neigt er auch in seinem Verlangen nach Vorbildlichkeit zur skeptischen Zurückhaltung. Er zweifelt, fragt und verwirft hier nicht anders als sonst, verschließt sich in Hohn und Spott oder geht lachend über eigene Erwartungen hinweg – stets mit dem Anspruch, die besseren Gründe auf seiner Seite zu haben. Er bleibt also ein Denker, der seiner Einsicht folgt und sich in allem auf seine Wahrhaftigkeit beruft. Nietzsche präsentiert sich als Philosoph der existentiellen Konsequenz. Seine Rationalität ist gänzlich auf den Augenblick der Evidenz eingestellt.

Von hier aus läßt sich auch seine Polemik gegen das System-denken verstehen. Er gibt damit keineswegs, wie manche seiner Jünger glauben, Verstand und Logik preis. Aber er hält es für un-redlich, sich auf Schlußfolgerungen einzulassen, die sich von der Gewißheit individueller Einsicht entfernen. Die Bindung an den eigenen Sinn, in dem sich stets auch die eigene Leiblichkeit er-füllt, soll nicht preisgegeben werden. Selbst die größte Abstraktion ist eine Äußerung des Menschen, bleibt also an dessen Existenzbedingungen gebunden. Doch schon der Hinweis auf *den* Menschen enthält noch eine gewaltige Abstraktion: Jedes Individuum hat *seine eigene* unaufgebbare Perspektive. Und es entspricht Nietzsches Vorstellung von einem redlichen, in sich konsequenten Denken, die perspektivische Eingrenzung aller unserer Lebensäußerungen auch deutlich zu machen. Die Systembaumeister der Philosophie kommen, so glaubt er, dieser intellektuellen Verpflichtung nicht nach; deshalb macht er ihnen den Vorwurf, unaufrichtig zu sein: „Der Wille zum System ist ein Mangel an Rechtschaffenheit." (GD, Sprüche 26; 6, 63)

Nietzsche entzieht sich dem Systemdenken also nicht, weil er der Unmittelbarkeit eines Gefühls den Vorzug gibt, sondern weil er im Systemanspruch eine Inkonsequenz entdeckt. Der Systematiker vergißt den Ausgangspunkt seines eigenen Denkens und verleugnet damit sich selbst. Die Unredlichkeit liegt in der Ablenkung von den individuellen, sinnlich-leibhaften Ursprüngen einer jeden Einsicht, die als Erkenntnis gelten soll.

Demgegenüber sucht Nietzsche am perspektivischen Charakter der Erkenntnis festzuhalten. Der leibliche Grund des Geistes soll sichtbar bleiben und damit nicht allein die Sinnlichkeit und Einmaligkeit seiner ersten Regungen, nicht allein das Ästhetische seiner fundierenden Stimmungen und Bilder, sondern auch seine Einbindung in das Leben, das selbst immer nur individuell hervortritt. Jedes Denken gerät – als Denken – unvermeidlich in eine Opposition zum Leben, denn begreifend geht es notwendig über die Singularität der einzelnen Erscheinungen hinweg. Darin liegt das tragische Moment einer jeden Erkenntnis, auf das Nietzsche wie niemand vor ihm aufmerksam macht. Er wehrt sich gegen die Verdrängung des Lebendigen im und durch den Begriff. Auch wenn der Begriff eben das nicht begreift, was er ursprünglich begreifen will, nämlich den einzelnen, sinnlich gegenwärtigen Eindruck, darf er nicht darüber hinwegtäuschen, daß er diesem Eindruck alles verdankt.

Das Naheliegende ist hier zugleich das Ungreifbare. Im Bewußtsein ihrer Unerfüllbarkeit stellt sich Nietzsche gleichwohl die Aufgabe, das Schisma von Sinnlichkeit und Geist zu überwinden. Im Medium des Denkens, das, wohlgemerkt, erst die

Kluft entstehen läßt, sollen sich einzelnes und Allgemeines, Ästhetisches und Intellektuelles, Leben und Vernunft wieder verbinden. Denkend will er zurück in das Leben, aus dem er sich denkend zwangsläufig entfernt. In dieser Dialektik gibt es keinen Fortschritt, wohl aber Intensitätsgrade des Bewußtseins und das mit wachsender Selbsterkenntnis sich steigernde Verlangen, vom *bloßen* Bewußtsein loszukommen.

Ein Moment der philosophischen Bedeutung Nietzsches liegt gewiß darin, daß er sich nicht damit begnügt, den konträren Positionen von Leib und Geist in allen Schattierungen nachzugehen, sondern unablässig nach Übergängen und möglichen Verbindungen sucht. Schon in seiner ersten selbständigen Schrift, der ‚Geburt der Tragödie‘, präsentiert er die Kunst als das Medium, in dem sich tragische Einsicht und Lebenstrieb zu einheitlichen Gestalten verbinden. Traum und Rausch sind hier die Elemente, in denen das menschliche, also das vernunftbegabte Leben nicht nur erträglich, sondern überhaupt erst entwicklungsfähig wird. Erst wenn der Mensch es versteht, zwischen die Dinge und sich selbst die Kunst zu schieben, wird eine „Welt" daraus. So kommt er durch die Kunst nicht nur zu den Dingen, sondern überhaupt erst zu sich selbst. In der dritten ‚Unzeitgemäßen Betrachtung‘ traut Nietzsche der tätigen Persönlichkeit die Vermittlung von blindem Lebensvollzug und bewußter Einsicht zu. Dann macht er sich als Psychologe daran, die verschlungenen Wege aufzuspüren, auf denen Instinkt und Reflexion ineinander übergehen. Schließlich wirft er sich mit seiner ganzen Existenz in das Experiment einer Annäherung der Vernunft an das Leben. Seine „Experimental-Philosophie", sein erklärtes Wagnis, „auf den Versuch hin zu leben", dient eben dem Ziel, die „*kleine Vernunft*" unseres Bewußtseins mit der „*großen Vernunft*" unseres Leibes zur Deckung zu bringen.

Dieser Versuch muß scheitern, denn von der sogenannten kleinen Vernunft kommen wir nur um den Preis unserer Selbstaufgabe los, und allein dadurch bleibt uns die sogenannte große Vernunft prinzipiell verschlossen. Solange wir von uns wissen, wissen wir von der „Vernunft" des Leibes nichts. Wenn Nietzsche von der Tragik des Erkennens spricht, meint er auch diesen

Sachverhalt. Dennoch hat er sein philosophisches Experiment auf Leben und Denken gewagt. Und es ist, trotz allem, nicht umsonst gewesen. In der Artistik seines Denkens hat er den ästhetischen Stoff, aus dem unsere Gedanken geschneidert sind, sinnfällig gemacht. Er hat zwar keine systematisch tragfähige Beziehung zwischen Sinn und Verstand ermittelt, hat aber, theoretisch wie praktisch, die Kunst als jenes Element ausgewiesen, in dem sich Wissen und Lebensvollzug verbinden. Die Philosophie, die nach Wissen ja nur verlangt, um zur Weisheit – zur „Lebensweisheit" – zu gelangen, findet einen Zugang zum Leben nur über die *Kunst*. Diese platonische Einsicht wird durch Nietzsches philosophischen Selbstversuch auf dem Niveau neuzeitlichen Wissens rehabilitiert.

Sein Experiment hat überdies die Einzigartigkeit seiner Existenz zu dramatischer Anschaulichkeit gebracht. Nietzsche scheut sich nicht, die sokratische Grundfrage nach der Selbsterkenntnis an der eigenen Person durchzuexerzieren. Er stellt sich selber rücksichtslos und ohne vorschnelle Antworten mit allen begrifflichen Mitteln in Frage und wird nicht zuletzt dadurch zu einem originalen Denker, bei dem Theorie und Praxis kaum noch zu trennen sind. Die Radikalität seiner Theorie verdankt sich nicht zuletzt der Härte der an sich selbst geübten Praxis. Kant hat treffend bemerkt, daß sich alle Probleme der Philosophie auf eine einzige Frage bringen lassen: „Was ist der Mensch?" Nietzsche macht darauf die leibhaftige Probe. Er hat begriffen, daß die Grundfrage der Philosophie viel konkreter gestellt werden muß: „Wer bin ich?" Kurz vor dem geistigen Zusammenbruch hat er dann seine Antwort zusammenzufassen gesucht und mit „Ecce homo" überschrieben: Sehet, welch ein Mensch!

So hat Nietzsche sich selbst zum Paradefall der Philosophie gemacht. Dabei hat er uns gewiß kein Vorbild gegeben. Aber er hat demonstriert, daß die philosophische Frage nach dem Verhältnis von Geist und Leben ihren Impuls letztlich immer aus einem individuellen Anspruch erhält, nämlich aus dem keineswegs bloß theoretischen Verlangen, das eigene Leben nach eigener Einsicht zu führen. Die „Experimental-Philosophie" lenkt somit auf den *Ausgangspunkt philosophischen Denkens* zurück.

Bemerkenswert ist, daß dabei keine Anzeichen philosophischer Realitätsflucht zu erkennen sind. Sein Denken zielt nicht auf Verdrängung der modernen Welt. Nietzsche sucht auch nicht einfach einen irgendwie gangbaren Weg, von seinem Leiden loszukommen. Er verzichtet keineswegs auf die Erkenntnisse der neuzeitlichen Wissenschaft, und es gibt auch keine Anzeichen von Feindschaft gegenüber Technik und industrieller Arbeitswelt. Überdies trägt er seinen Anspruch mit dem unverhohlenen Raffinement des modernen Subjekts vor und meint ihn, trotz aller Lust an der Verstellung, ernst. Er verbraucht sich voll und ganz in dem Versuch, angesichts der Moderne in den Ursprung des Denkens zurückzufinden.

Dies ist es, was uns zu denken gibt. Hier wird keine Überlieferung beschworen und kein klassisches oder vorklassisches Ideal konserviert. Nietzsche fordert keine Restauration, sondern eine Renaissance, die mitten im Prozeß der neuzeitlichen Entwicklung neue, lebendige Kräfte freisetzen soll. Er will der Dynamik der modernen Entwicklung frische Reserven zuführen und greift deshalb auf die sich dem Menschen von innen her erschließende Natur, also auf das, was er „Willen zur Macht" nennt, zurück. Es wird zu prüfen und im übrigen abzuwarten sein, ob er so tatsächlich auf neue Quellen menschlicher Lebenskraft stößt. Er selbst aber hat sich so nicht unbeträchtliche Impulse gegeben. Sein Element ist in der Tat das lebendige, alles erprobende, jede Perspektive durchspielende Denken. Nur wenige vor ihm haben ihrem Leben (und ihrem physischen Leiden) so viel Geistiges, so viel Gedankliches abgewonnen.

3. Kritik und Krise. Philosophie als Schicksal des modernen Menschen

Im Schlußabschnitt seines artistischen und doch existentiell aufrichtigen Lebensberichts ‚Ecce homo', der in manchem schon ein Dokument des geistigen Zusammenbruchs ist, hat Nietzsche in maßloser Übersteigerung sich selbst zum Schicksal der Menschheit erklärt (6, 63). Dies ist seine letzte große Provokation des abendländischen Denkens, insonderheit des Christentums. Sie muß als der verzweifelte Versuch verstanden werden, doch noch von der bloß intellektuellen Existenz loszukommen und als dionysischer Erlöser weltgeschichtliche Bedeutung zu erlangen. In der pathetischen Bereitschaft, das Schicksal aller auf sich zu nehmen, möchte er sich vom eigenen Lebenslos befreien, nämlich: nicht mehr als ein Philosoph zu sein. Doch alles, was Nietzsche für die Kultur des 19. und 20. Jahrhunderts geleistet hat, das kommt ihm als Kritiker und Visionär und somit als Denker zu. Sein Ruf basiert auf der Radikalität seiner Gedanken – mögen sie nun in Begriff und Argument ausgesprochen, in Abgrenzung von der Tradition nur angedeutet oder vieldeutig ins Bild gerückt sein. Stets ist es eine Erkenntnis, die man bei ihm findet oder vermutet. Auch seine Wirkung als Künstler beruht auf der Kompromißlosigkeit seiner intellektuellen Einstellung. Was begeistert, sind die Einsichten, die in den Aphorismen aufblitzen; Zarathustra kommt, um eine in langer Einsamkeit gewachsene Weisheit zu verkünden; und die „Tiefe", von der so oft geheimnisvoll raunend die Rede ist, birgt auf ihrem Grunde allemal ein Wissen, das nur der Lebenserfahrene haben kann. Mag Nietzsche nun ein Schicksal der Menschheit sein oder nicht; *sein* Schicksal ist die Philosophie.

Unter diesem Schicksal hat Nietzsche gelitten wie wohl kein anderer vor oder nach ihm. Letztlich aber hat er es doch akzeptiert und hat auch die Philosophie in seine große und weise Formel vom „amor fati" einbezogen. Trotz allen Widerstands hat er sich ihr mehr und mehr hingegeben - in der leidenschaftlichen Distanz zur Welt, die, bei aller theoretischen und praktischen Anteilnahme, nun einmal zur Philosophie gehört. So erfüllt sich in ihm, was er schon 1873 als Kennzeichen des Philosophen ansieht: „Das Product des Philosophen ist sein *Leben* (zuerst, vor seinen *Werken*). Das ist sein Kunstwerk. Jedes Kunstwerk ist einmal dem Künstler, sodann den andern Menschen zugekehrt." (N 1873, 29/205; 7, 712).

Nicht zufällig ist Nietzsche der erste, der den heute so geläufigen Ausdruck vom „Sinn des Lebens" erstmals verwendet (N 1875, 3/63; 8, 32). Solange das menschliche Leben sich nicht von selbst lebt und jeder seine eigenen Schwierigkeiten damit hat, solange wird es auch philosophische Probleme geben. Folglich gibt es so viele Zugänge zur Philosophie, wie es individuelle Lebensprobleme gibt. Diesen Spielraum der Fragestellungen von allen Restriktionen befreit zu haben, ist Nietzsches Verdienst. Und es ist unerhört, *wie* er dies tut. Er stellt keine Theorie darüber auf, sondern er führt die Spannweite philosophischen Denkens durch experimentelle Erkundung, durch den Exzeß des Erkennens vor. Seine Praxis ist das Denken.

Auf diese Weise schafft Nietzsche für die Philosophie insgesamt, was Schopenhauer nur für seine Person gelungen ist: die Befreiung von den Fesseln eines rein akademischen Denkens. Dabei baut er allerdings keinen Gegensatz zwischen Philosophie und Wissenschaft auf. Er sagt nur, daß wir von der Philosophie mehr verlangen als etwa von der Physik oder von der Biologie. In allen Sinn- und Wertfragen versagen die Einzelwissenschaften. Sie sollen Tatsachen klären und Probleme lösen. Die philosophische Frage aber zielt darüber hinaus; in ihr geht es darum, was uns Tatsachen und Probleme *bedeuten;* erst durch sie kommt ein aufs Ganze gehender Selbstanspruch hinzu. Erst durch sie erhält unser Wissen einen kritischen Impuls. Die Philosophie bringt die Kritik an Zwecken und Werten auf den Begriff und, wenn möglich, zur Vernunft; und ihr Motiv dazu liegt *vor* aller Wissenschaft. Ein auf die entscheidenden Lebensfragen zielendes, vernünftig abgrenzendes Urteil ist daher nur von der Philosophie zu erwarten. Freilich kann sie aus sich heraus keine Werte schaffen. Und sie ist gewiß auch nicht die einzige Urteilsinstanz, die sich über das Leben zu erheben sucht. Denn jede praktische Aussage verfügt wertend über das Leben. Nur macht die Philosophie diese Wertung bewußt und gibt sie zur selbständigen Prüfung frei. Deshalb gehören alle sich durch Freiheit und Geist ausweisenden Urteile über den Sinn oder Wert eines Daseins ganz von selbst zur Philosophie. Das macht ihre Nähe zum Leben aus und begründet für Nietzsche, daß sie die rein wissenschaftliche Erkenntnis hinter sich läßt.

Das klingt heute trivial. Man muß sich aber vergegenwärtigen, daß diese Differenzierung zwischen Philosophie und Wissenschaft in der 2. Hälfte des 19. Jahrhunderts auf dem Höhepunkt positivistischer Wissenschaftsgläubigkeit vorgenommen wird. Es war damals herrschende Meinung, daß die philosophischen Fragen, sofern sie überhaupt Bedeutung haben, in szientifische Problemstellungen überführt und – vermutlich schon bald – gelöst werden können. Nietzsche entlarvt die philiströse Einfalt dieser Erwartung. Er warnt vor der Überschätzung wissenschaftlicher Erkenntnis, ohne ihren Nutzen für die Sicherung und Erleichterung des menschlichen Lebens in Abrede zu stellen. Er ist auch einer der ersten, die böse Ahnungen über die unabsehbaren Folgen des technischen Fortschritts äußern, und er spottet über den blinden Optimismus der zeitgenössischen Politik. Aber er weiß, daß Technisierung und Industrialisierung ebensowenig umkehrbar sind wie das Wachstum wissenschaftlicher Forschung. Ja, er setzt ausdrücklich auf den zivilisatorischen Großversuch der Menschheit mit sich selbst. Nur: Über das Glück des Individuums wird dabei nicht entschieden. Für den, der von sich und vom Leben etwas verlangt, bleibt es ein Kampf und letztlich ein Scheitern. An der tragischen Verfassung des Daseins kann die Wissenschaft nichts ändern. Im Gegenteil: Je mehr sie dominiert, um so nötiger braucht der Mensch Kunst und Philosophie. Auch die befreien ihn nicht von den Sorgen, bringen ihn aber – unbewußt oder bewußt – in Übereinstimmung mit seinem Schicksal.

Nietzsches Kritik des wissenschaftlichen Positivismus ist überaus wirksam gewesen. Sie fand in den auf ihn folgenden Lebensphilosophien ein vielfältiges Echo und wurde im akademischen Bereich von der Methodenlehre des Neukantianismus unterstützt. Doch auf diese Verstärkung kommt es nicht an. Nietzsches Einsatz hat mehr als bloß Argumente für sich. Seine Kritik wird im eigenen Philosophieren *praktisch*. Denn erst indem er selbst über die Philologie, über die Psychologie, über die zahlreichen Einzelwissenschaften, mit denen er sich beschäftigt, hinausgeht, wird er zum Philosophen. Seine Überzeugungskraft ist nicht zuletzt deshalb so groß, weil er gar nicht darauf achtet, ob er nun in einem strengen Sinn Philosoph bleibt oder nicht. Um die Grenzen der philosophischen Disziplin hat er sich nie gekümmert, und er hat sie gewiß in vielem verletzt. Sein Denken ist eine fortgesetzte Provokation der Philosophie. Aber durch diese Herausforderung hat sie gewonnen. Nietzsche hat – um seinen inzwischen klassisch gewordenen Beitrag noch einmal zu betonen – den Spielraum des philosophischen Denkens beträchtlich erweitert. Sein leidenschaftlicher Dilettantismus hat im Bewußtsein der modernen Zeitgenossen die Liebe zur Weisheit geweckt.

Und er selbst ist, bei allen Distanzierungsversuchen, ein Philosoph geblieben – oft freilich nur als Alter ego der großen Tradition. Es ist ihm gelungen, die Philosophie an sich selbst zweifeln zu lassen. Durch ihre eigenen Mittel, durch Erkennen, Denken und Kritik, hat er eine Irritation verursacht, die sich bis heute nicht verloren hat. Der Selbstreflexion der Philosophie ist diese Verunsicherung zugute gekommen, wie sich in Deutschland allein an Simmel und Scheler, Heidegger, Jaspers und Löwith sowie an Adorno und Gehlen zeigt. Auch Wittgenstein ist von der gedanklichen Erschütterung durch Nietzsche nicht unberührt. Hinzu kommt das außerhalb der philosophischen Disziplin freigesetzte Reflexionspotential. Was allein drei aufmerksame Leser Nietzsches – Sigmund Freud, Max Weber und Thomas Mann – an philosophischem Terrain erschlossen haben, ist bislang nur oberflächlich vermessen.

Man sollte aber betonen, daß Nietzsche der Titel eines Philosophen nicht nur aufgrund seiner Wirkung zukommt. Es sind von vornherein das Leid und die Lust des philosophischen Denkens, die ihn von der Philologie fortziehen. Und nachdem er einige Jahre seine Ambition hinter den Masken des Psychologen, des fröhlichen Wissenschaftlers und des Dichter-Propheten verborgen hat, bekennt er sich in den späten Schriften unumwunden zu ihr. Zwar will er sich auch dann noch als „freier Geist" von allen überlieferten Zuordnungen lösen, aber er akzeptiert doch gerade in dieser Rolle seine intellektuelle, seine philosophische Mission. So dürfte er eigentlich selbst gar nichts dagegen haben, zu den großen Denkern gerechnet zu werden.

4. Maßlosigkeiten

Wenn Nietzsche also zu den großen Denkern gehört, darf und braucht nicht verschwiegen zu werden, daß sich manche Gedankenlosigkeit und damit auch Ärgerliches, Lächerliches und Erbärmliches in seinen Werken findet. In das hohe Pathos des Tragischen mischt sich nicht selten unfreiwillige Komik. Hinter den oft ein wenig zu starken Sprüchen versteckt er nicht nur manche Ängstlichkeit, sondern auch beträchtliche Schwächen.

Dies gilt zum Beispiel für seine Urteile über die Frauen, auf die er im Stil allgemeiner Wahrheiten seine unausgelebten Phantasien projiziert. Zwar gibt es auch hier manche treffende Beobachtung über die Psychologie des „Weibes", und es lohnt sich heute mehr denn je, sich auch hier von ihm provozieren zu lassen. Nietzsche erkennt die leid- und lustvollen Sado-Masochismen, die sich in das Verhältnis von Mann und Frau mischen; in der Beziehung der Geschlechter allein von „Gleichheit" zu reden, enthüllt ihm mehr als bloß einen Denkfehler. Der methodisch geübte „böse Blick" Nietzsches bewährt sich auch in den Themen von Liebe und Ehe, von Schwangerschaft, Mutterpflicht und weiblicher Emanzipation. Aber Allgemeinheit kann seine Verkürzung der Frau auf die Perspektive des Mannes nicht beanspruchen; die von ihm bevorzugte Reduktion auf biologische Funktionen ist allenfalls symptomatisch für ein Vorurteil der wilhelminischen Epoche; und seine Neigung, „das Weib" nur aus der Relation zum männlichen Herrschaftsanspruch zu bestimmen, ist nicht mehr als ein leicht durchschaubarer Wunsch, von den eigenen Schwächen und Hemmungen loszukommen. Sein Denken wird hier zur bloßen Kompensation.

Auch in der Frage der philosophischen Methode transformiert Nietzsche wohl eine persönliche Unfähigkeit in eine generelle These. Seine Angriffe gegen das systematische Denken verdecken, daß er selbst systematische Ambitionen hat. Er versucht sich immer wieder an einem methodisch verfaßten Werk; bei der Konzeption des Willens zur Macht schwebt ihm sogar ein „System aus verleiblichten Begriffen" vor. Doch er scheitert mit diesem Vorhaben, nicht zuletzt wegen seiner zu hoch gesteckten Ansprüche. Deshalb hat er noch lange keinen Grund, das systematische Denken als solches zu verwerfen, zumal die Konsequenz seiner Einsichten nicht selten System und Methode verrät. Es hätte also genügt, wenn Nietzsche sich auf die Akzentuierung seiner Stärke beschränkt, also auf den Versuch verzichtet hätte, den Aphorismus gegen das System auszuspielen. Denn daß im Aphorismus ein genuines Element philosophischer Einsicht liegt, lehrt nicht erst die Tradition der spanischen und französischen Moralisten, haben in Deutschland nicht erst Lichtenberg, Novalis und Goethe unter Beweis gestellt; schon die Antike kannte und schätzte den Wert einer auf das Typische verdichteten Spruchweisheit.

So ärgerlich wie lächerlich an Nietzsche ist die betonte Großspurigkeit seiner literarischen Auftritte. Seine philosophische Größe gibt ihm gewiß Grund genug, selbstbewußt zu sprechen, und man muß auch gleich hinzufügen, daß er ein Meister der leisen, nuancierten Töne ist; auch hat er wahrhaftig Mut genug, sich in seinen Schwächen bloßzustellen. Gleichwohl scheint er es nötig zu haben, sich immer wieder mit maßlosen Behauptungen vorzudrängen. So etwa, wenn er sich zu der These versteigt, die Werke der französischen Moralisten enthielten mehr *wirkliche Gedanken*, als alle Bücher deutscher Philosophen zusammengenommen" (MA 2, 214; 2, 647); entweder sagt er hier etwas überaus Triviales oder etwas selbst Gedankenloses; in jedem Fall fehlt dem Vergleich das Maß. Er ist ganz auf den Effekt bezogen, so auch, wenn er Bizet mit zeitdiagnostischem Aufwand über Wagner stellt oder in Brahms nur eine „Melancholie des Unvermögens" erkennt (DFW; 6, 13 u. 47). Oder wie peinlich wirkt es, wenn er – sozusagen als letztes Argument gegen den „Chinesen von Königsberg" – dessen Altersschwäche ins Feld führt, so als sei seine Philosophie daran schuld: „Kant wurde Idiot." (AC 11; 6/177)

Nietzsche gefällt sich in der Pose des intellektuellen Extremisten, scheut nicht davor zurück, sich selbst literarische und philosophische Meisterschaft zu attestieren, betreibt eine selbstgefällige Nobilitierung der eigenen Person und geht manches Mal verdächtig weit auf Distanz zum Menschlich-Allzumenschlichen. Das hat auch Folgen für die Inhalte seines Denkens: Aus der spekulativen, durch und durch philosophischen Lehre vom Willen zur Macht wird mit dem Verzicht auf die kritische Reflexion des menschlichen Ausgangspunktes eine ideologische Selbstbehauptung. Nietzsche hätte es gar nicht nötig gehabt, seine zahlreichen literarischen und wissenschaftlichen Quellen, aus denen er sich unablässig bediente, abzuschatten. Wie viel er dem Alten und Neuen Testament, wie viel er Schiller, Goethe, Hölderlin und den Romantikern, und wie viel er nicht nur Schopenhauers ,Welt als Wille und Vorstellung', sondern vor allem den ,Aphorismen zur Lebensweisheit' verdankt, das läßt er den Leser immerhin ahnen. Aber wie viel er von Anfang an aus Büchern und Artikeln zeitgenössischer Autoren direkt übernimmt, das wird mitunter peinlich verschwiegen.

Erst die kritische Nietzsche-Philologie, angestoßen durch die Entdeckungen Mazzino Montinaris, hat hier erstaunliche Bezüge offengelegt. Nicht eben marginale Textpartien in ,Wahrheit und Lüge im aussermoralischen Sinne', in der ,Genealogie' oder in ,Götzen-Dämmerung' und ,Antichrist' sind ohne nähere Kennzeichnung von anderen abgeschrieben. Dabei hätte es seiner philosophischen Bedeutung bestimmt keinen Abbruch getan, wenn er die Gewährsleute beim Namen genannt hätte. Denn was immer Nietzsche sich aneignet, das rückt er in einen originellen Zusammenhang, der den unverwechselbaren Stempel seines Denkens trägt.

Gewiß ist nicht alles falsch, was er über die Notwendigkeit von Rangordnung, Kampf und Krieg, über die Willfährigkeit der Masse, die Ruchlosigkeit der Herrscher und den Heroismus des einzelnen sagt; es hat bestimmt einen wahren Kern, wenn er prophezeit, daß sklavische Gesinnung und bestialischer Trieb alle Aufklärung überdauern werden. Seinem Lob auf Thukydides und Machiavelli kann man nur zustimmen, und vielleicht ist seine Ästhetisierung des Raubtierhaften in uns und unserer Geschichte nur ein emphatischer Versuch, mit einer Realität fertigzuwerden. Aber muß man deshalb das Mitgefühl mit den Menschen aufkündigen? Muß man sich deshalb schon von der

Humanität abwenden, oder sie gar durch eine eigene „Humanität" ersetzen wollen, der gerade das Menschliche abgeht?

Es bleibt der schale Nachgeschmack, daß sich hier in heroisch aufgipfelnden Wendungen ein Ängstlich-Allzuängstlicher bloß selbst Mut zuspricht. Nietzsches Unerbittlichkeit hat etwas Theatralisches; sein Realismus wirkt schwärmerisch und pompös, in seiner Nüchternheit liegt etwas zu viel Überschwang. Das weckt Argwohn gegen seine Einsichten, auch wenn er eingesteht, jeder Nüchternheit sei eine „geheime und unvertilgbare Trunkenheit einverleibt" (FW 57; 3, 421). Warum hat er martialische Selbstinszenierung nötig? Warum muß er sich immer wieder, und zwar schon lange vor dem Größenwahn der letzten Wochen, ins Maßlose steigern? Wie erträgt ein scharfsinniger Kopf die fortgesetzte Selbstverführung durch die eigene Rhetorik? Warum gelingt es ihm nicht, auch die eigene Selbststilisierung als symptomatisch für seine großsprecherische Epoche zu entlarven und selbst dazu auf Distanz zu gehen?

Es ist wohl nicht möglich und auch nicht nötig, auf diese Fragen Antworten zu finden. Wichtig ist nur, daß man die Exaltationen als solche erkennt und sich infolgedessen hütet, alles wörtlich zu nehmen. Man muß fähig sein, in der überragenden Gestalt Nietzsches immer auch eine Karikatur seines Zeitalters zu sehen. Seine Größe schließt eben deren Gegenteil mit ein. „Ecce homo" – das gilt auch hier.

Stark und schwach zugleich ist Nietzsche in seinem Bedürfnis nach intellektueller Gegnerschaft. Er sucht und findet den Widerspruch zumeist mit intuitiver Treffsicherheit. Zuweilen aber fällt er sein Urteil, ohne das Gegenüber aus eigenem Studium zu kennen. Bei Hegel und Kant zum Beispiel verläßt er sich häufig auf nicht genannte Mittelsmänner, so daß seine scharfsinnige Kritik wohl auf diese, nicht aber auf die großen Philosophen zutrifft. Auch über Platon äußert er sich wie einer, der sich nicht wirklich auf die Dialoge eingelassen hat. So verfehlt er in durchaus tragischer Weise gerade die, denen er ebenbürtig ist. Vielleicht aber hat er sich dadurch die Freiheit bewahrt, noch einmal auf seine Art Einsichten zu formulieren, die wir bereits bei den großen Denkern vor ihm finden. So bleibt er, seinem Widerspruch zum Trotz, ein Bestandteil der großen Tradition. Nicht zuletzt durch seine gesuchte und gespreizte Eigenwilligkeit hat er einiges dazu beigetragen, daß uns Hegel, Kant und Platon philosophisch wieder näher sind, als sie es ihm selbst und seinen Zeitgenossen waren.

II. Das Werk als Widerspruch zum Leben

Bei jedem Philosophen ist es von Interesse, unter welchen Umständen er lebt und wie er sein Leben führt. Gleichwohl kann man bei vielen großen Denkern Wesentliches feststellen, ohne auf den biographischen Hintergrund zu achten. Aristoteles oder Thomas von Aquin, Descartes, Kant oder Hegel, um nur einige Beispiele zu nennen, kann man auch lesen, ohne über ihr Leben etwas zu wissen. Bei Platon, Augustinus, Hobbes oder Rousseau ist es schon schwieriger, das Bedeutsame allein aus ihren Worten zu rekonstruieren. Noch anders dürfte es sich bei Sokrates oder Pascal, bei Kierkegaard oder Wittgenstein verhalten. Hier gehören Leben und Denken eng zusammen.

So ist es auch bei Nietzsche, der aber selbst hier noch eine Ausnahme darstellt, weil er sein psychosomatisches Leiden an der Notwendigkeit zu denken selbst zum Thema macht. Wer nicht weiß, daß hier der letzte Sproß einer traditionsreichen Pastorenfamilie, ein klassischer Philologe und vielseitiger Ästhet, ein Einsamer und Kranker, der überdies in beständiger Furcht vor einem tragischen Ende lebt, daß hier ein Mensch, der eigentlich gar nicht philosophieren will, von der Philosophie nicht loskommt... – wer das nicht beachtet, der versteht nur den Vordergrund seiner Texte.

Folglich hat man bei Nietzsche stets auf den Zusammenhang von Leben und Schreiben zu achten. Dem trägt auch die vorliegende Darstellung Rechnung, indem sie Lebensgeschichte und Entstehung des Werkes als Einheit behandelt. Nietzsches philosophische Fragen werden also zunächst in ihrem genetischen Zusammenhang vorgestellt, ehe sie im zentralen III. u. IV. Teil im einzelnen entwickelt werden.

Friedrich Nietzsche als Schüler 1862/63.
Stiftung Weimarer Klassik.

1. Herkunft, Schule, Studium (1844–1869)

Friedrich Wilhelm Nietzsche wird am 15. Oktober 1844 in Röcken bei Leipzig geboren, wo 1813 auch schon sein Vater, Carl Ludwig Nietzsche, zur Welt gekommen war. Seit 1815 gehört dieser Teil Sachsens politisch zu Preußen, und es ist für den Vater 1844 selbstverständlich, daß sein Sohn den Namen des preußischen Königs erhält, zumal der damals regierende Friedrich Wilhelm IV. auch am 15. Oktober Geburtstag hat. Die Begeisterung für Preußen überträgt sich auf den jungen Friedrich Wilhelm Nietzsche, ungeachtet seines späteren Verzichts auf den zweiten Vornamen.

Nietzsches Vater, selbst Sohn eines lutherischen Superintendenten und einer Pfarrerstochter, deren Vorfahren bereits in der fünften Generation Pfarrer waren, hatte seit 1842 die Pfarrstelle in Röcken inne, wo er ein Jahr später Franziska Oehler, die Pfarrerstochter des Nachbarortes, heiratete. Friedrich Nietzsche wird also in einem Pfarrhaus geboren und trifft auch die Großeltern in Pfarrhäusern an. Seine frühen Eindrücke sind mit dem Kirchengesang, der Orgelmusik und dem Glockengeläut beim Tod des Vaters verbunden, der 1849 an einer Hirnerkrankung stirbt. Krankheit und Tod des Vaters werden vom Sohn zu einem geheimnisvollen Geschehen verklärt, von dem er glaubt, daß es sich an ihm selbst wiederholen werde. „Mein Vater", so schreibt er in ‚Ecce homo', „starb mit sechsunddreissig Jahren: er war zart, liebenswürdig und morbid, wie ein nur zum Vorübergehn bestimmtes Wesen, – eher eine gütige Erinnerung an das Leben, als das Leben selbst." Und er fährt fort: „Im gleichen Jahre, wo sein Leben abwärts gieng, gieng auch das meine abwärts: im sechsunddreissigsten Lebensjahre kam ich auf den niedrigsten Punkt meiner Vitalität . . ." (EH, Weise 1; 6, 264). Tatsächlich rechnet er im Sommer 1881 fest mit seinem Tod.

Auf den Vater projiziert Nietzsche später nicht nur eine übernatürliche spirituelle Wirkung („die Bauern, vor denen er predigte [. . .] sagten, so müsse wohl ein Engel aussehn"; EH, Weise 3; 6, 267f.), sondern auch eine angeblich aristokratische Herkunft. Den Namen „Nietzsche" leitet er, ohne dafür irgendeinen Anhaltspunkt in der Familiengeschichte seines Vaters zu haben, von einem polnischen Adelsgeschlecht „Nietzki" her, das es im polnischen Adelsregister gar nicht gibt. Vermutlich ist er einer Fälschung aufgesessen, die ihm hochwillkommen gewesen sein muß. Gründe dafür läßt eine Passage im ‚Ecce homo' vermuten, die erstmals in der Ausgabe von Colli/Montinari zu lesen ist (siehe EH, Weise 3; 6, 268).

Die verwitwete Mutter zieht 1850 mit Friedrich und der 1846 geborenen Tochter Elisabeth (ein drittes Kind, der 1848 geborene Joseph, stirbt im Alter von zwei Jahren) nach Naumburg an der Saale, wo sie mit größerer Unterstützung durch ihre Familie rechnen kann. Nach dem Besuch der Knaben-Bürgerschule und einiger Klassen des Domgymnasiums, auf das er in einem Privatinstitut vorbereitet wird, erhält der vierzehnjährige Nietzsche eine Freistelle in der berühmten Landesschule „Zur Pforte", die etwa eine Wegstunde von Naumburg entfernt liegt. Hier genießt er einen gründlichen Unterricht und zeigt in den klassischen Sprachen sowie in deutscher Literatur eine außergewöhnliche Begabung, die er überdies in einem musischen Zirkel mit den beiden Naumburger Schulfreunden Wilhelm Pinder und Gustav Krug voll Eifer entwickelt. Er komponiert, schreibt Gedichte und versucht sich in literarischen Abhandlungen. Bereits 1862, also mit 18 Jahren, verfaßt er den bemerkenswerten Aufsatz über ‚Fatum und Geschichte', der sich heute wie eine ahnungsvolle Vorbemerkung zum späteren Denken liest.

In diesem Alter zeigen sich auch die ersten Symptome einer schwachen physischen Konstitution. Er leidet unter Kopfschmerzen, die mit starker Lichtempfindlichkeit und Magenreizungen verbunden sind. Im Krankenbuch von Schulpforta findet sich 1862 folgende Eintragung: „Nietzsche ist ein vollsaftiger, gedrungener Mensch mit einem auffallend stieren Blick, kurzsichtig und oft von wanderndem Kopfweh geplagt. Sein Vater starb jung an Gehirnerweichung, und war im hohen Alter gezeugt; der Sohn in der Zeit, wo der Vater schon krank war. Noch sind keine schweren Zeichen sichtbar, wohl aber Rücksicht auf die Antecedentien nötig." Es ist unwahrscheinlich, daß der junge Nietzsche von der in dieser Eintragung ausgesprochenen Vermutung nicht damals schon, wenigstens gesprächsweise, gehört hat. Er muß also davon ausgehen, daß man ihn allgemein für erblich belastet hält.

Nietzsche schließt die Schulausbildung mit vorzüglichen Abiturnoten ab – Mathematik, Hebräisch und Zeichnen ausgenommen – und nimmt zum Wintersemester 1864/65 das Studium der Theologie und der Klassischen Philologie an der Universität Bonn auf. Er tritt der Burschenschaft „Frankonia" bei und nimmt darüber hinaus intensiv am geselligen und musikalischen Leben teil. Als er nach dem ersten Semester die Absicht äußert, das Theologiestudium aufzugeben, kommt es zu einem ersten schweren Konflikt mit der Mutter. Aber Nietzsches Entscheidung steht fest, vor allem als er zum Wintersemester 1865/66 dem angesehenen Gräzisten Friedrich Wilhelm Ritschl nach Leipzig folgt. Dort verfaßt er im Januar 1866 seine erste Seminararbeit, von der Ritschl erklärt, „noch nie von einem Studierenden des dritten Semesters etwas Ähnliches der strengen Methode nach, der Sicherheit der Kombination nach gesehen zu haben."[2] Nach diesem Lob entscheidet sich Nietzsche für die Universitätslaufbahn.

In den folgenden Semestern legt er weitere philologische Arbeiten ‚Zur Geschichte der Theognideischen Spruchsammlung' und über die Quellen des antiken Philosophiehistorikers Diogenes Laertius vor. Die Diogenes-Arbeit wird preisgekrönt und macht den Studenten in Fachkreisen bekannt. Trotzdem ist er sich seiner Bestimmung zur Philologie nicht völlig sicher, denn er trägt sich nicht nur mit Plänen zu einer philosophischen Dissertation im Anschluß an Kant,[3] sondern erwägt sogar einen Fachwechsel zur Chemie. Im Herbst 1868 scheint er aber einer Habilitation in der griechischen Philologie den Vorzug zu geben. Doch diese Pläne sind über Nacht vergessen, als Ritschl ihm Anfang 1869 mitteilt, er, Nietzsche, habe auch ohne Promotion und Habilitation die Aussicht, auf eine Professur für Klassische Philologie an der Universität Basel berufen zu werden. Dort hatte der einflußreiche Lehrer kurz vorher seinen Schüler mit den Worten empfohlen, „noch nie" habe er in seiner Disziplin einen jungen Mann gehabt, „der so früh und so jung schon so reif gewesen wäre, wie dieser Nietzsche". Tatsächlich folgen sowohl die Baseler Fakultät wie auch die kantonale Erziehungsbehörde dieser Empfehlung. Bereits am 13. Februar 1869 wird der Vierundzwanzigjährige direkt vom Studenten zum außerordentlichen Professor befördert. Zu seinen Aufgaben gehört auch der Griechischunterricht in der obersten Klasse des Pädagogiums, des ersten Gymnasiums der Stadt. Am 28. Mai hält er seine Antrittsvorlesung über ‚Homer und die klassische Philologie'.[4]

2. Klassischer Philologe und politischer Wagnerianer
(1870–1876)

Man darf es gewiß als einen symbolischen Vorgang werten, daß Nietzsche noch vor seiner Antrittsvorlesung seinen ersten Besuch bei Richard Wagner macht, der in jenen Jahren mit der noch nicht von ihrem ersten Mann geschiedenen Cosima von Bülow in Tribschen bei Luzern residiert – eine Zugstunde von Basel entfernt. Dem umstrittenen Komponisten war er bereits im November 1868 in Leipzig vorgestellt worden, hatte mit ihm ein Gespräch über Schopenhauer, die deutsche Gegenwartsphilosophie und die Zukunft der Oper geführt und war sogleich von der Person seines Gegenübers begeistert. Zu dessen Musik hatte er sich schon vorher, nach einer Aufführung der Tristan- und der Meistersingerouvertüre, bekehrt. Noch unter dem Eindruck des musikalischen Erlebnisses schreibt er, daß er es nicht übers Herz bringe, sich dieser Musik gegenüber „kritisch kühl" zu verhalten: „jede Faser, jeder Nerv zuckt an mir, und ich habe lange nicht ein solches andauerndes Gefühl der Entrücktheit gehabt als bei letztgenannter Ouvertüre" (Brief an Rohde vom 27.10. 1868; KSB 2, 332).

Bei einem derartigen Eindruck ist es verständlich, daß Nietzsche die von Wagner während des ersten Treffens ausgesprochene Einladung wörtlich nimmt und am 17. Mai 1869 unangemeldet nach Tribschen fährt. Aus dem Tagebuch Cosimas wissen wir, daß Wagner den jungen Professor in der Tat freudig aufnimmt und in ihm sogleich einen Bundesgenossen für die Bayreuther Festspielpläne erblickt. Wann immer es nun seine Zeit erlaubt, verbringt Nietzsche die Wochenenden in Tribschen. Zur Begeisterung für den „Meister" kommt die Verehrung für die junge Frau Cosima, der er wohl – in völliger Verkennung ihrer Freundlichkeit – seine Liebe gesteht und die er noch in den späten Aufzeichnungen als seine „Ariadne" besingt. Er macht sich Wagners kulturpolitische Pläne zu eigen und erwägt sogar, sich für ein paar Jahre für die Vorbereitung des Bayreuther Unternehmens von der Universität beurlauben zu lassen.

Nietzsches erste selbständige Veröffentlichung, ‚Die Geburt der Tragödie aus dem Geiste der Musik' (1872), ist ein originelles und überaus gedankenreiches Werk, das einen Zugang zu fast allen seinen späteren Ideen eröffnet. Es kann aber nur verstanden werden, wenn man es auch als Programmschrift für Richard Wagners monumentale Kulturpolitik liest. Wagner wird in seinem musikalischen und schriftstellerischen Schaffen als derjenige vorgestellt, der die „Mitte deutscher Hoffnungen" berührt und zu einem „Wirbel und Wendepunkt" der deutschen Kultur führt (GT Vorw.; 1, 24). Er könne die „gesunde, uralte Kraft" freisetzen, aus der schon die „deutsche Reformation" hervorgewachsen sei; seiner Musik wird die „Wiedergeburt des deutschen Mythus" zugetraut (GT 23; 1, 146). Da Nietzsche am Beispiel der Griechen die Unverzichtbarkeit des Mythos zu demonstrieren versucht und als erster die Schutzgottheiten der Kultur, Dionysos und Apoll, in ihrem dialektischen Zusammenhang vorführt, wird auch klar, wen er als Geburtshelfer dieser deutschen Renaissance empfiehlt, nämlich niemand anders als sich selbst.

Die Anregung, Dionysos und Apoll als die führenden Kunstgottheiten auszuzeichnen, hat Nietzsche wohl auch in Tribschen erhalten. Aber der Gedanke, aus ihnen ein sich wechselseitig forderndes Gegensatzpaar zu machen, stammt von ihm. Und die philosophische Ausgestaltung der ästhetischen Opposition zwischen dionysischem Rauscherleben und apollinischer Traumwelt stellt Nietzsches Originalität außer Zweifel. Außerdem geht der junge Autor schon hier über den im Wagnerkreis gepflegten Schopenhauerschen Pessimismus hinaus. Er empfiehlt die Kunst als Heilmittel gegen den Pessimismus, in dem er eine durch das „absolute Wissen" verursachte Krankheit erkennt. Später spricht er nur noch verächtlich von den „Flachköpfen", die aus dem Pessimismus (oder dem Optimismus) eine Weltanschauung machen. Das Leiden am Leben ist für ihn eine Bedingung tief empfundener Lust, so daß beide, Lust und Leid, notwendig zusammengehören.

In den ersten Baseler Jahren nimmt Nietzsche seine Lehraufgaben und sein Fachgebiet überaus ernst. Der Nachlaß dieser Jahre bestätigt, wie stark ihn philologische Fragen und bald auch eine grundsätzliche Kritik der Philologie beschäftigen. Mit der ‚Geburt der Tragödie‘ aber macht er öffentlich deutlich, daß seine Ambitionen weit über die Philologie hinausreichen. In der Baseler Fakultät ist dies gewiß keine Überraschung, denn dort hat er sich bereits im Januar 1871, nach seiner durch eine schwere Krankheit schon nach wenigen Wochen abgebrochenen Teilnahme am deutsch-französischen Krieg, um die freigewordene philosophische Professur beworben. Die Ablehnung dieser Bewerbung und vor allem die heftige Kritik, auf die seine Tragödienschrift bei den philologischen Fachkollegen – auch bei seinem Lehrer Ritschl – stößt,[5] verstärkt dann offenbar den Wunsch, über den akademischen Bereich hinauszugehen, um als Zeitkritiker und öffentlicher Lehrer, d. h. als Publizist zu wirken. In diesem Zusammenhang denkt er auch daran, sich als Vortragsreisender für das nunmehr Gestalt annehmende Bayreuther Festspielprojekt zur Verfügung zu stellen. Nietzsche sieht seine Bestimmung darin, ein politischer Erzieher der Deutschen zu sein.

Dieser Wunsch steht bereits hinter den zwischen Januar und März 1872 in Basel gehaltenen fünf Vorträgen ‚Über die Zukunft unserer Bildungsanstalten‘; aber er weiß, daß er darin den „Durst nach wirklichen neuen Gedanken und Vorschlägen" nur verstärkt, ohne ihn befriedigen zu können (Brief an M. v. Meysenbug vom 20. 12. 1872). Da er glaubt, zur Ausarbeitung seiner kulturpolitischen Vision noch etwa drei Jahre zu benötigen, verzichtet er auf die Publikation der Vorträge. Aus dem Urteil Jacob Burckhardts, des älteren Baseler Kollegen, bei dem Nietzsche im Sommer 1872 das später unter dem Titel ‚Weltgeschichtliche Betrachtungen‘ edierte Kolleg hört und der auf ihn einen bis in die letzten bewußt erlebten Tage fortdauernden starken Eindruck macht, wird vielleicht am ehesten deutlich, wie Nietzsche damals auf sein akademisches Publikum wirkt. Über die Vorträge heißt es in einem Brief Burckhardts an einen Freund: „Sie hätten die Sachen hören sollen! es war stellenweise ganz entzückend, aber dann hörte man wieder eine tiefe Trauer heraus, und wie sich die Auditores humanissimi die Sache eigentlich *tröstlich* zu rechte legen sollen, sehe ich noch nicht. Eins hatte man sicher: den Menschen von hoher Anlage, der alles aus erster Hand hat und weitergiebt".[6]

An dieses Urteil sollte man sich bei der Lektüre Nietzsches stets erinnern, auch und gerade dort, wo er Anregungen anderer aufnimmt oder sich direkt auf Einsichten anderer stützt. Ein Beispiel dafür ist die 1873 entstandene, erst im Nachlaß gefundene Schrift ‚Ueber Wahrheit und Lüge im aussermoralischen Sinne'. Hier greift er zum Teil wörtlich Formulierungen des von Humboldt beeinflußten Sprachtheoretikers Gustav Gerber auf, und doch ist dieser Text ein Exempel originären Denkens – heute vielleicht die knappste und klarste (Selbst-)Einführung in sein ganzes Werk.

Nietzsche arbeitet in den folgenden Jahren an der „Lösung der", nach Burckhardts Meinung, „so keck und groß aufgeworfenen Fragen", aber ganz anders, als man es nach den Vorträgen erwartet hätte. Er fragt *philosophisch* nach den Bedingungen der propagierten neuen Kultur und kommt dabei *historisch* immer wieder auf die Kultur der frühen Griechen zurück. Das frühe Griechentum ist für ihn das Paradigma einer kulturellen Selbstschöpfung, und indem er zeigt, wie die Griechen aus einer prometheischen Illusion heraus ihr Leben, ihre Politik und ihre ganze Kultur nach Art eines Kunstwerks geschaffen haben, will er den Deutschen ein Beispiel geben. Diese Absicht bestimmt eine Reihe kleinerer Schriften, die zwischen 1871 und 1873 entstehen und erst im Nachlaß publiziert werden. Zu nennen sind vor allem die ‚Fünf Vorreden zu fünf ungeschriebenen Büchern' und die bedeutende Abhandlung über ‚Die Philosophie im tragischen Zeitalter der Griechen', die das Urteil über die vorsokratische Philosophie nachhaltig verändert hat. Zu erwähnen ist schließlich der 1873 als Programmschrift für Bayreuth verfaßte ‚Mahnruf an die Deutschen', in dem er sich ganz der „Wohlfahrt" und „Ehre des deutschen Geistes" verschreibt. Dabei fordert er eine – nach dem Sieg über Frankreich höchst aktuelle – Machtpolitik, die aber unter dem Primat der Kultur zu stehen habe.

Als politischer Schriftsteller und Erzieher versteht sich Nietzsche auch, als er 1873 an die Konzeption seiner ‚Unzeitgemäßen Betrachtungen' geht. Ursprünglich denkt er an eine Serie von zehn oder dreizehn Abhandlungen, die mit dem herrschenden Zeitgeist abrechnen und so den Boden für die neue Kultur vorbereiten sollen. Tatsächlich kommt es nur zu vier Titeln, wobei die ersten drei der ursprünglichen Absicht folgen, die Deutschen zu „warnen" und zu „mahnen". Doch schon die ersten Aufzeichnungen lassen erkennen, daß Nietzsche sich mit der Rolle des Kritikers nicht zufriedengibt; er möchte selbst Künder, Helfer und Stifter des Neuen sein. *„Der Philosoph als Arzt der Cultur"* ist eine Notiz aus dem Winter 1872/73, die er mehrfach unterstreicht; sie dürfte seine Hoffnungen wohl auf eine einprägsame Formel bringen: Er möchte die Erkenntnis praktisch-politisch in den Dienst einer ästhetischen Aufgabe stellen. Philosophie ist ein notwendig gewordenes Propädeutikum der Kunst, ohne die wahrhaft menschliches Leben nicht möglich ist.

Die *erste* ‚Unzeitgemäße Betrachtung' enthält eine sarkastische Parodie auf das liberale Fortschrittsdenken in Deutschland. David Friedrich Strauss, der 1872 sein Buch ‚Der alte und der neue Glaube. Ein Bekenntniß' veröffentlicht hatte, wird von Nietzsche als Paradefall des „Bildungsphilisters" vorgeführt und lächerlich gemacht. Der karikierte Bildungsphilister ist ein Mensch, der an die Wissenschaft, an das stetige Fortschreiten der Gesellschaft und an das Gute im Menschen glaubt, der den tragischen Widerspruch im Dasein des Individuums – wenn er ihn überhaupt kennt – verleugnet und die Frage nach dem Sinn seines Lebens nicht stellt: „Unseren Gelehrten fällt sogar, wunderlicher Weise, die allernächste Frage nicht ein: wozu ihre Arbeit, ihre Hast, ihr schmerzlicher Taumel nütze sei" (1. UB 8; 1, 203).

Es ist offenkundig, daß sich Nietzsche hier vor allem von seinem eigenen wissenschaftlichen Umfeld distanziert. Der später durch die Krankheit erzwungene Abschied von der Universität ist der Sache nach schon lange vorbereitet. In der teils derben, teils subtilen Polemik gegen Strauss tritt zugleich das literarische Ingenium Nietzsches hervor, der virtuos mit dem Text des anderen spielt und seinen Spott mit dem anerkannten Autor treibt, wo immer er will. Biographisch bedeutsam ist die erstmals deutlich werdende Reserve gegenüber der Politik des deutschen Reiches. Nietzsche fürchtet, der militärische Sieg über Frankreich, der die politische Einigung der Deutschen möglich gemacht hat, könne sich kulturell „in eine völlige Niederlage" verwandeln: „in die Niederlage, ja Exstirpation des deutschen Geistes zu Gunsten des ‚deutschen Reiches' " (1. UB 1; 1, 159 f.). In der Begründung für seine Befürchtung – mehr ist es zu dieser Zeit noch nicht – gibt Nietzsche zu erkennen, was er unter Geist und Kultur versteht; in jedem Fall etwas, in dem die vielfältigen Erscheinungen des Lebens zu einer ästhetischen Einheit finden: „Kultur ist vor allem Einheit des künstlerischen Stiles in allen Lebensäusserungen eines Volkes" (1. UB 1; 1, 163).

Um einen philosophischen Begriff der Kultur, die mehr sein soll als eine bloße „Dekoration des Lebens", geht es ihm auch in der ein gutes halbes Jahr später erscheinenden *zweiten* ‚Unzeitgemäßen Betrachtung'. In dieser Abhandlung ‚Vom Nutzen und Nachtheil der Historie für das Leben' spricht Nietzsche nicht mehr nur als Kritiker, auch nicht mehr bloß als Apologet Wagners, sondern als selbständiger philosophischer Lehrer. Die Kritik am Bildungsphilister wird grundsätzlich gegen die historischen Wissenschaften gewendet, ohne damit, wie mancher Leser heute immer noch glaubt, einen generellen Verzicht auf Geschichte zu propagieren. Nietzsche macht vielmehr klar, daß der Mensch als „Thier, das nicht vergessen kann", ohne Geschichte gar nicht menschlich leben kann.

Bei Wagner, der Tribschen bereits im Frühjahr 1872 verläßt und in Bayreuth die erstmals für 1876 geplanten Festspiele vorbereitet, stößt die zweite ‚Unzeitgemäße Betrachtung', die „Historienschrift", wie sie auch genannt wird, auf begeisterte Zustimmung. Dennoch tritt im Verhältnis der beiden Männer alsbald eine merkliche Abkühlung ein. Nietzsches Elan für das Bayreuther Vorhaben ist gebremst, nachdem sein ‚Mahnruf an die Deutschen' von den Delegierten der Wagnervereine abgelehnt worden ist; Wagner ist gekränkt, weil Nietzsche das folgende Weihnachtsfest nicht mit ihm feiert und sich ihm auch sonst immer stärker entzieht. Der Komponist sieht in dem Jüngeren vor allem einen begabten Anhänger, auf den er weiterhin Einfluß ausüben will; deshalb wünscht er dessen Nähe. Der aber ist zunehmend von seiner eigenen Mission erfüllt und meidet im Interesse seiner Selbständigkeit den Umgang mit dem „Meister". Diese Konkurrenz ist wohl schon in Tribschen spürbar gewesen.

Auch aus Nietzsches *dritter* ‚Unzeitgemäßer Betrachtung': ‚Schopenhauer als Erzieher', die im Oktober 1874 erscheint, kann man eine gewisse Distanzierung gegenüber dem Wagner-Kreis herauslesen. Denn im Mittelpunkt steht nicht der dort so geschätzte metaphysische Pessimist, sondern der philosophische „Genius", das einzigartige Individuum mit seinem „heroischen Lebenslauf". Daran knüpft Nietzsche erneut die Hoffnung auf eine „Wiedergeburt der Cultur", aber man hat schon eine Ahnung, daß er hier bereits an anderes denkt als der große Komponist. Daher wird die *vierte* ‚Unzeitgemäße': ‚Richard Wagner in Bayreuth', die mit einiger Verzögerung erst 1876 erscheint, in der Festspielgemeinde mit Erleichterung und besonderer Dankbarkeit aufgenommen. Wagner wird als großes Individuum stilisiert. Aber seine Anhänger lesen nicht zwischen den Zeilen und erkennen deshalb nicht, daß Nietzsche hier seiner jugendlichen Verehrung ein Denkmal setzt, dem er sich innerlich längst entfremdet hat. Er entwirft ein großartiges, mit viel Licht, aber deshalb auch nicht ohne Schatten konturiertes Porträt des „Meisters". Dabei spendet er in doppeldeutiger Weise nicht nur dem Musiker, sondern auch dem Dichter und dem Denker höchstes Lob. Der „gewaltige Gesammtinstinct der Kunst" habe gerade im Schriftsteller Wagner „Herberge genommen".

So stellt er sich selbst auf seinem eigenen Gebiet hinter den berühmten Mann. Der junge Philosoph, so scheint es, spielt weiterhin die Rolle des sprachgewaltigen und gelehrten Wagner-Propagandisten. Heute jedoch vernehmen wir stärker die kritischen Zwischentöne im hymnischen Loblied, insbesondere dort, wo er in Wagner den auf Wirksamkeit bedachten *Schauspieler* rühmt. Daraus wird später der gravierendste Vorwurf gegen Wagner. Außerdem zeigt eine genauere Analyse der vierten ‚Unzeitgemäßen Betrachtung', daß Nietzsche hier oft schon gar nicht mehr mit eigener Stimme spricht. Sein Text ist in vielen Teilen eine Montage aus Wagners eigenen Schriften und mußte schon deshalb dem „Meister" so überzeugend vorkommen.

Einen Monat nach der Veröffentlichung, als Nietzsche im August 1876 den letzten Proben in Bayreuth beiwohnt, findet er offenbar die Atmosphäre um Wagner so unerträglich, daß er sich für mehrere Tage kommentarlos entfernt und nur noch einmal kurz zur Generalprobe des ‚Rings‘ zurückkehrt. An den Festspielen nimmt er bereits nicht mehr teil.

3. Kritiker und Psychologe (1876–1882)

Wenn man bedenkt, daß Nietzsche in diesen Tagen des Jahres schon an den Aphorismen zu ‚Menschliches, Allzumenschliches‘ arbeitet, wird die Flucht aus Bayreuth verständlich, denn innerlich hat er sich schon längst von den auf die Person Wagners fixierten, romantisch-nationalen Kulturideen entfernt. Im März zuvor hatte er in der Nähe von Genf das Haus Voltaires besucht, in dessen Geist er nun seine Aphorismen zu schreiben versucht. Nietzsche begreift sich inzwischen als Aufklärer und Psychologe, dessen scharf geschliffene Sentenzen sich nicht zur Propagierung der Bayreuther Pläne eignen.

Dies ist Wagner augenblicklich bewußt, als er 1878 den ersten Band von ‚Menschliches, Allzumenschliches‘ in den Händen hält. Damit ist die Beziehung zwischen den beiden außergewöhnlichen Männern definitiv beendet. Wagner, der in Nietzsche den Parteigänger suchte, ist tief enttäuscht, als er erkennen muß, daß der Jüngere selbstbewußt eigene Wege geht. Ab sofort vermeidet er, auch nur Nietzsches Namen zu erwähnen, und schreibt in den ‚Bayreuther Blättern‘ eine boshaft-verständnislose Polemik, die nur zu deutlich macht, wie sehr er durch den Abfall des hoffnungsvollen Jüngers verletzt ist. Nietzsche hält jedoch an der Verehrung für Wagner bis in die letzten Äußerungen fest, auch wenn er dessen Annäherung an das Christentum als Verlogenheit erbittert kritisiert, dessen Antisemitismus ablehnt und die schauspielerhafte Erfolgssucht des Komponisten bloßstellt. Es ist aber nicht unwesentlich, daß er sich erst kurz vor dem Zusammenbruch, wie in einer letzten Erklärung, öffentlich zu Wagner äußert, also mehrere Jahre nach dessen Tod – ein

Friedrich Nietzsche als Abiturient. Stiftung Weimarer Klassik.

Tod, der ihm, wie er später schreibt, „fürchterlich zugesetzt" hat. Richard Wagner stirbt am 13. Februar 1883. Erst fünf Jahre danach, im September 1888, erscheint ‚Der Fall Wagner. Ein Musikanten-Problem‘. ‚Nietzsche contra Wagner‘, durch Kritik an der ersten Schrift angeregt, geht am 15. Dezember 1888, also wenige Wochen vor dem Zusammenbruch, an die Druckerei.

Was diese Lösung von Wagner für Nietzsches eigenes Werk bedeutet, wird in seinem Rückblick auf das Jahr 1876 anschaulich: „Einsam nunmehr und schlimm misstrauisch gegen mich, nahm ich, nicht ohne Ingrimm, damals Partei *gegen* mich, und *für* Alles, was gerade mir wehthat und hart fiel: so fand ich den Weg zu jenem tapferen Pessimismus wieder, der der Gegensatz aller idealistischen Verlogenheit ist, und auch, wie mir scheinen

43

will, den Weg zu *mir*, – zu *meiner* Aufgabe..." (NW, Wie ich von Wagner loskam 2; 6, 432).

Diese seine Aufgabe sieht Nietzsche nunmehr in der *Kritik*. In den Jahren 1876/77 wandelt er sich vom Propagandisten Wagners, vom selbsternannten Propheten einer neuen deutschen Kultur und vom hochfliegenden Herold der deutschen Jugend zum distanzierten Psychologen, der keine Mission, sondern nur noch den Impuls zur schonungslosen Entlarvung kennt. 1878 eröffnet er mit ‚Menschliches, Allzumenschliches‘ die Phase der Destruktion, von der er schon im Schulaufsatz über ‚Fatum und Geschichte‘ gesagt hatte, daß sie eine vergleichsweise leichte Vorstufe zum Neuaufbau sei, für sich genommen aber schon schwer genug. Als „Psychologe und Seelen-Errather" will er nun die *Bedingungen* freilegen, in denen, wenn überhaupt, neue Werte und höhere Lebensleistungen gründen. Dieser Aufgabe widmet sich Nietzsche mit „Härte und Heiterkeit" –, das ist eine seiner Formeln für die männliche Tugend des Geistes, die fähig macht, eine „fröhliche Wissenschaft" zu betreiben und dabei „Scherz" und „List" mit „Rache" zu verbinden. Die heitere Schärfe der Kritik verpflichtet ihn auch zu einem neuen literarischen Stil: Seine Bücher schreibt er nun in Aphorismen. Als Vorbild dienen ihm die spanischen und französischen Moralisten: der von Schopenhauer übersetzte Gracian sowie Montaigne, La Rochefoucauld, La Bruyère und Chamfort (vgl. WS 214; 2, 646). Er lernt aber auch direkt von der antiken Sentenzenliteratur, aus Lichtenbergs ‚Vermischten Schriften‘, Goethes ‚Maximen und Reflexionen‘ und aus Schopenhauers ‚Aphorismen zur Lebensweisheit‘.

Schopenhauer, von dessen pessimistischer Willensmetaphysik er sich mit der Trennung von Wagner ebenfalls löst, bleibt Nietzsche gleichwohl sachlich wie stilistisch besonders verpflichtet. Der Sarkasmus und Realismus des lebensweisen „Erziehers" hat vieles schon festgehalten, was in der kritischen Pointierung durch seinen Schüler wie eine originelle Entdeckung erscheint. Und indem Schopenhauer seine geschliffenen Sentenzen in die essayistische Abhandlung einstreut, dürfte er Nietzsches Aphoristik geprägt haben. Denn auch der Jüngere beschränkt sich nicht auf brillante Aperçus, sondern gibt nicht selten unter dem

Titel des Aphorismus die Abbreviatur einer Abhandlung. Was sich bei Pascal oder La Rochefoucauld nur in Ansätzen findet, das wird bei Nietzsche zum literarischen Prinzip: eine Essayistik in nuce. Manches erscheint darin auch wie ein gewolltes Fragment, das den Geist jener vorsokratischen Bruchstücke wiederbeleben soll, mit denen er philologisch wie philosophisch so gut vertraut ist.

Mit den Aphorismenbüchern ‚Menschliches, Allzumenschliches‘, ‚Vermischte Meinungen und Sprüche‘ sowie ‚Der Wanderer und sein Schatten‘, die in dichter Folge zwischen 1878 und 1879 erscheinen, vollzieht Nietzsche den Übergang zum „freien Geist“, also zu einem unabhängigen Denken im Stil vorurteilsloser Kritik – anscheinend ohne jeden Systemanspruch. Die ersten Aphorismen sind dem Andenken Voltaires gewidmet. Schon dies ist eine offene Kampfansage an die deutschtümelnde Spätromantik im Wagner-Kreis. Nietzsche will nun als Aufklärer und als Europäer verstanden werden und vollzieht, wie er immer wieder sagt, seine „grosse Loslösung“ von den überkommenen Werten und Tugenden. Er ist nun gänzlich darauf ausgerichtet, selbständig, unabhängig und radikal zu urteilen, um schließlich auch aus eigener Kraft nach eigenen Zwecken handeln zu können.

Wie sicher sich Nietzsche im Medium sezierender Beobachtung und pointierter Bemerkung bewegt, stellt er in den rasch folgenden Aphorismen-Büchern der ‚Morgenröthe‘ (1881) und der ‚Fröhlichen Wissenschaft‘ (1882)[7] unter Beweis. Beide Titel dürfen programmatisch gelesen werden: Mit dem ersten geht er bildlich über Wagners ‚Ring‘ hinaus und betont, daß auf die ‚Götterdämmerung‘ eine ‚Morgenröthe‘ folgen muß. Es kann folglich nur die Morgenröte des Menschen sein, der seine Kräfte kritisch geprüft, seine moralischen Vorurteile abgeworfen hat und nun im Bewußtsein eines neuen „Machtgefühls“ zu sich selber kommt. Nietzsche konzentriert seine Psychologie auf die Bedingungen des menschlichen Daseins und kommt mit seinem hier immer wieder herausgestellten Begriff des „Machtgefühls“ in die Nähe seines späteren Grundbegriffs, des „Willens zur Macht“. Er verschärft seinen Angriff auf die Moral, in der er mit guten Gründen nichts Unbedingtes erkennen kann. Die Moral kann selbst nicht moralisch sein (M 97; 3, 89); sie entspringt aus einem schon bei den Tieren wirksamen Trieb des Sich-Angleichens und Sich-Verringerns (M 26; 3, 36), und sie führt im menschlichen Verband zu sklavischem Gehorsam und damit zur Tyrannei gegen alles Große. Sie versagt vor allem dann, wenn „die Stunde der *Ausnahme*" kommt (M 207; 2, 188), die Ausnahme, ohne die nichts Großes entsteht.

In der ‚Fröhlichen Wissenschaft' führt Nietzsche die Stimmung und Methode des experimentellen Philosophierens vor. Die Heiterkeit des Denkenden und das Lachen des Erkennenden zeigen die Grundlosigkeit alles Geschehens an. Selbst die höchsten Aufgaben, die sich die großen Individuen stellen, beruhen im Grunde auf – nichts. Das schließt den Ernst bei der Verfolgung eines selbstgesteckten Zieles nicht aus; aber der Erkennende und Experimentierende muß sich von allem distanzieren und über alles lachen können. Im Hintergrund dieser Befreiung zur metaphysischen Heiterkeit steht die hier erstmals ausgesprochene Gewißheit vom Tode Gottes. Dabei wird oft übersehen, daß Nietzsche diese dramatische, sein ganzes Werk vom Anfang bis zum Ende bestimmende Einsicht einem Narren in den Mund legt (vgl. FW 125; 3, 480 f.). In der ‚Fröhlichen Wissenschaft', die nach der großen Krise des Sommers 1881 geschrieben wird, finden sich bereits alle Themen des Spätwerks. Die Wahrheitskritik ist radikalisiert, der Immoralismus verdeutlicht, der „Wille zur Macht", die „Umwertung der Werte" sowie die „ewige Wiederkunft des Gleichen" deuten sich an, und „Zarathustra" wird ausdrücklich angekündigt: „Incipit tragoedia" (FW 342; 3, 571).

4. Krankheit, Einsamkeit und ständige Flucht

Seit 1873 wird Nietzsche immer häufiger von heftigen migräneartigen Anfällen heimgesucht, die ihn nötigen, seine Lehrtätigkeit zu unterbrechen. Sein chronisch überreizter Magen verträgt in solchen Fällen gar nichts, und seine Augen schmerzen dann bereits bei normalem Licht, so daß er weder lesen noch schreiben kann. Tagelang verbirgt er sich in abgedunkelten Räumen. Anfang 1875 vertraut er Malwida von Meysenbug, der mütterlichen Freundin aus dem Wagner-Kreis, an, daß er jeden beneide, „der auf eine rechtschaffene Weise todt wird" (Brief vom 2. 1. 1875). Ende des Jahres berichtet er von „Ankündigungen" eines „förmlichen Zusammenbruchs": „ich durfte nicht mehr zweifeln, dass ich an einem ernsthaften Gehirnleiden mich zu quälen habe, und dass Magen und Augen nur durch diese Centralwirkung so zu leiden hatten. Mein Vater starb [mit] 36 Jahren an Gehirnentzündung, es ist möglich, dass es bei mir noch schneller geht" (Brief an C. v. Gersdorff vom 18. 1. 1876).

Nachdem verschiedene Kuraufenthalte, bei denen er immerhin die für ihn günstige Wirkung der schweizerischen Hochalpentäler spürt, keine merkliche Besserung bringen, läßt er sich zum Wintersemester 1876 von der Universität beurlauben und reist im Oktober zusammen mit dem Freund jener Jahre, Paul Rée, über Genua und Neapel nach Sorrent. Dort verbringt er in Gesellschaft Malwida von Meysenbugs und Rées den Winter, bleibt das folgende Frühjahr noch, hält sich im Sommer 1877 in Bad Ragaz auf und kehrt erst im September nach Basel zurück. Drei Semester lang versucht er dann, seine Lehrtätigkeit fortzusetzen, aber die Beschwerden nehmen an Häufigkeit und Heftigkeit zu. Die ersten Monate des Jahres 1879 sind, wie seine Briefe erkennen lassen, fürchterlich. Nach einem erfolglosen Kuraufenthalt in Genf ist er Anfang Mai nicht fähig, seine Veranstaltungen abzuhalten: „Mein Zustand ist eine Thierquälerei und Vorhölle, ich kann's nicht leugnen" (Brief an Rée vom 23. 4. 1879).

In diesem Zustand richtet Nietzsche ein Entlassungsgesuch an die Erziehungsbehörde des Baseler Kantons. Dem wird mit Bedauern und einer für damalige Verhältnisse großzügigen, gleichwohl in der Höhe äußerst bescheidenen Pensionsregelung entsprochen. Damit ist Nietzsche von allen dienstlichen Verpflichtungen entbunden, und fortan führt er ein unstetes, einsames Wanderleben in unablässiger Suche nach einem Klima, das ihm sein Leiden wenigstens erträglich macht. „Mit den Orten", so schreibt er noch 1881, „ist es jetzt bei mir ein reines Experimentieren, an den meisten gehe ich zu Grunde . . ." (Brief an die

Mutter vom 7.7. 1881). Immerhin findet er heraus, daß ihm die milden Winter an der italienischen und französischen Riviera günstig sind. Für die Sommermonate entdeckt er 1881 das noch nicht von den ins Engadin strömenden Sommerfrischlern überlaufene Sils-Maria. Und obwohl er dort oben gleich eine seiner schwersten Lebenskrisen durchzustehen hat, kommt er ab 1883 jeden Sommer wieder dorthin zurück. Mit den ersten Anzeichen des Winters bricht er dann meist fluchtartig nach Italien oder Südfrankreich auf, wo er sich in kargen Pensionen oder Privatunterkünften einquartiert. Er lebt in jeder Hinsicht bescheiden. Von der knappen, zunächst nur für sechs Jahre bewilligten, dann aber verlängerten Rente, spart er größere Beträge, die er für den Druck seiner Bücher benötigt. Nach Deutschland kommt er nur noch selten und dann auch nur aus familiären Gründen. Es sind hauptsächlich Briefe, über die er mit anderen Personen verkehrt. Erzwungenermaßen scheint sich nun das Lebensideal zu erfüllen, das er als junger Professor in den Vorträgen ‚Über die Zukunft unserer Bildungsanstalten‘ gepriesen hatte: „allein und in würdevoller Isolation leben zu können“ (ZB 5; 1, 736).

Eine Änderung der Lebensweise scheint die Begegnung mit Lou von Salomé zu bringen, die später als Lou Andreas-Salomé ein bedeutendes Buch über Nietzsche schreibt und durch ihre literarischen und psychoanalytischen Arbeiten sowie durch die Freundschaft mit Rilke berühmt wird. Nietzsche lernt die hochbegabte, exzentrische junge Frau im April 1882 in Rom bei Malwida von Meysenbug kennen. Er verliebt sich in die sechzehn Jahre jüngere Russin (ihre Herkunft hat für ihn symbolische Bedeutung) und wird damit, wohl zunächst ohne sein Wissen, zum Rivalen von Paul Rée, der sie ebenfalls umwirbt. Lou lehnt zwar Nietzsches rasch gestellten Heiratsantrag ab, genießt aber das Zusammensein mit dem geistvollen Mann, der alsbald in ihr seine „gelehrige Schülerin“ erblickt. Nach gemeinsamen Tagen am Gardasee und in Luzern verbringen Lou von Salomé und Nietzsche, von der Schwester argwöhnisch bewacht und alsbald böswillig verleumdet, drei gemeinsame Wochen in Tautenburg, einem von Wäldern umgebenen kleinen Ort in der Nähe von Weimar.

Für beide müssen es Wochen einzigartiger geistiger Hochspannung gewesen sein, in denen Nietzsche den Eindruck hat,
zum ersten Mal einen Menschen zu finden, der ihn versteht.
Auch Lou vermerkt in ihren Briefen die Einmaligkeit der Begegnung, urteilt aber zurückhaltender und mit klarem Blick für
Nietzsches Eigenart. Das Abgründige des Gesprächs ist der jungen Frau nicht ganz geheuer: „Wir sprechen uns diese 3 Wochen
förmlich todt und sonderbarer Weise hält er es jetzt plötzlich aus,
circa 10 Stunden täglich zu verplaudern . . . Seltsam, daß wir un-
willkürlich mit unsern Gesprächen in die Abgründe gerathen, an
jene schwindligen Stellen, wohin man wohl einmal einsam ge-
klettert ist um in die Tiefe zu schauen. Wir haben stets die Gem-
senstiegen gewählt und wenn uns Jemand zugehört hätte, er
würde geglaubt haben, zwei Teufel unterhielten sich".[8] – Der
Schwester Nietzsches, Elisabeth, muß es in der Tat so erschienen
sein. Sie beklagt die „vollständige Morallosigkeit" Lous, die ihr
im übrigen wie die „personifizierte Philosophie" ihres Bruders
vorkommt.

Schon vor der gemeinsamen Zeit in Tautenburg hatten Lou
von Salomé und Nietzsche einen gemeinsamen Aufenthalt in
Wien, München oder Paris geplant, um sich dort naturwissenschaftlichen Studien zu widmen. Doch im Herbst treten Mißverständnisse auf. Durch die Intrigen der Schwester kommt es nicht
nur zu einem Zerwürfnis mit der Mutter, sondern auch zu Zweifeln Nietzsches an den beiden Gefährten. Lou ist offenkundig
stärker von der vertrauensvollen Art Paul Rées angezogen;
Nietzsche, den sie, durchaus anerkennend, mit einer „alten
Burg" vergleicht, in der manches „dunkle Verließ" anzutreffen
sei, und dem sie zutraut, er könne sich sogar als Religionsstifter
versuchen, ist ihr nicht ganz geheuer. Und spätestens im November 1882 wird auch Nietzsche bewußt, daß er weiterhin allein zu
leben hat. Von da an beschränken sich seine Kontakte fast gänzlich auf Gelegenheitsbeziehungen an den häufig wechselnden
Aufenthaltsorten, auf den Umgang mit dem ehemaligen Schüler
und glücklosen Komponisten Heinrich Köselitz, der ihm als
„Peter Gast" unermüdliche Hilfe in praktischen Dingen leistet,
sowie ab und an auf gelegentliche Besuche bei Franz Overbeck

und bei der Mutter, mit der er sich – durch Vermittlung der Schwester – 1883 wieder versöhnt.

5. Zarathustra und sein Philosoph (1883–1886)

In der Einsamkeit schafft sich Nietzsche „Zarathustra" als seinen Begleiter. Schon im Sommer 1883, begünstigt durch „eine ganze Reihe vollkommen reiner Tage", bringt er den ersten Teil, ‚Die Reden Zarathustras', in Reinschrift und ist überzeugt, im Schreiben nur das Werkzeug einer höheren Eingebung, „bloss Incarnation, bloss Mundstück, bloss medium übermächtiger Gewalten zu sein" (EH, Z 3; 6, 339). Die nächsten Teile folgen rasch und werden im Sommer 1883 sowie im Januar 1884, jeweils in zehn Tagen, beendet. Ein Jahr später ist dann auch der vierte Teil von ‚Also sprach Zarathustra. Ein Buch für Alle und Keinen' fertig. Dieser letzte Teil, der wegen seines frivolen und blasphemischen Gehalts auch bei jenen auf Befremden stößt, die Nietzsches Eigenart kennen, findet allerdings keinen Verleger und muß als Privatdruck erscheinen.

Mit ‚Also sprach Zarathustra' glaubt Nietzsche sein „bestes Buch" geschrieben zu haben; er sieht darin die „höchste That" dionysischer Produktivität, die alles bisher Dagewesene hinter sich läßt; selbst Dante, Shakespeare und Goethe meint er darin übertroffen zu haben (EH, Z 6; 6, 343). Die hybride Wertung zeigt immerhin, daß Nietzsche den ‚Zarathustra' unter seinen Werken am höchsten schätzt. In der Tat hat er darin etwas Singuläres geschaffen. Die Gestalt des Zarathustra ist die literarische Vision eines künftigen Menschen, der aus der leid- und lustvollen Selbstüberwindung dessen entsteht, was bisher an menschlicher Größe möglich war. Zarathustra ist der über sich selbst hinauswachsende große Mensch, in dem der „freie Geist" zur leiblichen Einheit und somit zur „grossen Gesundheit" findet. In der literarischen Wiedergeburt des persischen Weisen schafft sich Nietzsche das Bild seines Begriffs von einem gesteigerten menschlichen Leben, sein „Ideal" einer schöpferischen Verbindung aller Gegensätze im Menschen.

Die wenigen Wochen, in denen Nietzsche die Bücher seines Buches für „Alle und Keinen" diktiert oder selbst niederschreibt, sind jeweils Phasen der Gesundheit und der geistigen Hochstimmung. Er selbst spricht von einem dionysischen Rauschzustand, in dem dieses Werk entsteht. Ansonsten aber fühlt er sich krank und irrt zwischen Sils-Maria, Venedig, Rapallo oder anderen Orten an der italienisch-französischen Riviera sowie dem heimatlichen Naumburg hin und her. Kurzzeitig erhofft er eine Besserung seines Zustandes durch Wiederaufnahme einer Lehrtätigkeit. Hierbei denkt er an die Universität Leipzig, wo aber niemand Interesse zeigt. Er unternimmt auch noch einmal eine gemeinsame Reise mit der Schwester, mit der er sich jedoch bald wieder überwirft und der er sich gänzlich entfremdet, nachdem sie 1885 einen damals prominenten antisemitischen Propagandisten, Dr. Bernhard Förster, heiratet. Als die Schwester Anfang 1886 mit ihrem Mann nach Paraguay auswandert, um dort eine deutsche Kolonie aufzubauen, schreibt Nietzsche, daß ihm die Gesinnungen seines Schwagers noch fremder seien als Paraguay (Brief an E. Fynn vom Feb. 1886).

Den Antisemitismus hatte Nietzsche bereits im Wagner-Kreis abstoßend gefunden, und er warnt nun in seinem nächsten Aphorismenbuch, in ‚Jenseits von Gut und Böse', in dem er sich wieder selbst als „freier Geist" präsentiert, vor dem Ressentiment gegenüber den Juden. Ihnen verdanke die deutsche Kultur außerordentlich viel, nichts Geringeres nämlich als die Fähigkeit, klar und konsequent zu denken. Dabei erkennt er nicht nur ihre Leistungen, sondern auch ihre Leiden an (J 250; 5, 192). Es ist eindrucksvoll, wie Nietzsche den Wunsch der Juden, „endlich irgendwo fest, erlaubt, geachtet zu sein und dem Nomadenleben, dem ‚ewigen Juden' ein Ziel zu setzen", beschreibt und dringend empfiehlt, diesem „Zug und Drang" endlich auch praktisch entgegenzukommen; dazu wäre es „vielleicht nützlich und billig [. . .] die antisemitischen Schreihälse des Landes zu verweisen" (J 251; 5, 194).

Nietzsche äußert sich oft über die Juden und ihre Geschichte. Er zeigt dabei nicht nur die Unbefangenheit, die das 19. Jahrhundert in dieser Frage noch haben konnte, sondern urteilt auch hier in der für ihn typischen extremen Überzeichnung. In seiner Kritik der Moral legt er den Juden den „Sklavenaufstand in der Moral" zur Last; er nennt sie die „Genies" des Ressentiments, die „Erfinder des Christenthums", die „besten Hasser", die Meister der „Anpassungskunst" und versteigt sich in einem degoutanten Vergleich zu der Behauptung, „dass Deutschland reichlich *genug* Juden hat" (J 251; 5, 193).

Im ganzen aber überwiegen die anerkennenden, um Gerechtigkeit bemühten Urteile und damit der Respekt vor einem schweren Schicksal, das mit Tapferkeit („Teufels-Mut") und Intelligenz gemeistert werde. Erst die Juden, so meint er, haben den Europäern die Strenge und unterschiedslose Geltung der Logik beigebracht (FW 348; 3, 585).

Von alledem wissen und spüren die Antisemiten nichts. Ihre Geistlosigkeit und Undankbarkeit machen sie daher in Nietzsches Augen verächtlich. Er sieht, daß sie auf infame Weise von ihrer eigenen Schwäche abzulenken suchen. In seinen späten Notizen entlarvt er den Antisemitismus als eine Ausgeburt der Rache am „esprit" des jüdischen Volkes: „Die Antisemiten vergeben es den Juden nicht, daß die Juden ‚Geist' haben – und Geld: der Antisemitismus, ein Name der ‚Schlechtweggekommenen' " (N 1888, 14/182; 13, 365).

Nietzsches Urteile über den sich in seiner Zeit erstmals politisch formierenden Antisemitismus fallen nicht zuletzt deshalb so deutlich aus, weil er sich auch persönlich belästigt fühlt. Dies nicht allein durch seine Schwester, seinen Schwager und durch verbliebene Bekannte aus dem Wagner-Kreis. Es gibt auch erste Zugriffe auf sein Werk, auf die er empört und offenkundig angewidert reagiert. Mit Blick auf das spätere Schicksal von Nietzsches Werk ist seine geradezu physiologische Abwehr höchst aufschlußreich: „Neulich hat ein Herr Theodor Fritsch aus Leipzig an mich geschrieben. Es giebt gar keine unverschämtere und stupidere Bande in Deutschland als diese Antisemiten. Ich habe ihm brieflich zum Danke einen ordentlichen Fußtritt versetzt. Dies Gesindel wagt es, den Namen Z⟨arathustra⟩ in den Mund zu nehmen! Ekel! Ekel! Ekel!" (N 1886/87, 7/67; 12, 321)

Mit ‚Jenseits von Gut und Böse' – wieder ein Aphorismen-Buch, das Anfang August 1886 erscheint – kehrt Nietzsche kraftvoll zum begrifflichen Denken zurück. Die große Krise des Jahres 1881 ist überwunden. Das Experiment der literarischen Prophetie durch den Mund des wiedergekehrten altpersischen Weisen ist beendet. Nun versucht Nietzsche jene seit 1881 allmählich gewachsene Einsicht in den Grundcharakter alles Geschehens als „Wille zur Macht" begrifflich zu fassen. Es ist weder „Selbsterhaltung" noch „Selbstgenuß", was die Triebkräfte des Lebens freisetzt, sondern eben „Wille zur Macht", ein stets von innen kommender Impuls zur Steigerung der Kräfte. Die schon aus dem ,Zarathustra' zitierte Formel vom „Schaffens-Willen", den er auch als „Willen zur Zeugung" bezeichnet, läßt vielleicht am ehesten erfassen, was Nietzsche im Sinn hat, vor allem wenn wir – mit dem Sokrates in Platons ,Symposion' – unter Zeugung nicht nur einen leiblichen Vorgang verstehen. Der „Wille zur Macht" hat viel mit dem platonischen *Eros* gemein, der schon die Tiere (gewaltsam) treibt, über ihre individuelle Existenz hinauszugehen, und der beim Menschen die sublimsten Kräfte freisetzt.

Am Aphorismus 19 von ,Jenseits von Gut und Böse' kann man erkennen, wie Nietzsche sich dieser leiblich-geistigen Triebkraft über die Analyse von Gefühlskomplexen nähert und dabei auf Bedingungen stößt, die er offenbar nur im Rückgriff auf den überkommenen Begriff der „Seele" ausdrücken kann. Sogar Kants Rede vom „intelligiblen Charakter" wird herangezogen, um verständlich zu machen, was der neue Begriff zum Ausdruck bringen soll (vgl. J 36; 5, 55). Vor diesem Hintergrund gibt es zu denken, mit welcher Entschiedenheit Nietzsche darauf besteht, dem Willen zur Macht *als Psychologe* auf die Spur zu kommen. Die Psychologie gilt ihm als „Weg zu den Grundproblemen" (J 23; 5, 39). Stärker kann man nicht kenntlich machen, daß die Beschäftigung mit den „Grundproblemen" aus der Perspektive des Menschen zu betreiben ist: Die Philosophie, die er gerade damit wieder in ihr ursprüngliches Recht setzen will (J 42; 5, 59), hat vom Menschen auszugehen, und beim Menschen muß sie zwangsläufig auch enden.

,Jenseits von Gut und Böse' bietet den Schlüssel zu den großen Themen in Nietzsches Spätwerk: zur Lehre vom „Willen zur

Macht" mit ihrem Nachdruck sowohl auf dem *werdenden* wie dem *wertenden* Charakter alles Geschehens, zur „Umwerthung" mit ihrer radikalen Zeit- und Moralkritik sowie zur „Experimental-Philosophie" mit ihrer betont ästhetisch-dionysischen Konsequenz. Wenn überhaupt, so eröffnet sich von hier aus auch ein Zugang zum „Übermenschen" und zur „ewigen Wiederkunft", die Zarathustra verkündigt.

1886 findet Nietzsche Zeit zum Rückblick auf seine bisherigen Schriften. Die ‚Geburt der Tragödie' wird nun mit dem verkürzten Titel, aber mit dem Zusatz ‚Oder: Griechentum und Pessimismus, Neue Ausgabe mit dem Versuch einer Selbstkritik' neu herausgegeben, und es erscheint die Neuausgabe von ‚Menschliches, Allzumenschliches', nunmehr in zwei Bänden, beide mit Vorreden, in denen Nietzsche auf seine Entwicklung zurückblickt. Er glaubt, sich von den metaphysischen Erwartungen, von der „Artisten-Metaphysik" des Erstlings gelöst zu haben, und schließt bewußt an die kritisch-aufklärerische Phase des ersten Aphorismen-Buches an. Nur eines ändert sich: Der Psychologe gibt sich nun wieder deutlicher *als Philosoph* zu erkennen. Es ist wichtig, zu sehen, daß sich Nietzsche nach ‚Also sprach Zarathustra', worin er dem Gestus des Religionsstifters in der Tat gefährlich nahe kommt, wieder dem versuchenden, dem experimentellen Philosophieren verschreibt. Auch die 1887 folgenden Neuausgaben der ‚Morgenröthe' und der um ein fünftes Buch erweiterten ‚Fröhlichen Wissenschaft' machen deutlich, daß Nietzsche der Aufklärer, Kritiker und alles versuchende Geist geblieben ist, ja es nunmehr im eigentlichen Sinn erst wird.

Mit der ebenfalls 1887 erscheinenden ‚Streitschrift': ‚Zur Genealogie der Moral' setzt Nietzsche dieses Denken fort, obgleich er hier einmal mehr – wie in den ‚Unzeitgemäßen Betrachtungen' und in ‚Wahrheit und Lüge' – die prosaische Form der Abhandlung wählt. Die ‚Genealogie' belegt, wie konsequent und problembezogen Nietzsche einen Gedanken entwickeln kann; sie darf als wichtigste seiner moralkritischen Schriften gewertet und kann wie eine diskursive Einleitung in sein Spätwerk gelesen werden.

6. Ein abgebrochenes Finale (1887–1900)

Frühjahr und Sommer 1887 bringen eine erneute Verschlechterung seines gesundheitlichen Zustandes. In Briefen an Heinrich Köselitz spricht er von „abscheulichen Anfällen" und „abscheulicher Melancholie und Reizbarkeit als Consequenz" (Brief vom 26. 4. 1887): „meine Gesundheit übt ihre alten miserabelsten Weisen wieder ein, die Ermattung selbst an sogenannten ‚gesunden' Tagen ist unheimlich, nachts versinke ich oft in eine Muthlosigkeit und Desperation, die mir Scham einflößt –" (Brief vom 22. 6. 1887).

Auch im Herbst und Winter 1887 bessert sich Nietzsches Zustand nicht. Gleichwohl schreibt er in Venedig als „eine Art Glaubensbekenntnis in Tönen" seinen ‚Hymnus an das Leben' – die einzige Komposition, die er jemals in Druck gegeben hat. Die Melodie – ein Extrakt aus dem ‚Hymnus auf die Freundschaft' von 1873/74 – stammt von ihm, die Partitur ist von Peter Gast und der Text von Lou von Salomé. An seiner „desperaten" Grundstimmung ändern die hymnischen Exaltationen aber nichts. Doch trotz schwerer Depressionen ist er im Winter 1887/88, den er in Nizza verbringt, außerordentlich produktiv. Er arbeitet an einem großen Werk, für das er immer wieder Titelblätter entwirft, auf denen häufig „Umwerthung aller Werthe" oder „Der Wille zur Macht" geschrieben steht. Im Frühjahr, in Turin, entsteht ‚Der Fall Wagner. Ein Musikanten-Problem', eine Schrift, in der er mit der „brutalen und künstlichen" Unschuld von Wagners Musik abrechnet. Dabei spielt er den Opernerfolg dieses Jahres, Bizets ‚Carmen', polemisch gegen ‚Parsifal' aus. Wagner wird als „Künstler der décadence" porträtiert, der „die Musik krank gemacht" habe (DFW 5; 6, 21). Dies ist ein auch für Nietzsches Verhältnis zur Philosophie aufschlußreiches Urteil, hat er doch nicht nur Schopenhauer, sondern auch sich selbst immer wieder als einen „Philosophen der décadence" bezeichnet. Allerdings glaubt er beim Hören von Bizets ‚Carmen' selbst zum „Meisterstück" und damit „mehr Philosoph, ein besserer Philosoph" zu werden (DFW 1; 6, 13).

Diese Euphorie bleibt nicht auf die Musik beschränkt. Nietzsche gerät im Laufe des Jahres 1888 in eine von Krankheit kaum mehr belastete Hochstimmung, die ihm eine geradezu ungeheuerliche Produktivität ermöglicht.

Ende August gibt er, wie wir erst durch Montinaris Forschungen wissen, den Plan zu einem großen Werk unter dem Titel „Der Wille zur Macht" endgültig auf. Vielleicht fühlt er, daß seine Kraft für ein solches Vorhaben nicht mehr ausreicht. Es sollte ein „System aus verleiblichten Begriffen" werden, das den Skizzen zufolge ein Gegenstück zu Hegels ‚Phänomenologie des Geistes' hätte werden können. Oder erkannte er die prinzipielle Undurchführbarkeit seines Plans? Einen Teil des geschriebenen Materials verwendet er nun für die ‚Götzen-Dämmerung' und für ‚Der Antichrist', zwei Werke, die er in kurzer Zeit im Herbst 1888 zusammenstellt und druckfertig macht. Das sogenannte Hauptwerk ‚Der Wille zur Macht', mit dessen Herausgabe sich die Schwester später so wichtig gemacht hat, wollte Nietzsche also gar nicht mehr schreiben.

Animiert wird Nietzsche in diesen Wochen außerdem durch die teils sehr kritischen, zum Teil aber auch betont zustimmenden Reaktionen auf ‚Der Fall Wagner', worauf er in wenigen Wochen mit den (dann allerdings erst später publizierten) ‚Aktenstücken eines Psychologen': ‚Nietzsche contra Wagner' antwortet. Wagners Musik wird darin die „Zukunft" abgesprochen. Sie sei das Produkt eines am Leben – und zwar an der „*Verarmung* des Lebens" – Leidenden, das Werk eines décadent, der sich in Rausch und Betäubung flüchtet. Nietzsche präsentiert sich demgegenüber als ein „an der *Überfülle* des Lebens Leidender", der eine „dionysische Kunst" wolle und damit „eine tragische Einsicht und Aussicht auf das Leben". Er *will* das Leben, während er Wagner den Wunsch unterstellt, vom Leben erlöst werden zu wollen. Im Hinblick auf das Leben, so meint er, seien sie beide „Antipoden". So zeige sich an ihnen der zentrifugale Gegensatz moderner Kunst und Philosophie überhaupt: Bei dem einen werde der „Haß" gegen das Leben, bei dem anderen jedoch der „Überfluss" am Leben schöpferisch (NW, Wir Antipoden; 6, 424 ff.).

Den scharfen ästhetischen Kontrast zu Wagner mildert Nietzsche durch Reminiszenzen an das, was ihm der Komponist vor dem Bruch bedeutet hat: „ich hatte Niemanden gehabt als Richard Wagner" (NW, Wie ich 1; 6, 432). Und er macht deutlich, was er dem Leiden an der unvermeidlichen Trennung philosophisch verdankt. Der Schmerz habe ihn nicht „verbessert", sondern „vertieft"; er habe ihm das „Vertrauen zum Leben" genommen, ihm das Leben jedoch als „Problem" zurückgegeben. Das problematisch gewordene Leben sei jedoch nur mit der Heiterkeit des Künstlers zu bewältigen, und das heißt für ihn „mit dem *guten* Willen zum Scheine" (NW, Epilog; 2, 438 f.; vgl. FW 107; 3, 464).

Nietzsches Nachtrag zu seinem Urteil über Wagner zeugt für die eruptive Gefühlslage, in der er sich bis zum Jahresende 1888 befindet. Seine Stimmungslage hat ihren Anlaß auch in Anzeichen einer wachsenden öffentlichen Aufmerksamkeit gegenüber seinem Werk, die sich in diesem Herbst mehren. Besonders zu erwähnen ist eine Nachricht aus Kopenhagen. Dort hat der an der Universität lehrende Literaturwissenschaftler Georg Brandes eine Vorlesung über Nietzsche angekündigt. Brandes hatte schon im Jahr zuvor geschrieben, aus Nietzsches Büchern wehe ihm ein „neuer und ursprünglicher Geist" entgegen, den er als „aristokratischen Radikalismus" apostrophiert – eine Bezeichnung, die Nietzsche begeistert aufnimmt: „Das ist, mit Verlaub gesagt, das gescheuteste Wort, das ich bisher über mich gelesen habe." (Brief an Brandes vom 2.12.1887)

Georg Brandes, ein in Europa bereits bekannter Autor, stellt nun den Schöpfer des ‚Zarathustra' als Repräsentanten eines neuen Geistes vor und vergleicht ihn mit Strindberg und Dostojewski. Erstmals sieht sich Nietzsche seiner Bedeutung entsprechend eingeschätzt. Nachdem sich im Sommer und Herbst 1888 auch in Deutschland die öffentlichen Reaktionen auf seine Schriften mehren, hat es plötzlich den Anschein, als müsse er nicht mehr, wie er oft betont hat, mit einer Wirkung erst in hundert oder gar zweihundert Jahren rechnen.

Unter diesem Eindruck schreibt er sein autobiographisches Kunstwerk ‚Ecce homo' mit dem an Goethe erinnernden Untertitel: ‚Wie man wird, was man ist'. Bereits in den ersten Sätzen läßt Nietzsche alle Bescheidenheit, die sein persönliches Auftreten sonst kennzeichnet, fallen und spricht maßlos, wenn auch in Vorahnung der tatsächlich bevorstehenden Wirkung, von sich selbst. Er verlangt, nicht verwechselt zu werden, was nichts anderes heißt, als daß man sein Werk als Ausdruck *seines* Lebens und Leidens verstehen soll.

Gebieterisch besteht er auf seiner Einmaligkeit und macht es seiner Zeit zum Vorwurf, daß sie ihn in seiner exemplarischen Größe nicht – oder eben zu spät – wahrgenommen hat. Im Rückblick erscheinen Nietzsches Forderungen durchaus berechtigt: Er ist in der Tat eine Ausnahmeerscheinung des europäischen Geistes, und seine Zeitgenossen haben nichts von seiner philosophischen Bedeutung geahnt. Wer so verkannt wird wie Nietzsche, hat gute Gründe, über sich selbst zu reden. Gleichwohl ist sein Ablassen von der Bescheidenheit, der ostentative Verzicht auf die zuvor propagierte vornehme Zurückhaltung ein bedenkliches Zeichen. Die unverhohlene Prophetie der eigenen Größe ist ein Vorbote des Wahnsinns, der sich dem Leser heute in den Maßlosigkeiten des ‚Ecce homo' offen zeigt.

Das philosophisch wie autobiographisch unerhörte Werk schreibt Nietzsche bereits in Turin, das er als einen „wahren Glücksfund" für sich bezeichnet und wo er jene „bewußte Reihe von ‚schönen Tagen'" verlebt, „mit denen sogar ein Goethe schlecht fertigzuwerden wußte" (Brief an Köselitz vom 13.11. 1888). Äußerungen dieser Art steigern sich in den folgenden Wochen. Noch im Dezember berichtet er von einem „unbändig schönen Herbsttag", vom *„stärksten* Concert-Eindruck" seines Lebens, aber auch davon, daß sein Gesicht während der Aufführung „fortwährende Grimassen" zog, „um über sein extremes Vergnügen hinwegzukommen, eingerechnet, für 10 Minuten, die Grimasse der Thränen" (Brief an Köselitz vom 2.12. 1888).

Täglich schreibt er in immer rascherer Folge überschwengliche Briefe an Freunde und Bekannte mit Ankündigungen großer, ja größter Ereignisse. In Briefentwürfen an den deutschen Kaiser verheißt er bevorstehende Schicksalsentscheidungen der Menschheit: „Alle Macht-Geb(ilde) sind in die Luft gesprengt, – es wird Kriege geben, wie es noch nie Kriege gab." Der Krieg, den er prophezeit, ist der „Todkrieg" gegen das Christentum, ein „Weltgericht", in dem er sich selbst – das ist wohl das Bedenklichste – die entscheidende Rolle zuschreibt. Sein Buch, so verkündet er am 8. Dezember, „schlägt das Christenthum todt, und außerdem auch noch Bismarck".

Wie ein Verschwörer spricht er von der politischen Weltrevolution. ‚Ecce homo' ist für ihn das „Attentat auf das Christenthum, das vollkommen wie Dynamit auf Alles wirkt": „Wir werden die Zeitrechnung verändern, ich schwöre es Ihnen zu. Es hat nie ein Mensch mehr Recht zur Vernichtung gehabt als ich!" In eben diesem Sinn sind die Briefentwürfe an Bismarck und Wilhelm II. verfaßt, in denen er die völlige Umwälzung der Epoche durch das „Meisterstück" des ‚Ecce homo' und des ‚Antichrist' ankündigt.

Ende 1888 mehren sich die Anzeichen eines zunehmenden Verlusts realistischer Selbsteinschätzung. Nietzsche scheint sich in einem Delirium der Exaltation zu befinden, in dem er jedes Maß für sich und die Dinge verliert. Seine Mitteilungen sind zwar der Sache nach klar, auch seine von fieberhafter Aktivität zeugenden Anweisungen an die Druckerei sind überaus präzise, aber seine Identität ist verschoben. So unterschreibt er z. B. mit „Phönix", „Nietzsche Caesar" oder mit „Dionysos – der Gekreuzigte". An Overbeck berichtet er am 26. Dezember: „Ich selber arbeite eben an einem Promemoria für die europäischen Höfe zum Zwecke einer antideutschen Liga. Ich will das ‚Reich' in ein eisernes Hemd einschnüren und zu einem Verzweiflungs-Krieg provociren. Ich habe nicht eher die Hände frei, bevor ich nicht den jungen Kaiser, *sammt* Zubehör in den Händen habe."

Als dann am 6. Januar 1889 Jacob Burckhardt eine offenbar vom Wahnsinn diktierte Karte Nietzsches erhält, alarmiert er den bereits höchst besorgten Overbeck, der umgehend nach Turin reist, wo Nietzsche bereits am 3. Januar auf der Piazza Carlo Alberto bei dem Versuch, ein Pferd zu umarmen, weinend und offenkundig geisteskrank zusammengebrochen war.

Seit diesem Zusammenbruch in Turin lebt Nietzsche in geistiger Umnachtung. Die – bis heute nicht ganz sichere – Diagnose der Ärzte lautet auf progressive Paralyse, also auf einen unaufhaltsam fortschreitenden Abbau der Hirntätigkeit, vermutlich infolge einer lange Jahre latenten syphilitischen Infektion. Mit den migräneartigen Schmerzanfällen, die Nietzsche immer schon als Schüler plagten, also mit dem Leiden, dem er schon in den ersten Baseler Jahren sein Werk abringt, hat diese Infektion mit aller Wahrscheinlichkeit nichts zu tun. Unabhängig davon sind auch die in manchen Notizen hervortretenden schizoiden Verhaltenszüge Nietzsches. Es gibt Anzeichen von Schizophrenie, die vermutlich aber von der 1889 ausbrechenden Paralyse unabhängig sind.

Der geisteskranke Nietzsche verbringt zunächst einige Monate in psychiatrischen Anstalten, die ersten Wochen in Basel, dann in Jena. Danach übernimmt die Mutter aufopferungsvoll die Pflege. 1894 kehrt die inzwischen verwitwete Schwester Elisabeth aus Paraguay zurück und drängt sich in die Angelegenheiten des Kranken ein. Mit sicherem Instinkt für den wachsenden Ruhm ihres Bruders setzt sie sich als seine langjährige Vertraute in Szene, gründet ein Nietzsche-Archiv und betreibt mit großem geschäftlichen Geschick die Publikation der Bücher. Sie erwirbt sich gewiß Verdienste bei der Edition der ersten großen Gesamtausgaben und bei der Sammlung der hinterlassenen Papiere. Ihre ganze Tatkraft stellt sie in den Dienst des Werks. Dabei zeigt sie viel familiären Egoismus, aber wenig Verständnis für philosophische Fragen und schon gar keinen Respekt vor dem Genie ihres Bruders. Um sein Ansehen zu vergrößern, schreckt sie vor bösartigen Verdrehungen und vor Verleumdungen der Freunde Nietzsches, vor allem des klugen und verständnisvollen Franz Overbeck, nicht zurück. Nach dem Tod der Mutter im Jahre 1897 übernimmt die Schwester auch die Regie über die Pflege des immer mehr in Dumpfheit versinkenden Bruders. Da es ihr gelingt, sich in den Besitz aller Autorenrechte an den Schriften Nietzsches zu bringen, verfügt sie alsbald über große finanzielle Mittel und siedelt nach Weimar über. Dort lebt sie im großen Stil und betreibt einen makabren Kult mit dem Kranken, der von alledem offenbar nichts mehr wahrnimmt und am 25. August 1900 stirbt.

Zu diesem Zeitpunkt ist Friedrich Nietzsche längst zu einer Symbolfigur der europäischen Literatur geworden, und zu seiner Tragik gehört, daß auch dieser kometenhafte Aufstieg durch die Fama seiner Krankheit begünstigt wird.

III. Die Fragen nach dem Sinn

1. Nietzsche interpretieren

‚Nietzsche lesen' ist der Titel einer vielzitierten Aufsatzsammlung von Mazzino Montinari. Ähnliche Formulierungen hat es in den letzten Jahrzehnten auch für Marx, Kant und Rousseau gegeben. Sie enthalten in jedem Fall eine richtige Empfehlung, denn bevor man über einen Autor nachdenkt oder sich gar über ihn äußert, sollte man ihn lesen. Aber bei Nietzsche hat die Betonung der Lektüre in der Tat einen besonderen Sinn. Es gibt bei ihm keinen dominierenden Gedanken, kein System oder Prinzip, zu dessen Mitteilung der Text dient. Gedanke und Ausdruck sind hier unmittelbar aufeinander bezogen; die Situation und das nächste Umfeld sind entscheidend. Auf den Anlaß, den Tonfall, auf Nuancen und Pointen kommt hier mitunter alles an; nicht weniger aber auf den engeren und weiteren Zusammenhang, die heitere Stimmung, die lockere Form oder die Beiläufigkeit einer Äußerung. Der Text ist immer für eine Überraschung gut.

„Text" ist das Gewebe, mit dem sich Nietzsche nicht nur zeigt und schmückt, sondern auch verhüllt, und das er nicht zuletzt deshalb so ausdrücklich produziert, weil er meint, daß es den Gedanken „hinter" dem Text gar nicht gibt. Natürlich stellt bereits eine solche Meinung einen von konkreten Formulierungen unabhängigen Gedanken dar, der aber dem Leser zunächst nur anzeigt, welche Priorität das geschriebene Wort bei Nietzsche hat. Deshalb sollte man so wenig wie möglich deduzieren oder rekonstruieren. Und wenn man es aus einem systematischen Interesse heraus dennoch versucht – und ein philosophischer Leser *muß* dies versuchen –, dann hat man allen Grund, vorher wie nachher, genau auf die Textstellen zu achten – nicht zuletzt auf die Gedankenstriche, Auslassungspunkte, Anführungszeichen und auf das bei Nietzsche häufige und oft überraschende Fragezeichen.

Nietzsche mit dem philologischen Verein. Stiftung Weimarer Klassik.

Bedenkt man den Kontext, die Dichte des sprachlichen Gewebes und die Feinheiten des Schriftsatzes, dann kann man zumindest nachvollziehen, wie eine Forderung gemeint ist, die darauf hinausläuft, Nietzsche nicht zu zitieren. Denn jedes Zitat hebt unvermeidlich etwas aus seinem Zusammenhang hervor, und schon damit, so meint etwa Giorgio Colli, der Lehrer Montinaris, gehe das Wichtigste, der Kontext nämlich, verloren: „Ein Fälscher ist, wer Nietzsche interpretiert, indem er Zitate aus ihm benutzt."[9]

Doch so richtig diese Ansicht auch sein mag, so unmöglich ist es, sich wirklich an sie zu halten. Man kann nicht ständig im Zustand des bloßen Lesens verharren. Schon wenn man sich über Nietzsches Texte nur verständigen will, kommt man ohne ein Betonen und Weglassen – folglich auch ohne Zitate – nicht aus. Dies gilt erst recht, wenn man ihren philosophischen Gehalt ermitteln will. Dann läßt sich die Akzentuierung bestimmter Aussagen und Begriffe gar nicht vermeiden, so ärgerlich es auch sein mag, daß jede Deutung sich a priori in ihrem eigenen Horizont bewegt.

Bei einer philosophischen Annäherung reicht also die Maxime „Nietzsche lesen" nicht aus; es kommt darauf an, ihn zu *interpretieren*. Dies umso mehr, als jeder Leser letztlich doch Wert auf eigene Einsichten legt. Andernfalls würde er das Buch auf sich beruhen lassen. Philosophisches Wissen kommt nur in selbstbewußter Aneignung zur Geltung. Deshalb ist es auch jeder Leser *selbst,* der bei und mit Nietzsche etwas erkennen will; also *muß* und *will* ihn schließlich jeder auslegen, so gut er es eben versteht. Daß man sich dabei um eine möglichst genaue Textkenntnis zu bemühen hat, ist eine Selbstverständlichkeit, die freilich immer wieder der Verstärkung und der wechselseitigen Kontrolle bedarf.

Niemand hätte wohl für die Aufforderung, Nietzsche zu interpretieren, mehr Verständnis als Nietzsche selbst. Denn *er* hat seine Vorgänger höchst eigenwillig ausgelegt, oft genug ohne sie gründlich „wiederzukäuen", wie er es von seinen eigenen Lesern mehrfach verlangt (GM, Vorr. 8; 5, 256). Für sein eigenes Vorgehen hat Nietzsche sogar einen metaphysischen Grund: In seinen Augen ist nämlich *jede* selbständige Lebensäußerung eine Interpretation: „Alles ist Interpretation" lautet eine These, die er in seinen nachgelassenen Schriften ständig variiert. Die These hat, wie seine Allaussagen überhaupt, einen kritischen Sinn. Sie soll dogmatische Behauptungen über das Wesen der Welt abwehren und damit deutlich machen, daß nicht nur Dinge und Verhältnisse, sondern sogar „Wesen" und „Welt" „nur" Interpretationen sind, die sich der Mensch eben so zurechtlegt, wie er es versteht. Die Sinne und die Sprache des Menschen, zusammen mit einer in Jahrtausenden eingeübten Technik des Handelns und Begreifens, binden ihn an eine mehr oder weniger bestimmte „Perspektive", von der er sich prinzipiell nicht befreien kann. Es gibt schlechterdings keinen Ort jenseits unserer spezifisch menschlichen Perspektive, und wir können – sofern wir leben – auch niemals ohne sie sein. „Bewußtsein" ist selbst nichts anderes als eine Perspektive des menschlichen Daseins.

Diese bereits in Leibniz' ‚Monadologie' angelegte, von Kant systematisch ausgeführte und von Schopenhauer zugespitzte Einsicht bestimmt Nietzsches Denken von Anfang an. In seiner späten These „Alles ist Interpretation" findet sie nur einen pointierten Ausdruck, der interessante Parallelen sowohl zur modernen Hermeneutik wie auch zur biologischen und soziologischen Systemtheorie der Gegenwart erkennen läßt. In dieser These liegt auch eine Rechtfertigung für eine systematisch verfahrende Nietzsche-Interpretation. Denn solange wir in unserem Verhältnis zu uns und unseresgleichen, zu den Dingen und zur Welt nicht ohne Begriffe auskommen, gibt es auch die Perspektive des begrifflichen Denkens. Sie ist gewiß nicht die einzige, die uns zur Verfügung steht, vielleicht auch nicht die wichtigste; aber gewiß eine, ohne die wir, so wie wir uns jetzt verstehen, nicht leben könnten und leben möchten. Folglich spricht nichts dagegen, auch Nietzsche in diese Perspektive zu rücken. Im Gegenteil: Im Interesse unserer eigenen, immer auch auf unsere Erkenntnis bezogenen Lebensbedingungen haben wir Nietzsche in eine begriffliche Perspektive zu stellen und ihn systematisch zu interpretieren.

Damit ist nicht gesagt, daß man aus einem systematisch ordnenden Blickwinkel alles über ihn erfährt; das Artistische und Vagabundierende seines Denkens geht dabei womöglich verloren; die Abgründe seines tragischen Erlebens, die Quellen seiner poetischen Produktivität, die Tiefe seiner prophetischen Ahnungen bleiben so vielleicht verborgen. Doch seine *philosophische* Bedeutung ist nur so zu ermitteln. Die Philosophie kann auf das Begreifen nicht verzichten; und da jeder Begriff ursprünglich auf etwas Allgemeines zielt, liegt in ihm schon von selbst ein Vorgriff auf einen prinzipiell erkennbaren Zusammenhang. Man denkt immer schon systematisch, sofern man nur denkt, auch wenn man die abschließenden Systeme mit guten Gründen verwirft. Mit jedem Begriff ist die bloß sinnliche Gegenwart überschritten und der Keim zum System gelegt.

Eben dies lehrt uns Nietzsche – der Sache nach und mit seinem Beispiel: Die Kräfte des Lebens und der Welt sind in sich alles andere als rational. Selbst der Impuls zum Denken hat keinen Gedanken hinter sich. Und dennoch setzen wir auf die Gedanken und prüfen alles darauf, inwieweit es sich verstehen läßt.

Wir nehmen Nietzsche daher in seinem eigenen Erkenntnisanspruch ernst, wenn wir ihn systematisch interpretieren. Dabei wird ihm kein System unterschoben. Er wird auch nicht nachträglich in einen Begriffspanzer gezwängt. Sondern wir fragen nur nach dem begrifflichen Zusammenhang seines Denkens, nach dem philosophischen Kontext, in welchem er uns verständlich werden kann. Dabei sollte stets im Bewußtsein bleiben, daß dies nur eine von vielen möglichen Perspektiven ist *und:* daß es allemal unsere eigene ist. Weil es aber eine begriffliche Perspektive ist, ist es zugleich auch die, in der wir auf die größtmögliche Gemeinsamkeit mit anderen rechnen können.

Die folgende Darstellung steht also unter dem von Nietzsche selbst gemachten kritischen Vorbehalt des „Perspektivismus".[10] Sie versucht, seinem Werk wenigstens einen möglichen Sinn abzugewinnen, der die philosophische Leistung erkennbar und verständlich macht. Daß dabei Erfahrungen zugrundeliegen, über die wir heute, hundert Jahre nach Nietzsches Zusammenbruch, verfügen, wird nicht eigens ausgeführt. Zu erwähnen ist jedoch, daß dem Vorhaben einer philosophisch-perspektivischen Interpretation im Rahmen einer Einführung, die wenig voraussetzen und nicht zu lang sein darf, enge Grenzen gesteckt sind.

2. Wert und Sinn des Lebens

Die Frage, mit der Nietzsche alle Fragen der Philosophie auf radikal moderne Weise freilegt, ist die *Frage nach dem Sinn.* Er ist der erste, der die seit Kant in der Luft, seit Schopenhauer und Kierkegaard bereits auf der Zunge liegende Formel vom „Sinn des Lebens" wörtlich verwendet. Der geistesgeschichtliche Hintergrund der neuen Formel scheint im Zusammenhang ihres ersten Gebrauchs deutlich auf: Nietzsche wählt sie, um die damals schon in Buchtiteln übliche Wendung vom „Wert des Lebens" zu umschreiben. „Wert" ist ein Karrierebegriff des 19. Jahrhunderts, der eng mit dem wissenschaftlichen Aufstieg der Nationalökonomie verbunden ist. In welchem Sinn er von den Philosophen übernommen wird, zeigt bereits Kants paradigmatische Frage: „Warum hat also das Daseyn einen Werth?"[11]

Für Leibniz, der schon ähnlich ansetzte, stellte sich damit noch das Problem der Theodizee: Die Rechtfertigung des Daseins konnte nur in einer rationalen Begründung Gottes gefunden werden. Kant sah sich bei seiner kritischen Antwort hingegen ganz auf die menschlichen Kräfte beschränkt: Wert hat etwas nur, sofern es vor der praktischen Vernunft des Menschen bestehen kann. Damit wird ein menschliches Vermögen zur Instanz, die über Wert und Unwert des Seins entscheidet; der reine praktische Wille, so wie ihn der Mensch an sich selbst begreift, wird letztlich zum Urheber aller Werte. Darin liegt die bis heute nicht verarbeitete Provokation der Kritischen Philosophie.

Nietzsche setzt alles daran, diese Provokation zu verschärfen. Er fordert den Menschen auf das äußerste heraus, um ihn auf seine längst bestehende metaphysische Einsamkeit und seine absolute Selbstverantwortung aufmerksam zu machen. Und manche Paradoxie seines Denkens erklärt sich daraus, daß er die Provokation nicht nur für notwendig, sondern vielleicht auch für zu riskant hält. Nietzsche ist der Sonderfall eines Philosophen, der vor den Folgen seines eigenen Denkens warnt, weil er mit guten Gründen fürchtet, daß der moderne Mensch für die Last des Wollens und Wertens, die er längst übernommen hat und nicht mehr abschütteln kann, zu schwach ist.

Vor diesem Hintergrund wird die Wertfrage für Nietzsche zum philosophischen Grundproblem, das sein Denken von Anfang bis Ende beherrscht. Hätte er eine „Lehre" hinterlassen, könnte man sie, wie es eine Weile lang üblich war, als „Wertphilosophie" bezeichnen. Tatsächlich aber bleibt es bei immer neu ansetzenden *Fragen,* bis schließlich eine epochale Erwartung alle Zweifel in ein schlechthin unüberbietbares, letztlich zirkuläres Programm überführt: in die „Umwerthung aller Werthe".

Auf diese Formel stößt Nietzsche durch seine, wie er ausdrücklich betont, durch und durch „moderne" Frage: „Was ist das Leben überhaupt werth?" (PhtZ 1; 1, 809) Für typisch neuzeitlich hält er es, daß sich eine so gestellte Frage nach dem Leben bereits als solche aus dem Lebenszusammenhang löst. In ihn jedoch, ins Leben und in eine lebendige Kultur, möchte Nietzsche zurück, wenn er die „Umwerthung der Werthe" proklamiert. Aber dahin kommt er paradoxerweise erst, nachdem er die in sich fragwürdige moderne Frage so eindringlich und ernsthaft gestellt hat wie niemand zuvor.

Die Wertfrage steht schon bei Kant und Schopenhauer unter einer Prämisse, die alle Aufmerksamkeit auf den Menschen konzentriert. Werte „gibt" es nämlich nicht so, wie es seltene Güter gibt; sie gehören nicht zur Menge der Gegenstände, und es genügt auch nicht, sie als bloße Relationsgrößen anzusehen. Werte „gelten" und kommen so nur in Beziehung auf Wesen vor, die sie in irgendeiner Form nötig haben. Der Wert verweist auf einen Mangel; er ist ein Zeichen für die Bedürftigkeit des Menschen, der sich mit seiner Hilfe darüber verständigt, was er braucht oder zu brauchen meint. Folglich lenkt die Wertfrage auf den Menschen zurück, auf das, was er glaubt, zum Leben nötig zu haben.

Im Wert und in der Bewertung stößt die Objektivität der Weltbetrachtung nicht nur auf eine Grenze, sondern auch auf ihre möglichen Bedingungen. Denn daß wir Objektivität – und ihren Ausdruck in Theorie und Wissenschaft – schätzen, ist ja selbst nichts anderes als eine Wertung. Und es ist eine geradezu schwindelerregende Einsicht, daß auch hinter ihr, auch hinter dem Anspruch auf Objektivität, nichts anderes als ein letztlich subjektives Bedürfnis steht. Wie kann Objektives aus purer Subjektivität entstehen? Welcher Mangel, welcher Trieb, welches an sich selbst ganz und gar vernunftlose Verlangen ist in der Lage, Vernunft und Wissenschaft hervorzutreiben? Wie paßt ein in sein Gegenteil umschlagendes Bedürfnis in den Triebhaushalt des Lebens? Das sind die Fragen in Nietzsches erster philosophischer Schrift. Um die dort gegebene Antwort zu verstehen, müssen wir sehen, in welcher Weise er die Wertfrage verschärft.

Nietzsche macht zunächst einmal Ernst mit der Einsicht in den subjekt-relativen Charakter von Werten. Sie gelten nur in Beziehung auf den empfindenden, fühlenden und denkenden Menschen, der Werte braucht, um nach eigenen Vorstellungen leben zu können. Jeder Zweck gilt letztlich nur für das Wesen, das ihn hat; alle Ziele, Absichten oder Werte sind nach Nietzsche nur „Illusionen", über deren sachlichen Gehalt sich in letzter Instanz nichts ausmachen läßt; entscheidend ist allein ihre Wirksamkeit, also ihr stimulierender und motivierender Effekt.

Werte steuern demnach den praktischen Lebensvollzug des Menschen. Sie führen zu einer Konzentration der Aufmerksamkeit und wehren störende Reize ab. Sie schaffen erst den geschlossenen „Horizont", der für das Handeln nötig ist. Durch sie stellt sich der Handelnde ausdrücklich in den Mittelpunkt seiner Welt und ist nun auch mit seinen geistigen Kräften das, was das Leben von ihm fordert: „ein kleiner lebendiger Wirbel in einem todten Meere von Nacht und Vergessen" (2. UB 1; 1, 253). „Wagt es an euch selbst zu glauben", ist Nietzsches Forderung an die Menschen, damit sie auch mit Bewußtsein werden, was sie von Natur aus sind.

Angesichts der nur auf die jeweilige Lebensdienlichkeit bezogenen Funktion von Werten ist es unsinnig, von allgemeinen Werten in der Natur zu sprechen. Man hat vielmehr die Konsequenz zu ziehen, daß – für sich genommen – nichts wertvoll ist. Alles ist gleichermaßen wertlos. Auch die Natur als Ganzes hat keinen Wert; selbst das Leben nicht, denn es geht ja aller Wertschätzung voraus. Es ist daher schon ein Mißverständnis, nach dem Wert des menschlichen Daseins überhaupt zu fragen. Wer es dennoch tut, der stößt, wie Hamlet, immer nur auf das „Entsetzliche oder Absurde des Daseins" (GT 7; 1, 57). Im Mythos ist es der durch seine dummdreisten Ansprüche hinlänglich bekannte König Midas, der die auf das Ganze bezogene Sinnfrage stellt und sich entsprechend blamiert. Auf die mit Gewalt gestellte Frage, „was für den Menschen das Allerbeste und Allervorzüglichste sei", erhält der König die Antwort: „Elendes Eintagsgeschlecht, des Zufalls Kinder und der Mühsal, was zwingst du mich dir zu sagen, was nicht zu hören für dich das Erspriesslichste ist? Das Allerbeste ist für dich gänzlich unerreichbar: nicht geboren zu sein, nicht zu *sein, nichts* zu sein. Das Zweitbeste aber ist für dich – bald zu sterben" (GT 3; 1, 35).

Nach dieser Auskunft ist es nicht nur unmöglich, einen Wert des Daseins zu benennen, es fällt sogar schwer, einen Sinn *im* Dasein zu finden. Natürlich hat jede Tat, sofern sie auf einen Zweck bezogen ist, auch einen Sinn. Das vorgestellte Ziel – also die Absicht, die zu jeder Handlung hinzugehört – gibt ihr ja den Sinn, ohne den sie nicht möglich wäre. Damit ist aber noch nicht gesagt, ob dieser Sinn den Menschen auch befriedigt. Wer wirklich Ansprüche an das Leben hat, dem kann, nach Nietzsche, der jeweils vorgestellte Handlungszweck nicht genügen. Denn jeder Zweck hat seinen Grund in einem anderen Zweck, dem er als Mittel dient. So kommt man zwar auf einen begrifflich geordneten, rationalen Zusammenhang, doch eben der führt unvermeidlich auf einen höchsten Zweck und somit auf ein letztes Warum – auf das es keine Antwort gibt. Gerade der rational erschlossene Lebenssinn führt in die Absurdität!

Es ist diese überaus rationale Konsequenz, die Nietzsche dazu bringt, einen das Leben erfüllenden Sinn nicht länger in der Vernunft, sondern in der Kunst zu suchen. Daß er dabei die Vernunft nicht pauschal verwirft, zeigt schon die skizzierte Art, in der er seine Alternative herleitet: Zunächst begründet er durchaus einsichtig, warum die Vernunft bei der Sinngebung des Daseins versagt, und erst dann gibt er der Kunst eine Stellung, die sie – offenbar auch für ihn selbst – von der überlieferten Funktion der Vernunft schwer unterscheidbar macht. So notiert er im März 1875:

„Das einzige Vernünftige, was wir kennen, ist das Bischen Vernunft des Menschen: er muss es sehr anstrengen, und es läuft immer zu seinem Verderben aus, wenn er sich etwa ,der Vorsehung‘ überlassen wollte.

Das einzige Glück liegt in der Vernunft, die ganze übrige Welt ist triste. Die höchste Vernunft sehe ich aber in dem Werk des Künstlers, und er kann sie als solche empfinden" (N 1875, 3/75; 8, 36).

Diese Auszeichnung der Kunst als der höchsten Vernunft läßt sich besser verstehen, wenn auch das andere Moment, in dem Nietzsche die Wertfrage verschärft, benannt ist. Es betrifft, um es auf eine kurze Formel zu bringen, den *leibhaftigen Sinn von Sinn*: Die Übersetzung der *Wert-* in eine *Sinn*frage gibt immer schon die Richtung an, in der mögliche Antworten gefunden werden können. Ein Sinn kann das Leben nur dann erfüllen, wenn er sich nicht von den Sinnen löst. Seine Bestimmung findet demnach der Mensch nur dort, wo er seine Sinnlichkeit nicht preisgibt. Allein der sinnlich gegenwärtige Sinn bleibt mit dem Lebensprozeß, dem er Maß und Ziel, Takt und Stil geben soll, verbunden.

Nietzsche hat die der Äquivokation von „Sinn" zugrundeliegende sachliche Verbindung nicht weiter zergliedert. Es bedarf auch keines analytischen Scharfsinns, um zu erkennen, daß ein Zweck oder Richtung anzeigender Sinn entweder aus dem hervorgeht oder eben dasjenige ist, was wir in den Sinnen haben. Der unser Tun leitende Sinn ist nichts anderes als die begriffliche Fassung eines sinnlich vorgestellten Ziels. Was immer wir uns auch für Ziele setzen: „sinnvoll" sind nur solche, die wir auch vor Augen haben, die wir nicht nur begreifen, sondern auch erleben können. Lust und Leid müssen noch in den höchsten Zielen sein, wenn ein Lebenssinn darin liegen soll.

In der ‚Geburt der Tragödie' hat Nietzsche zu zeigen versucht, wie er sich einen Sinn im Medium der Sinnlichkeit vorstellt: Traum und Rausch sind die bis in die Physiologie, also bis in die leibliche Organisation des Menschen hineinreichenden Elemente, in denen Vorstellungen und Stimmungen entstehen, durch die das Leben „möglich" und „lebenswerth" gemacht wird. Was immer als zum Leben verführender Sinn erscheint, bleibt an einen Gesamtzustand des Organismus gebunden, ist somit weder bloße Vorstellung noch reiner Begriff. Erst wenn zum Bild oder Klang die „Verzauberung", der „Taumel" oder der „Schauer" hinzukommen, wenn man also von einer Vorstellung so ergriffen wird, wie der Tanzende von der Musik oder der Entzückte von seiner Vision, dann ist eine Wertung versinnlicht *und* verleiblicht und somit wahrhaft zum „Sinn" geworden.

Gewiß fällt es schwer, im orgiastischen Taumel des dionysischen Rausches noch eine Form der Vernunft zu entdecken. Aber man kann sie durchaus erkennen, denkt man nur an die wohltätigen Wirkungen, die Nietzsche damit verbindet: Im Kult des Dionysos werden die ursprünglichen Kräfte der griechischen Kultur freigesetzt; durch ihn gelingt es den frühen Hellenen, trotz ihrer tragischen Grundstimmung, zu höchster Tatkraft zu gelangen; in ihm finden sie schließlich, was philosophisch sonst nur der Vernunft vorbehalten bleibt, nämlich den „metaphysischen Trost", der mit dem Leben versöhnt (GT 7 u. 8; 1, 56 u. 59). Außerdem darf man nicht übersehen, daß Nietzsche den dionysischen Rausch zum apollinischen Traum in ein dialektisches Verhältnis setzt; beide fordern sich wechselseitig heraus und sind aufeinander angewiesen.

So bleibt es auch, wenn Nietzsche später den vom Menschen benötigten Daseinssinn aus der „großen Vernunft des Leibes" herauszulesen versucht: Auf die individualisierende Kraft der Vision wird ebensowenig verzichtet wie auf die abgrenzende Leistung des Begriffs. Nur dürfen beide ihren Ausgangspunkt im Leben nicht verleugnen, müssen jenes leibhaftige „Selbst" präsent halten, in dem „Sinne, Denken, Urtheilen und Begierden [. . .] früher eins" waren. Dazu spricht Zarathustra:

„Was der Sinn fühlt, was der Geist erkennt, das hat niemals in sich sein Ende. Aber Sinn und Geist möchten dich überreden, sie seien aller Dinge Ende: so eitel sind sie.

Werk- und Spielzeuge sind Sinn und Geist: hinter ihnen liegt noch das Selbst. Das Selbst sucht auch mit den Augen der Sinne, es horcht auch mit den Ohren des Geistes" (Z 1, Von den Verächtern des Leibes; 4, 39).

Wem es gelänge, sich auf sein Selbst zu verstehen, der vernähme nicht nur die „Stimme des gesunden Leibes", sondern könnte auch vom „Sinn der Erde" reden. In diesem auf ein irdisch-leibliches Selbst bezogenen Horizont könnten wir Menschen schließlich auch erkennen, „bis zu welchem *Grade wir die Schöpfer unserer Werthgefühle sind,* – also ‚Sinn' in die Geschichte legen *können . . .*" (N 1886/87, 6/25; 12, 243).

Es sind, wie man sieht, weitreichende ästhetische und praktische Erwartungen, die Nietzsches Denken stimulieren. Sie locken ihn bereits in der ‚Geburt der Tragödie' und treiben ihn bis in die letzten Tage seiner bewußten Existenz. Läßt sich sagen, was diesen Erwartungen zugrunde liegt? Kann man genauer angeben, was mit der Radikalisierung der Wertfrage philosophisch erreicht ist? Eine Antwort könnte folgendermaßen lauten:

Kant glaubte den Ausgangspunkt aller philosophischen Aussagen in den rationalen Leistungen des Menschen gefunden zu haben, also in den theoretischen, praktischen und ästhetischen Urteilen. Das ist Nietzsche zu wenig. Er möchte vom *ganzen Menschen* und damit vor allem von dessen Lust- und Leiderfahrungen ausgehen. In seiner Verschärfung der Sinnfrage will er den Menschen tatsächlich als lebendige Einheit in den Blick bekommen und erfassen, wie sich der Mensch in seiner leib-seelischen Totalität zu seinem Dasein verhält. Auch wenn Nietzsche sich gelegentlich zu Aussagen über das „Ur-Eine", über den „innersten Kern der Natur" oder über den „Weltgenius" versteigt, so kann doch kein Zweifel sein, daß er Kants kritische Reserve gegenüber Urteilen über das Sein des Seienden, über die Wirklichkeit als Ganzes und die Welt an sich teilt. Nietzsche setzt, wie Kant, beim Menschen an, und er weiß nur zu gut, daß er von ihm prinzipiell nicht loskommen kann. Er möchte also nicht – nach Art der vorkritischen Metaphysik – über den Menschen und seine Welt hinaus. Aber er möchte tiefer in ihn bzw. sie hinein.

Bei diesem Versuch, das Motiv und womöglich auch den Grund des menschlichen Lebens zu erfassen, gerät er nicht selten in Konflikt mit seiner kritischen Ausgangsposition. Denn bei seiner Diagnose des leibhaftig-lebendigen Menschen unterstellt er immer wieder einen allgemeinen Begriff des Lebens, den er strenggenommen erst selbst aus dem Erleben des menschlichen Lebens herleiten müßte. Ansätze dazu finden sich später, wenn er als Psychologe den elementaren Lebensgefühlen – dem „Machtgefühl" und dem „Selbstgenuß" – nachspürt, um schließlich auf den „Willen zur Macht" zu stoßen. Abgrenzungsprobleme ergeben sich auch bei seinem Begriff der Vernunft, mit dem er, darin Hegel durchaus verwandt, die volle Wirklichkeit des Daseins zu fassen sucht. Entsprechendes gilt für seine Konzeption des Werdens, der Tat oder – später – der Interpretation.

Doch die Schwierigkeiten mit den Grenzbegriffen ändern nichts an Nietzsches uneingeschränkter Hinwendung zum ganzen Menschen. Theoretisch wie praktisch möchte er *alles* erfassen, was zum menschlichen Leben gehört, insbesondere das, was in der Philosophie vor ihm zu kurz gekommen ist: nämlich den Leib und die Triebe, die Sinne und das Gefühl und mit ihnen die Phantasmagorie der sogenannten Wirklichkeit. Mit dem Leib, der ja den beseelten Körper meint, ist es ihm auch um die Einheit von inneren und äußeren Kräften zu tun. Und dabei rücken das ästhetische Erleben und das künstlerische Werk ganz von selbst in den Vordergrund.

Mit alledem verstärkt Nietzsche den neuzeitlichen Rückzug aus der Transzendenz. Sein Denken ist von Anfang an entschieden auf die Immanenz der menschlichen Welt gerichtet. Von der „Natur", der „Wirklichkeit" oder der „Welt" läßt sich nur aus der menschlichen Binnenperspektive sprechen. Die „Welt" ist daher kein Gegenstand, sondern nur eine Vorstellung, die in unserem Umgang mit Gegenständen wirksam ist. Auch Gott und die Götter können nicht als reale Entitäten in, über oder hinter der Welt angesiedelt werden. Sofern die Rede von ihnen überhaupt einen Sinn ergibt, ist er auf ihre Gegenwart im Leben der Menschen beschränkt. Götter gibt es nur, sofern sie im Glauben und Vorstellen der Menschen wirksam sind. Nur solche Götter können leben und – sterben. Die Frage, was der erlebten Welt des Menschen „wirklich" – also unabhängig von der sinnlichen Erfahrung – zugrunde liegt, ist nach Nietzsche unsinnig. Die Beschränkung auf diese unsere Welt ist unaufhebbar. Denn sie ist schon alles, was überhaupt Sinn haben kann. Aller Sinn liegt *in* der Welt, weil er ganz und gar dem Menschen als sinnlichem und nur insofern sinnschaffendem und sinnverstehendem Lebewesen zugehört.

3. Der einzelne und die Kultur

In Kants Kritischer Philosophie findet der Rekurs auf die Kräfte des Menschen in der Vernunft ein tragfähiges Prinzip. Die organischen, instinktiven und affektiven Momente des Menschen werden dabei keineswegs geleugnet; aber sie gelten nicht als wirklich spezifisch für das menschliche Subjekt. Leib, Trieb und Lust teilt der Mensch mit dem Tier. Seine Eigentümlichkeit als homo sapiens zeigt sich erst darin, daß er Einsichten gewinnt und nach diesen Einsichten auch zu handeln versucht. Nur sofern sich der Mensch als einsichtiges und somit als vernünftiges Wesen begreift, wird er zum Menschen. Diese Prämisse erlaubt es Kant, trotz des entschiedenen Rückgangs auf die sich ja stets nur konkret äußernden menschlichen Vermögen, von allgemeinen Vernunftprinzipien auszugehen. Kant hält sich dabei strikt an das menschliche Handeln, geht aber davon aus, daß es angemessen nur als Äußerung, als Gebrauch der menschlichen Vernunft verstanden werden kann. Die universelle Vernunft ist also nur über ihren Gebrauch ein wirklicher Bestandteil der menschlichen Welt.

Diese Prämisse der Kritischen Philosophie teilt Nietzsche nicht. Natürlich leugnet er nicht, daß der Mensch auch Vernunft hat (oder haben kann) und sich darin von den Tieren unterscheidet. Aber Nietzsche bezweifelt, ob darin die Stärke oder gar die Größe des Menschen liegt. Zu offenkundig ist für ihn, daß die Vernunft physische und psychische Mängel notdürftig kompensiert. Sie ist ein Ersatz für verlorene Instinkte, der weder vollständig noch hinreichend ist, sondern im Gegenteil neue und größere Lebensrisiken birgt. Für Nietzsche steht daher außer Zweifel, daß der Mensch seine begriffliche Kompetenz überschätzt. Der Geist ist nichts, worauf sich das Leben tatsächlich gründet. Wären wir nur auf unsere Erkenntnis gestellt, so müßten wir augenblicklich zugrundegehen, denn wir wissen nicht wirklich, was unser Herz tut, wenn es schlägt, und wir wissen schon gar nicht, was unser Hirn anstellt, wenn es uns „bewußt" sein läßt. Der bei weitem größere Teil unseres Lebens vollzieht sich ohne Zutun unseres Wissens. Möglicherweise, so vermutet Nietzsche, geht die Menschheit eines Tages gerade an ihrer Erkenntnis zugrunde (WL 1; 1, 875).

Angesichts des Zweifels an der Tragfähigkeit der menschlichen Vernunft ist es nur konsequent, wenn Nietzsche in seiner philosophischen Konzentration auf den Menschen nicht länger bei einem allgemeinen Vermögen, sondern beim konkreten Individuum ansetzt:

„Wozu die ‚Welt‘ da ist, wozu die ‚Menschheit‘ da ist, soll uns einstweilen gar nicht kümmern [. . .]; aber wozu du Einzelner da bist, das frage dich, und wenn es dir Keiner sagen kann, so versuche es nur einmal, den Sinn deines Daseins gleichsam a posteriori zu rechtfertigen, dadurch dass du dir selber einen Zweck, ein Ziel, ein ‚Dazu‘ vorsetzest, ein hohes und edles ‚Dazu‘. Gehe nur an ihm zu Grunde – ich weiss keinen besseren Lebenszweck als am Grossen und Unmöglichen [. . .] zu Grunde zu gehen“ (2. UB 9; 1, 319).

Erst mit diesem Rekurs auf die in nichts anderem mehr begründete Sinngebung durch das einzelne Individuum gewinnt Nietzsches Denken seine apodiktische Schärfe. Es gibt keinen vorab verpflichtenden Daseinssinn, auch kein allgemeines Kriterium für seine Auswahl, und es gibt erst recht keine Garantie für einen biographischen oder historischen Erfolg. Wenn es überhaupt einen Sinn geben soll, dann kommt er vom einzelnen und bleibt bei ihm. Der Sinn des Daseins wird damit ausschließlich dem Individuum aufgebürdet.

Diese Last wiegt schwer, denn eine Aussicht auf eine große Erleichterung am Ende oder im Jenseits des Lebens gibt es nicht. Wenn es keinen Sinn des Daseins gibt, dann kann man ihn eben auch von der Zukunft nicht erwarten. Zwar kann der einzelne ohne eigene Zielsetzung nicht leben – das menschliche Leben bedarf der Herausforderung durch sich selbst und damit der Annahme von etwas, das Sinn hat. Jedoch aufs Ganze gesehen sind aller Geist und Sinn nur eine Art Überschuß des Lebens, eine – im günstigsten Fall – großartige Verschwendung: „animae magnae prodigus“.

Man darf in Feststellungen dieser Art keine Neuauflage des barocken Lamento über die Hinfälligkeit alles Irdischen vermuten; es liegt darin auch keine kulturkritische Klage über den Sinnverlust in der modernen Welt. Die „melancholische Sentenz“: „Alles hat keinen Sinn“ hält Nietzsche für ganz und gar verfehlt. Denn: „Aller Sinn liegt in der Absicht“ (N 1886/87, 7/1; 12, 247). Wer sich also vorwurfsvoll über den Sinnverlust beschwert, gesteht nur seine Schwäche ein, sich selbst Ziele zu setzen. Dennoch wäre es zu wenig, sähe man in Nietzsches Feststellung lediglich eine logische Konsequenz aus der von Kant vollzogenen Wende. Der Verzicht auf den Ausgangspunkt in der Vernunft kann die Emphase der großen Vergeblichkeit auch der größten Ziele nicht rechtfertigen. Warum genügt es nicht, die Sinneutralität des bloßen Daseins zu konstatieren und im übrigen bei der Aussage zu bleiben, daß Sinn nur vorkommt, wo auch Absichten sind?

Es genügte gewiß, wenn Nietzsche sich darauf beschränkte, die Folgen der Transformation des Sinnproblems zu beschreiben. Nun ist es aber so, daß er seine Diagnose keineswegs bloß aus theoretischem Interesse betreibt. Die Frage berührt ihn selbst, ihn als Deutschen, als Künstler, als geschichtlich handelnde Person, als Philosophen und zuletzt und in allem als diesen einzelnen, der selber hochgespannte Erwartungen an die eigene Lebensleistung hat. Nietzsche präsentiert sich von Anfang an mit einer „Mission": Er will Wegbereiter Wagners, ein Herold der Kultur und schließlich ein Erzieher der Deutschen sein. Darin und in allem, was er sich später vornimmt, setzt er sich selbst höchste Ziele. Seine persönlichen Sinnerwartungen sind auf das äußerste gespannt. Er hat eine Botschaft, in der das religiöse und nationale Pathos seines Vaters nachwirkt und mit der er das Erbe der Antike, der Renaissance und später auch der Aufklärung zu sichern sucht. Was aber kann dies alles noch bedeuten, wenn es einen objektiven Sinn der Kultur und der Geschichte nicht mehr gibt? Bleibt unter den genannten Bedingungen nicht jeder mit seinem Sinn und Ziel allein?

Diese gleichermaßen theoretischen wie existentiellen Fragen bewegen Nietzsche bereits in der ‚Geburt der Tragödie'. Sie verschärfen sich, wenn er durch Jacob Burckhardt auf die geschichtliche Rolle des „großen Individuums" aufmerksam wird. Denn ohne die „historische Größe" einzelner Personen ist nach Burckhardt eine bedeutende Kulturleistung gar nicht möglich. Ohne sie wird, strenggenommen, gar keine Geschichte gemacht. Nietzsche kommen diese im Renaissance-Buch seines Baseler Kollegen am historischen Material belegten und in den ‚Weltgeschichtlichen Betrachtungen' allgemein entwickelten Überlegungen entgegen. Er übernimmt sie in seinen Begriff der Kultur, legt sie seiner Deutung der Größe Griechenlands und auch allen eigenen Visionen von einer Kultur der Zukunft zugrunde. Was aber bedeuten sie für ein Subjekt, das sich letztlich mit seiner

Zielsetzung allein weiß? Was kann historische Größe unter Bedingungen radikaler Individualisierung überhaupt noch heißen?

Gelingt es, auf diese Fragen eine Antwort zu finden, ist ein wichtiger, vielleicht der wichtigste philosophische Schritt zum Verständnis Nietzsches getan. Denn von hier aus könnte sich der das ganze Werk durchziehende Widerspruch zwischen der offensiven Destruktivität seiner Kritik und dem progressiven Optimismus seines Umwertungsverlangens klären. Nietzsches metaphysischer Skeptizismus, der insbesondere in seiner Wahrheits- und Moralkritik vernichtend am Werk ist, paßt weder zu den exaltierten Renaissancismen seiner Kulturphilosophie noch zu dem idealistischen Realismus seiner Lehre vom Willen zur Macht. Wenn es stimmt, daß jeder mit seinen Zielen allein ist, daß nicht nur jeder einzelne, sondern der Mensch überhaupt tragisch endet; wenn es zutrifft, daß es keine Wahrheit und keine moralisch zu verantwortenden Handlungen gibt; wenn tatsächlich alles nur ein Spiel ist: Warum dann die ganze Anstrengung des Erkennens? Wozu noch die aufwendigen Oppositionen gegen die Bildungsphilister, die Positivisten, Nationalisten, Antisemiten und gegen das Christentum? Woher überhaupt das Pathos der eigenen großen Aufgabe? Man wird diesen Fragen eine gewisse Dramatik nicht absprechen können. Hier ist nicht nur Nietzsches Philosophie, sondern auch seine Person berührt. Die Tragik, die er theoretisch auszudrücken versucht, kommt in seiner Existenz unmittelbar zum Ausdruck.

Die extreme Position, zu der Nietzsche in seiner Reduktion auf den einzelnen Menschen gelangt, hat er selbst am schärfsten in der ‚Geburt der Tragödie‘ markiert. Da schildert er den Zustand des Menschen, der unter dem übermächtigen Eindruck des Gottes Apollon steht. Apollon ist der Gott, durch den Nietzsche die ganze olympische Götterwelt auftürmen läßt. In einem schrecklich grausamen Geschehen wird das Titanenreich gestürzt, um „durch kräftige Wahnvorstellungen und lustvolle Illusionen" eine neue Herrschaft zu errichten (GT 3; 1, 37). So entsteht die „dorische Cultur", die ohne den nach außen wie nach innen mit rücksichtsloser Härte auftretenden „dorischen Staat" nicht möglich wäre. Beide vermag sich Nietzsche „nur als ein fortgesetztes Kriegslager des Apollinischen zu erklären" (GT 4; 1, 41). Unter diesen Bedingungen, unter der „starren Majestät der dorischen Kunst- und Weltbetrachtung", kommt es nun, nach Nietzsche, zum epochalen Auftritt des Individuums. Der isolierte, selbstbewußte Wille des einzelnen Wesens gelangt zur Herrschaft, und Apollon selbst erscheint als „Vergöttlichung des principium individuationis": „Diese Vergöttlichung der Individuation kennt, wenn sie überhaupt imperativisch und Vorschriften gebend gedacht wird, nur Ein Gesetz, das Individuum [. . .]" (GT 4; 1, 40).

In dieser absoluten Selbstbezüglichkeit schafft sich das Individuum seine Welt. Es verklärt das Dasein zu einem bedeutungsvollen Geschehen. Alles wird vorgestellt, als sei es von einer „höheren Glorie umflossen". Das ganz auf sich selbst zurückgeworfene Individuum erträumt sich eine Welt und verführt sich so selbst zum Weiterleben (GT 3; 1, 36). Die Befreiung aus dem Gefängnis der Individuation geschieht durch die *Illusion*; der einzelne imaginiert sich eine Welt, die zu ihm paßt. Mit ihr hat er dann auch einen Zusammenhang, in dem er sich selbst versteht. Das ist die Chance, die Apollon selbst in der durch ihn verhängten metaphysischen Isolation eröffnet. Denn er leitet nicht nur die ethische Gesetzgebung an, sondern läßt auch die lichtvollen Gestalten und Formen der Kunst entstehen. Doch auch sie führt nicht wirklich aus dem In-sich-Kreisen der Selbsterkenntnis heraus.

Diese Möglichkeit eröffnet erst Apollons Widerpart Dionysos – der Gott des Rausches und des bacchantischen Taumels. Er verbindet und versöhnt. Dionysos bringt die Ansprüche des individuellen Willens zum Schweigen, erlaubt dem Ich, sich ganz in Stimmung und Bewegung aufzulösen und überführt es in lustvolle Selbstvergessenheit. In dieser „Zerreissung des principii individuationis" gibt sich der einzelne dem schauernd erfahrenen Ganzen hin. Er überläßt sich dem „Ur-Einen" und findet so in der schwärmerischen Selbstauflösung einen unmittelbaren Zusammenhang mit allem. Was Apollon aufgebaut hat, reißt Dionysos wieder ein. Aber gerade in diesem Antagonismus wird er benötigt. Dionysos gehört zu Apollon und umgekehrt: „Und siehe! Apollo konnte nicht ohne Dionysus leben!" (GT 4; 1, 40) Die Kultur der frühen Griechen entsteht aus einer „Versöhnung zweier Gegner".

In dieser mit mythologischen Elementen durchsetzten kulturgeschichtlichen Konstruktion liegt eine Antwort auf die Frage nach dem Zusammenhang des Individuums mit seiner Welt. Nüchtern gefaßt lautet sie so: Im Rückgang allein auf sich selbst stößt der Mensch keineswegs auf einen Vernunftgrund, auch nicht auf einen bloßen Daseinspunkt, sondern auf eine *Form*. Er ist sich selbst ein principium individuationis, das der Abgrenzung bedarf. Unter dem ethischen Anspruch Apollons leistet dies ein „Gesetz"; im Erleben und Genießen seiner selbst erfüllt sich das jedoch nur durch eine „Gestalt". Nur als Gestalt kommt der einzelne zu sich selbst, und nur in ihr erfährt er sich als von anderen getrennt. Gestalt aber ist er nur im Medium der Vorstellung, also in einer wenn auch minimalen Distanz zu sich selbst. Und nur in der Vorstellung von sich selbst, also in etwas, das er von sich selbst allererst *macht,* gewinnt das Individuum Bestimmtheit und Bedeutung.

Diese Bedeutung aber hat es für sich nur, indem es sich in dieser Vorstellung auch lustvoll erlebt. In der „Selbsterkenntniss" kommt die Bedeutung, der „Sinn" des Subjekts nur über die Gegenwart der Gefühle zustande. Den bedeutungsvollen Sinn von sich selbst kann das Subjekt steigern, indem es nicht nur sich selbst als Gestalt produziert, sondern sich im Schaffen von Gestalten überhaupt entfaltet. Das Individuum wertet sich auf, wenn es Visionen vollkommener Formen hervorbringt, denn in diesem ästhetischen Produzieren ist – dem Verfahren und dem Gegenstand nach – immer auch etwas von ihm selbst. In der sinnlichen Gestalt der Illusion schafft sich das Individuum das andere und Entgegenstehende der Welt, von dem es sich in der Selbstgestaltung ausgrenzt, nach *seinem* Bild. Dadurch entsteht die Welt, die für das Individuum Bedeutung hat und in der es folglich auch selbst Bedeutung erlangen kann. Im Entwurf dieser Welt tut das Individuum einen notwendigen Schritt über sich hinaus. In ihr erlebt und steigert es sich selbst. Es ist eine Welt aus Bedeutungen, eine „Symbol-Welt" und ist insofern nichts anderes als die Kultur des Menschen, ohne die er nicht wird, was er ist.

Die *Kultur* ist also das, worin das Individuum seine Bedeutung findet. Nur indem es sich in die Kultur, die dadurch eigentlich erst entsteht, projiziert, kommt es selbst als Individuum zur vollen Geltung. Im Vertrauen auf dieses Wechselverhältnis ist es Nietzsche möglich, zugleich für den einzelnen und für die Kultur zu plädieren. Es besteht für ihn kein Widerspruch darin, alle Hoffnungen auf den einzelnen zu richten und dabei alle politischen Erwartungen auf die Kultur zu setzen. Aus diesem Grund bleiben ihm auch später die Gesellschaft, der Staat und die Politik wichtig, obwohl er unablässig Distanz zu ihnen fordert. Beides schließt sich in der Tat nicht aus, wenn man die Kultur, die alle gesellschaftlichen Erscheinungen in sich schließt, als dasjenige begreift, was dem Individuum Sinn, Bedeutung und – in einzelnen Exemplaren – auch historische Größe verleiht.

Dem (hier natürlich auch bestehenden) realen ökonomischen Zusammenhang schenkt Nietzsche wenig Aufmerksamkeit. Doch er leugnet ihn keineswegs; es gibt zahlreiche Hinweise schon in den frühen Schriften, die erkennen lassen, daß ihm der materielle Grund des menschlichen Daseins bewußt ist. Mehr noch: Er ist für ihn eine Selbstverständlichkeit. Die Ökonomie befriedigt Bedürfnisse, schafft aber keine Bedeutungen, in denen sich der „Culturmensch" wiederfindet. Deshalb ist Nietzsches philosophische Aufmerksamkeit allein auf jenen Bezirk gerichtet, in dem die symbolischen Formen und Gestalten entstehen, die einer menschlichen Handlung Sinn verleihen können. Alles kommt daher auf die *Zeichen* an, in denen der Mensch sich und sein Leben deutet, und zwar so, daß er darin eine Erweiterung und Steigerung seiner Lebensansprüche erfährt. Die symbolische Welt der Kultur ist daher auch kein reiner Verstandeszusammenhang, sondern er ist Ausdruck aller Lebenskräfte des Menschen.

Die Kultur wird somit als *ästhetische* Einheit begriffen. Lediglich als sinnlich gegenwärtiger Sinnhorizont kann sie dem einzelnen korrespondieren, der sich nur in einer zu ihm passenden Welt zu seiner höchsten Form steigern kann. Dieses Optimum der Individualität soll weder nach der Quantität äußerer Erfolge noch nach der Kontinuität ethischer Selbstdisziplin gemessen werden; hier gilt allein das ästhetische Kriterium einer inneren wie äußeren Konsequenz. „Stil" nennt Nietzsche diesen Maßstab später. Erleben und Werk, Eindruck und Ausdruck, Sinnlichkeit und Sinn dürfen nicht auseinandergerissen werden. Vollendet wäre die ästhetische Selbststilisierung dort, wo der Mensch nicht bloß Künstler, sondern selbst Kunstwerk würde (GT 1; 1, 30). Es versteht sich von selbst, daß ein solches Kunstwerk immer nur ein Individuum sein kann.

4. Leben als Kunst

Die begriffliche Korrespondenz zwischen Individuum und Kultur basiert auf der *Form*, die sich unter der Herrschaft Apollons ausbildet. Doch ohne Dionysos fehlte dieser Entsprechung das *Leben*. Die Wirksamkeit dieses Gottes, – oder besser: die unter seinem Namen wirksame Triebkraft läßt allererst den Wert der individuellen Form und ihrer kulturellen Steigerung erfahren. Die Lust, Gestalten zu schaffen und selbst Gebilde zu sein, ist ein vor anderen Emotionen ausgezeichnetes Gefühl. Es unterscheidet sich von den Empfindungen, die eine Befriedigung elementarer Bedürfnisse begleiten, denn es ist über die Erfahrung eines Widerspruchs vermittelt. In die ästhetische Lust an der apollinischen Selbstgestaltung der Welt als Kultur geht nämlich das Bewußtsein einer Gefährdung und Bedrohung ein. Man könnte mit Kant von einer „intellektuellen Lust" am Schönen sprechen. Nietzsche drückt es dramatischer aus, wenn er sagt, daß „die ganze Welt der Qual nöthig ist, damit durch sie der einzelne zur Erzeugung der erlösenden Vision gedrängt werde" (GT 4; 1, 39).

Diese „Welt der Qual" wird aber nicht nur durch eine Erkenntnis bewußt; es ist keineswegs bloß die Einsicht in das „Entsetzliche und Absurde des Daseins" und in „das furchtbare Vernichtungstreiben der sogenannten Weltgeschichte" (GT 7; 1, 56). Natürlich spielt das Wissen von der fatalen Kontingenz des individuellen Lebens keine geringe Rolle. Es gibt dem Erkenntnishintergrund seine düstere Färbung und läßt die tragische Stimmung entstehen, die nach Nietzsche unausweichlich ist, sobald man nur einen tieferen Einblick in das Leben gewinnt. Denn Leben gibt es nur als einzelnes Leben. Dieses einzelne ist stets das Produkt einer Entzweiung. Es entsteht also erst durch Abtrennung, und es erhält sich nur, indem es anderes Leben abstößt, fernhält oder zerstört, ohne darin jemals zum Ziel zu kommen. Denn nach einer – in Relation zu unserem Wissen – kurzen Zeit stirbt es, sofern es nicht schon vorher einer blinden Naturgewalt oder anderen Lebewesen zum Opfer gefallen ist. Sich unter solchen unabänderlichen Bedingungen gleichwohl so zu behaupten, als gäbe es erstrebenswerte Ziele, als habe das Dasein einen Wert, das eben führt zum tragischen Bewußtsein. Die tragische Grundstimmung zeichnet alle aus, die angesichts der blinden Notwendigkeit des Lebens dennoch handeln, die sich Ziele und Zwecke setzen, obgleich sie von der Vergeblichkeit aller Zwecke wissen.

Doch, wie gesagt, dieses Wissen allein kann die Lust an der apollinischen Form nicht wirklich über andere Lüste erheben. Die Bedrohung durch die äußeren Umstände reicht nicht aus: Es muß die Erfahrung der Selbstgefährdung hinzukommen oder zumindest eine Ahnung, daß man selbst die Auflösung der strengen Form betreiben und genießen kann. Diese Ahnung verschaffen die orgiastischen Umtriebe der Anhänger des Dionysos. Die Erfahrung macht nicht nur jeder, der sich ausgelassener, ausschweifender Trunkenheit hingibt, sondern sie berührt auch jene, die sich von der Gewalt einer Musik ergreifen und im Rausch des Erlebens zu selbstvergessenem Hören, Singen oder Tanzen hinreißen lassen. Es ist vor allem der vielstimmige, melodische Zauber der Musik, durch den Dionysos sich nähert. Er reizt nicht nur das Ohr, weckt weit mehr als bloß die bewußte Aufmerksamkeit und hat eine durchdringende „physiologische" Wirkung, ganz so wie ein „narkotisches Getränk". Schließlich erregt er nach Art einer erotischen Verführung alle Lebenskräfte, in denen man sich, wie beim „Nahen des Frühlings" mit der ganzen Natur lustvoll verbunden weiß (vgl. GT 1; 1, 29).

Im Zauber des Dionysischen äußert sich eine tiefere, alle Individuen tragende und treibende Lebenskraft. Deren ganze Macht wird darin deutlich, daß sie auch noch das Individuum erfaßt, es nicht nur von außen ergreift, sondern es von innen her zur Selbstauflösung zu treiben vermag. Das Geformte und Gebildete findet Lust in seiner eigenen Zerstörung; es sucht den Übergang in sein Gegenteil und wähnt sich darin seinem Ursprung nahe, dem „Ur-Einen", das keine Unterschiede mehr kennt, in dem alles durcheinander zusammenstimmt. Das Chaos erscheint als abgründige Harmonie.

Der schärfste Gegensatz zum Apollinischen stammt also aus diesem selbst. Die Form treibt aus sich heraus in ihr absolutes Widerspiel – und umgekehrt. Ohne die unter Selbstansprüchen stehende Individualisierung, ohne die stilisierte Entzweiung käme die rauschhafte Lust an der dionysischen Selbstaufgabe nicht zustande. Ohne die Ahnung dieser Lust könnte andererseits die apollinische Verklärung der Selbstgestaltung nicht als die unerhörte Steigerung erfahren werden, die sie ist. So rufen sich Apollon und Dionysos wechselseitig auf den Plan, und es sind beide zusammen, aus denen die Kunst und die Kultur der Menschenwelt entstehen. Sie verhalten sich zueinander nicht wie das anspruchsvoll Gebildete zum unmittelbar triebhaften Leben. Auch wenn die „Wollust und Grausamkeit" in den Affekten der dionysischen Schwärmerei wie ein „Rückschritt des Menschen zum Tiger und Affen" erscheint, so bringen sie doch nicht die Barbarei. Sie sind Ausdruck oder besser: Überschuß einer subtilen Erfahrung des sich formenden und stilisierenden Lebens. Hier, in den Gestalten eines sich selbst bewußt als Werk organisierenden Lebens, tritt dessen Triebenergie in einer neuen Qualität hervor: als etwas, das auch noch in der Selbstauflösung schöpferisch wirksam ist.

Solange das dionysische Element in der griechischen Kultur gegenwärtig ist, bleibt auch ihre einzigartige Produktivität erhalten. Ihren Gipfel erreicht sie in der Tragödie, die für Nietzsche deshalb die höchste Ausprägung antiker Kunst darstellt, weil in ihr Dionysos und Apoll gleichermaßen anwesend sind. Während die tragischen Helden ihre sich gerade im Scheitern bewährende individuelle Kontur dem Lichtgott Apollon verdanken, wird mit dem Chor das „Symbol der gesammten dionysisch erregten Masse" zum Bestandteil der Szene (GT 8; 1, 62). Durch die

„apollinische Maske" hindurch wird so ein Blick „in's Innere und Schreckliche der Natur" getan (GT 9; 1, 65). Das „Unermessliche Leid des kühnen ‚Einzelnen' auf der einen Seite, und die göttliche Noth, ja Ahnung einer Götterdämmerung" (GT 9; 1, 68), das angeschaute und erlebte Ineinander von Ordnung und Chaos ist die äußerste ästhetische Erfahrung. In ihr liegt die Weisheit des tragischen Wissens, begleitet von einer tiefen, tröstenden Heiterkeit.

Die heitere Weisheit ist es denn auch, die sich auf den Zuschauer, den „griechischen Culturmenschen", überträgt. Da er – als Individuum – von den die Kultur (von innen wie von außen) gefährdenden Kräften weiß, tritt ihm die Kunst wie eine „rettende, heilkundige Zauberin" entgegen. Im Auftritt des Chors, der die tragischen Helden umgibt, liegt für ihn ein „metaphysischer Trost", denn er sieht, daß auch die Größten der schicksalhaften Kräfte nicht entraten können, denen er selbst in allem ausgesetzt ist: „Mit diesem Chore tröstet sich der tiefsinnige und zum zartesten und schwersten Leiden einzig befähigte Hellene [...] Ihn rettet die Kunst, und durch die Kunst rettet ihn sich – das Leben" (GT 7; 1, 56).

Mit diesem letzten Satz spricht Nietzsche das Geheimnis seiner frühen Lehre aus. Die Aussage scheint klar: Der an seiner sinnlosen Existenz verzweifelte Mensch wird durch die Kunst an der Selbstaufgabe gehindert. An sich betrachtet hat das menschliche Dasein keinen Reiz und keinen Wert, doch durch die Kunst wird es „möglich und lebenswerth" (GT 1; 1, 27 f.). Rätselhaft ist nur, daß es ausgerechnet das *Leben* sein soll, was diese wundersame Rettung ins Werk setzt. Obwohl es ja das ganze Elend überhaupt erst erzeugt, wird es als Urheber und Günstling der Genesung durch die Kunst präsentiert. Denn es ist ja keineswegs so, daß die Rettung durch die Kunst dem Heil des Menschen diente, sondern sie kommt letztlich nur dem Leben selbst zugute.

Das Leben rückt hier in die metaphysische Rolle des alles tragenden, alles bewegenden und alles aufnehmenden Subjekts. Nietzsche fragt anfangs nicht danach, ob ihm seine erkenntniskritische Position eine solche substantialistische Redeweise überhaupt gestattet. Man darf aber annehmen, daß er sich bereits in der ‚Geburt der Tragödie' über die Grenzen seiner Begriffsbildung im klaren ist. Dafür spricht nicht allein, daß er schon 1873 in ‚Wahrheit und Lüge' seine extreme metaphysik- und sprachkritische Position formuliert, sondern daß er auch später, trotz seiner skeptischen Vorbehalte, nichts dabei findet, weiterhin vom Leben so zu handeln, als könnten wir es wie einen großen, vielfältigen Prozeß von außen betrachten.

In diesem Sinn gibt es auch vielfältige Beschreibungsversuche des Lebens: Als kontinuierliche Form prozessualer Kraftäußerungen ist das Leben die elementare Organisation des Daseins überhaupt; nur der Wille zur Macht wird gelegentlich noch allgemeiner veranschlagt; dann erscheint das Leben bloß als „Einzelfall" des Willens zur Macht, während das „Tote", der anorganische Stoff den anderen „Einzelfall", von dem wir Kenntnis haben, ausmacht. Einzelne Kriterien des Lebens liegen in der Vielfalt der jeweils beteiligten Kräfte, in der Notwendigkeit des Stoffwechsels („Ernährungsvorgang"), des Wachstums und der Vermehrung sowie in allen Akten der Selbsterhaltung. Natürlich gehört auch die Endlichkeit der einzelnen Wesen hinzu. Dies alles zusammengenommen läßt das Leben als „Kampf und Werden" erscheinen. Dadurch wird es in seinem Wesen „verletzend, ausbeutend, vernichtend". Was das einzelne Lebewesen nicht überwältigen oder sich dauernd einverleiben kann, stößt es von sich ab; anderes nutzt es allein nach seinem eigenen Vorteil. So ist Leben in allen seinen Äußerungen ein Abschätzen und Vorziehen, ein unablässiges Größer- und Stärker-werden-Wollen und dabei ein fortwährendes Abgrenzen auf Kosten anderer. Bei alledem wird Nietzsche nicht müde, die Amoralität des Lebens hervorzuheben. Es ist ein „Kampf", ja ein „Krieg", in dem das Schädliche so unentbehrlich ist wie das Nützliche und in dem es sinnlos ist, von „gut" oder „böse" oder „gerecht" zu sprechen. Denn das Leben ist die Gegeninstanz zur Moral schlechthin, es beruht „auf unmoralischen Voraussetzungen" (N 1888, 14/134; 13, 319) und muß in toto als ein „Versuch", als großangelegtes „Experiment" angesehen werden, das jederzeit scheitern kann.

Alle diese Bedeutungen sind bereits im Lebensbegriff der ‚Geburt der Tragödie' angelegt. Zwar fehlt noch die Spekulation über den Willen zur Macht und die damit verbundene These über die Kraftökonomie, doch der expansive, prärationale und agonale Charakter des Lebens ist ebenso ausgeprägt wie der kategoriale Gegensatz zur Moral. Stärker betont ist vielleicht nur der Abstand zwischen der theoretisch distanzierten Erkenntnis und dem unmittelbaren Lebensvollzug. Zwar hebt Nietzsche auch später hervor, daß alles Leben unergründlich ist, ja er glaubt sogar, es sei an eine „hohe Temperatur der Unvernunft" gebunden; doch die dramatische Konsequenz rein theoretischer Annäherung an das Leben macht er nie wieder so anschaulich wie in seiner ersten Schrift: Entsteht später der Gegensatz zum Leben, die „Widernatur" der Moral, aus einer praktischen Verneinung, einer asketischen Abwehr des Lebens, so drückt in der ‚Geburt der Tragödie' schon die Haltung des bloßen Zuschauers den äußersten Gegensatz zum Leben aus. Ein paar „kühle paradoxe Gedanken" und einige theatralische „Affekte" reichen aus, um sich von Apollon und Dionysos zu distanzieren. Darin liegt der Kunstgriff des theoretischen Menschen, der mit Sokrates seinen weltgeschichtlichen Auftritt hat.

Nietzsche stilisiert Sokrates zum paradigmatischen „Gegner des Dionysos" und scheut sich nicht, ihn als gefährlichsten Widersacher des Lebens zu perhorreszieren. Schlimmer als Sokrates ist nur noch der „aesthetische Sokratismus", der sein „oberstes Gesetz" aus der Gleichung zwischen Tugend und Wissen ableitet und sagt: „Alles muss verständig sein, um schön zu sein" (GT 12; 1, 85). Diesen „Sokratismus" nennt Nietzsche das „mörderische Princip". An ihm, so wird unterstellt, ist nicht nur die lebensnahe ältere Tragödie zugrundegegangen, sondern überhaupt der lebensvolle Typus des hellenischen Menschen (GT 12; 1, 87 f.).

Wird es vor diesem Hintergrund leichter, die von Nietzsche behauptete Indienstnahme der Kunst durch das Leben zu verstehen? Der bloße Sinn für das Schöne reicht jedenfalls nicht aus, um durch das Leben für das Leben gerettet zu werden. Die Kunst muß offenbar selbst *gelebt* werden, um ihre heilende und helfende Wirkung zu tun. Indem man dies aber versucht, versteht man das Leben selbst als eine Kunst: Kunst als Leben und Leben als Kunst – das ist Nietzsches Botschaft. Sie läßt sich gewiß nicht auf eindeutige Begriffe bringen. Man kann aber versuchen, sie verständlich zu machen:

Im Zirkel von Kunst und Leben, in dem sich Nietzsche, wie es scheint, bewußt einkreist, kann man sowohl beim Leben wie auch bei der Kunst ansetzen. Dann ist zu sehen, daß sich der Kreis tatsächlich von *beiden* Seiten her schließt:

Kommt man von der *einen* Seite, so hat man zunächst festzuhalten, daß Nietzsche das Leben als Ganzes nach Art eines Kunstwerks deutet. Die belebte Natur bringt einen phantastischen Formenreichtum hervor, gehorcht in ihrer unermeßlichen Produktion nur ihrem eigenen Gesetz und scheint alles wie ein großes Spiel zu betreiben. Die Welt, so sagt er unter Berufung auf Heraklit, ist nur „das Spiel des großen Weltenkindes Zeus" (PhTZ 8; 1, 834). Und daß er „Spiel" hier auch in dem ästhetischen Sinn versteht, den Kant und Schiller dem Begriff gegeben haben, daran läßt seine Paraphrase der Lehre des Heraklit keinen Zweifel: „Ein Werden und Vergehen, ein Bauen und Zerstören, ohne jede moralische Zurechnung, in ewig gleicher Unschuld, hat in dieser Welt allein das Spiel des Künstlers und des Kindes. Und so, wie das Kind und der Künstler spielt, spielt das ewig lebendige Feuer, baut auf und zerstört, in Unschuld – und dieses Spiel spielt der Aeon mit sich" (PhTZ 7; 1, 830).

Im Nachlaß der achtziger Jahre gibt es dann Passagen, in denen Nietzsche das Organ des Lebens, den Leib, als Kunstwerk anspricht. Damit will er gewiß nicht den hohen Komplexitätsgrad des Organismus auszeichnen. Wenn er sagt, der Leib sei ein „Kunstwerk [. . .] *ohne* Künstler" (N 1885/86, 2/114; 12, 118), dann ist das eben nicht technisch, sondern ästhetisch gemeint. Gleiches gilt für die Analogie der Welt „als ein sich selbst gebärendes Kunstwerk – –" (ebd.; 12, 119). Hier kommt Nietzsche, ungeachtet der erklärten Distanz, wieder in die Nähe der „Artisten-Metaphysik" seiner frühen Jahre. Obgleich er jetzt den Terminus der Metaphysik sorgsam vermeidet, sagt er doch, daß der Zusammenhang jener „Welt" und „Wirklichkeit" hervortreibenden Kraft, also das Mit- und Gegeneinander der Willen zur Macht, letztlich nur nach Art eines Kunstwerks betrachtet werden kann. Es hat demnach selbst als Kunst zu gelten, was dem

Prozeß, den wir Welt und Leben nennen, seine Einheit gibt. Das frühe Diktum von der Kunst als der eigentlich „metaphysischen Thätigkeit" (GT, Vorw.; 1, 24) bekommt so erst seinen vollen Sinn.

Die Welt und das Leben werden also nach Analogie des Kunstwerks begriffen. Wenn von einem Schöpfer die Rede sein kann, dann nur im Sinne eines „Urkünstlers" (GT 5; 1, 48), der sich voll und ganz im Erschaffen und Anschauen seines Werkes erschöpft. Es bedarf keines weiteren Kommentars, daß in eine solche Welt sich nur ein Mensch einfügt, der sich selbst als Kunstwerk und Künstler versteht. Das aber kann solange nicht gelingen, als der Mensch auf seinem isolierten Willen besteht – „denn der Wille ist das an sich Unaesthetische" (GT 6; 1, 50). Es muß erst recht mißlingen, wenn der einzelne, aufgrund des unvermeidlichen Scheiterns seines Wollens, den Widerspruch zum Leben sucht und sich dem Daseinsekel überläßt. Nur die Kunst kann ihn wieder zu einem Teil des Lebens machen, wobei der Gewinn in jedem Fall der Kunst gehört – im einzelnen wie im ganzen Leben. Nur die ästhetische Perspektive erlaubt, den einzelnen als Teil eines Ganzen zu sehen, ohne dadurch seinen Wert im geringsten zu mindern. So also kommt man vom Leben aus immer auf die Kunst.

Geht man nun im Zirkel von Kunst und Leben von der *anderen* Seite aus, so ergibt sich folgendes Bild: Auch die Kunst verweist von sich aus auf das Leben. Ein auch nur im Ansatz genügender Begriff der Kunst läßt sich offenbar nicht ohne Anleihen beim Begriff des Lebens fassen. Die großen philosophischen Versuche, die Kunst zu begreifen, geben dafür Beispiele genug: Nach Platon entsteht das Verständnis für das Schöne aus dem Trieb zum Leben; es entwickelt sich mit dem individuellen Leben; und es versöhnt mit dem ganzen Leben. Für Kant ist das ästhetische Wohlgefallen auf nichts anderes als auf das „Lebensgefühl" – „unter dem Namen des Gefühls der Lust und Unlust" – bezogen. Und seine Beschreibung dieses aller Empfänglichkeit für das Schöne und Großartige zugrundeliegenden Lebensgefühls läßt keinen Zweifel daran, was man in der ästhetischen Erfahrung eigentlich erlebt: nämlich eine „Belebung" unserer menschlichen Kräfte, insonderheit des Erkenntnisvermögens und des „Organs der Reflexion", ferner ein „Gleichgewicht . . . der Lebenskräfte" oder auch nur ein allgemeines „Gefühl des Lebens".[12]

Ganz ähnlich versucht auch der späte Nietzsche die Kunst zu fassen, wenn er sie als „Stimulans des Lebens" rühmt. Äußerlich betrachtet tritt er damit Schopenhauers Formel von der Kunst als „Quietiv des Lebens" entgegen. Bedenkt man jedoch, daß es Schopenhauer um die Beruhigung des Individualwillens und damit um die Rückkehr zur eigentlichen metaphysischen Triebkraft, zum Willen an sich geht, dann ist der Gegensatz kaum mehr auf der Ebene des Kunstbegriffs zu suchen, sondern in dem, was eigentlich unter „Leben" zu verstehen ist. Dies umso mehr, als auch Nietzsche noch seinen Zarathustra sagen läßt, das Schöne sei allem heftigen Willen „unerringbar": „Wenn die Macht gnädig wird und herabkommt in's Sichtbare: Schönheit heisse ich solches Herabkommen" (Z 2, Von den Erhabenen; 4, 152).

In diesem Bild hat die Kunst ein entspanntes Verhältnis zum Leben, und sie wirbt dafür, wo immer es ihr gelingt, „einmal wieder freie, volle Fest- und Freudentage in das Leben" einzuführen (MA 2, 170; 2, 624). Sie kann aber auch durch Widerspruch neue Kräfte geben, vor allem dort, wo sie über gewohnte Lebensformen hinausgeht. Mit Blick auf solche Weiterungen ist Nietzsche in der Lage, die „schöne Unnatürlichkeit" eines Opernstils oder der Rhetorik zu loben (FW 80; 3, 437). Der Gegensatz ist sogar gefordert, wenn durch ihn eine Erweiterung und Steigerung des Daseins möglich wird. Die Kunst braucht den Widerspruch und verhält sich so zum Leben, wie alles in ihm, was wächst und neues Leben erzeugt. So kann Nietzsche sie als „metaphysisches Supplement" der Natur bezeichnen, das „zu deren Ueberwindung neben sie gestellt" sei (GT 24; 1, 151).

Wenn er aber zu sagen versucht, was die Kunst denn eigentlich ist, worin ihre wesentliche Eigenart besteht, dann nennt er immer wieder die elementaren Kennzeichen des Lebens. Da ist zum Beispiel die Liebe, die auf die „untersten Bedingungen jedes Wachsthums" verweist (N 1886/87, 7/39; 12, 308). In der Liebe finden wir die Kunst als „organische Funktion" (!), „eingelegt in den engelhaftesten Instinkt des Lebens" (N 1888, 14/120; 13, 299). Die Ironie im Hinweis auf die Engel darf dabei nicht übersehen werden. Die Liebe soll hier ganz und gar physiologisch begriffen werden.

Nietzsches Programm einer „Physiologie der Kunst", dem er gegen Ende seines Schaffens große Aufmerksamkeit schenkt, ist insgesamt von der Erwartung getragen, die Kunst auf Lebensprozesse zurückführen zu können. „Ästhetik", so sagt er in ‚Nietzsche contra Wagner', „ist ja nichts als eine angewandte Physiologie" (NW, Einw.; 6, 418). Hören wir dabei auf den ursprünglichen Wortsinn von Physiologie, in dem die griechischen Ausdrücke für Natur (physis) und Sprechen bzw. Denken (logos) verbunden sind, dann schwingt auch die Erwartung mit, daß in der Kunst die Natur zur Sprache und damit das Leben zum symbolischen Ausdruck kommt. Doch wenn Nietzsche sich auf die „angewandte Physiologie" bezieht, dann will er nicht nur an einen alten griechischen Wortsinn erinnern, sondern er denkt an zu seiner Zeit aktuelle naturwissenschaftliche Experimente, die einen Zusammenhang zwischen ästhetischem Erleben und meßbaren physiologischen Erregungszuständen nachzuweisen suchen. So gibt es zum Beispiel eine quantifizierbare Korrelation zwischen nervösem Muskeltonus, elektrischem Hautwiderstand und psychischer Anspannung. Es ist keine Frage, daß hier Übergänge zwischen Leib und Seele sichtbar werden – Verbindungen, die Nietzsche hoffen lassen, die Seele ganz als Ausdruck des Leibes verstehen zu können.

Diese Hoffnung trägt auch seine Spekulation über die „Physiologie der Kunst". Sie bewegt ihn lange bevor er von den nüchternen naturwissenschaftlichen Messungen hört. Denn schon das romantische Naturverständnis seiner frühen Jahre hat ihn die Kunst als Ausdruck des Lebens verstehen lassen. Anfangs geben „Schaffen" und „Wachsen", „Trieb", „Instinkt" und „Lust des Lebens" das Modell für ein Verständnis der Kunst. Alles Tiefe und Bedeutsame findet sich in der Kunst ja nur, sofern sie als Symbol des Lebens zu uns spricht. Wir bewundern sie als Tat des Genies, in der die Natur sich in ihrer höchsten Möglichkeit entfaltet. Und durch das Genie kommt das Kunstwerk auf eben dieselbe Weise zustande wie ein Lebewesen in der Natur: durch Paarung, Zeugung und Geburt aus dem „Schoos der Natur". So schließt sich der Kreis von *beiden* Seiten: Die Kunst wird nach dem Modell des Lebens gedeutet, und das Leben erweist sich in seinem Innersten als Kunst.

Nach den Kriterien der Logik läuft dieser Zirkel, in dem das Leben als Kunst und die Kunst als Leben verstanden wird, leer. Dennoch ist er philosophisch nicht bedeutungslos. Er macht anschaulich, in welche Schwierigkeiten eine metaphysische Begründung gerät, sobald nach einem in sich ruhenden oder aus sich wirkenden Grund allen Geschehens gesucht wird. Ganz gleich, ob man das Sein, die Vernunft oder das Ureine, ob man das Leben oder die Kunst zur Basis der Welt erklärt: Man gerät in einen Zirkel, wenn man die metaphysische Antwort vom Sinnbedürfnis des Fragestellers her löst. Achtet man nur auf den Wortlaut der Begriffe, dann scheint auch Nietzsche dieser Gefahr zu erliegen. Denn oft genug spricht er sowohl von der Kunst wie auch vom Leben so, als gäbe es sie in dieser fundierenden Rolle auch unabhängig von der Sinnerwartung, unabhängig vom Interpretationsanspruch des Menschen.

Blickt man jedoch auf die Motive seines Denkens, nimmt hinzu, was er immer wieder über die Bedingungen und Grenzen philosophischer Begriffsbildung sagt, dann wird man im Zirkel von Kunst und Leben keineswegs ein logisches Paradox erkennen. Er ist vielmehr gerade in seiner Zirkularität ein kaum noch zu überbietender Ausdruck der unaufhebbaren Selbstbefangenheit des Menschen. Dem Menschen ist zwar bewußt, daß er nicht alles ist, daß er in vielfältigen Abhängigkeiten steht und nur eine ephemere Existenz im Fluß des Werdens haben kann, aber gleichwohl hat er zu erkennen, daß er in allem, worauf er fühlend und denkend stößt, letztlich immer nur sich selbst antrifft: „Wir reden, als ob es *seiende Dinge* gebe, und unsere Wissenschaft redet nur von solchen Dingen. Aber ein seiendes Ding giebt es nur nach der *menschlichen Optik:* von ihr können wir nicht los" (N 1880, 6/433; 9, 309).

Nimmt man diese Nietzsches ganzes Werk durchziehende Einsicht zu Hilfe, dann läßt sich erkennen, daß der Zirkel von

Kunst und Leben auch nur ein Ausdruck für die Selbstbezüglichkeit des Menschen ist. Wenn wir von uns selbst ausgehen, können wir durchaus nachvollziehen, wie wir jeweils vom einen ins andere kommen, ohne aber einen befreienden Schritt in ein Drittes tun zu können: Fragen wir uns, worin wir eigentlich unsere Lebendigkeit erfahren, stoßen wir auf die nicht weiter reduzierbaren spontanen, schöpferischen Kräfte in uns; interessiert uns, was eigentlich unserer künstlerischen Produktivität zugrunde liegt, kommen wir nicht weiter als bis zur spontanen, ursprünglichen Lebendigkeit in uns: So „erklärt" sich in der Tat das Leben durch die Kunst und die Kunst durch das Leben.

Sehen wir den Zirkel von „Kunst" und „Leben" vor diesem Hintergrund, dann wird eben das, was ihn für eine begriffliche Erklärung wertlos macht, nämlich sein tautologischer Charakter, bedeutungsvoll. Aus der sich selbst erhebenden Erklärung wird ein Vexierbild, in dem wir entweder nur das eine oder nur das andere erkennen, obgleich darin beides in engster Beziehung aufeinander enthalten ist. Blicken wir nur auf die *Kunst,* dann zeigt sie sich uns als *Leben.* Betrachten wir nur das *Leben,* dann zeigt es sich uns als *Kunst.* Man möchte auch hier – wie eben bei einem Vexierbild – sagen, daß eine Bildeinheit vorliegt. Aber sie enthält zwei Bedeutungen, die wir nie gleichzeitig, sondern immer nur nacheinander fassen können. *Ein* Zusammenhang erscheint in *zwei* sich ausschließenden Perspektiven. Darin ist unschwer selbst ein symbolischer Ausdruck eben jener rätselvollen Einheit zu erkennen, in der sich uns Leben und Kunst präsentieren.

5. Vom Nutzen und Nachteil des Wissens

Unübersehbar ist die Wertfrage in Nietzsches Auseinandersetzung mit den historischen Wissenschaften seines Jahrhunderts. Schon im Titel der zweiten ,Unzeitgemäßen Betrachtung' proviziert er den Leser mit einer Alternative, die unterstellt, daß die Beschäftigung mit der Geschichte nicht nur wertlos, sondern sogar schädlich sein kann: schädlich für das „Leben" und damit für

Nietzsche mit Rohde und Gersdorff zusammen. Stiftung Weimarer Klassik.

die „Gesundheit eines Menschen, eines Volkes, einer Cultur" (HL 1; 1, 257). Im Text wird dann gleich im ersten Abschnitt deutlich, daß „Leben" und „Gesundheit" des Menschen weder von seinem Bewußtsein noch von seinem Handeln überhaupt zu trennen sind. Folglich bezieht sich die Wertfrage auf das, was dem Menschen wichtig und nützlich erscheint. Im Wert kommt unsere „Schätzung" zum Ausdruck, in ihr liegt unser „Zweck", und der ist abhängig von dem, was wir als sinnvoll begreifen. Es ist daher nur konsequent, wenn Nietzsche nach dem „Sinn" geschichtlicher Lehren, nach dem, wie er sagt, „Ursinn" ältester Überlieferung und – paradoxerweise – auch noch nach dem „Sinn" des an uns selbst erfahrenen „Gegensatzes von Leben und Weisheit" fragt (HL 1; 1, 257).

Alles dies sind nur Variationen der einen, sich dem Menschen unvermeidlich stellenden Frage nach dem „Sinn des Daseins" (ebd.; 1, 255). Denn sofern sich die Menschen der Geschichte zuwenden, glauben sie, „dass der Sinn des Daseins im Verlaufe eines *Prozesses* immer mehr ans Licht kommen werde". Letztlich aber gilt ihr Interesse an der Geschichte nur ihrer eigenen Zeit: „sie schauen nur deshalb rückwärts, um an der Betrachtung des bisherigen Prozesses die Gegenwart zu verstehen und die Zukunft heftiger begehren zu lernen" (ebd.; 1, 255).

Die Geschichte ist hier für Nietzsche nur ein Beispiel. Denn es ist nicht allein das historische Bewußtsein, sondern das menschliche Wissen überhaupt, an das er seine Sinnkriterien anlegt. Dabei geht es ihm vor allem um Wert und Unwert *wissenschaftlicher* Erkenntnis, die nach der Emanzipation von der Theologie über jeden Zweifel erhaben scheint. Für Nietzsches Zeitgenossen ist die Wissenschaft sakrosankt. Tatsächlich konnte mit der Heraufkunft der wissenschaftlich-technischen Zivilisation der Eindruck entstehen, schon die bloße Tatsache der Wissenschaft verbürge das Glück der Menschheit. Die Entdeckungen der Naturwissenschaften brachten unvorstellbare Erleichterungen in Arbeit und Verkehr; die technische Realisierung sogenannter Menschheitsträume schien nur noch eine Frage der Zeit. „Fortschritt" wurde so zum Hoffnungsbegriff des 19. Jahrhunderts; unter seinem Banner wurde aus der sokratisch-platonischen

Gleichung zwischen dem Wahren und dem Guten ein technisch einlösbares Versprechen. Fortschrittserwartung und Wissenschaftsglaube verschmolzen zum wirkungsmächtigen politischen Motiv nicht nur im liberalen Bürgertum, sondern auch in der Arbeiterbewegung.

Die politischen Katastrophen des 20. Jahrhunderts sowie die Globalisierung sozialer, ökonomischer und ökologischer Krisen haben uns heute darüber belehrt, daß es *den* Menschheitsfortschritt als kontinuierliche Steigerung von Wohlstand und Glück nicht gibt. Nietzsche ahnt die Heraufkunft dieser Katastrophen, ohne die Unverzichtbarkeit der Wissenschaft jemals in Zweifel zu ziehen; er warnt vor den seichten Glücksversprechungen der Ideologen, ohne die Berechtigung politischer und sozialer Forderungen prinzipiell in Frage zu stellen; und er entlarvt die Fortschrittseuphorie als eine Selbstgefälligkeit der wissenschaftlichen Zivilisation, die sich selbst als Ziel und befriedigtes Ende der Geschichte präsentiert. Nietzsche weiß von der Unaufhaltsamkeit kommender Veränderungen. Er weiß damit auch, daß der Mensch zum Fortschreiten genötigt ist, sofern er die zivilisatorischen, und das heißt: die zunehmend selbstgeschaffenen Probleme auch selbst lösen will. Auch wenn der Mensch hoffen kann, auf diese Weise die jeweils anstehenden Probleme zu überwinden, bringt er sich damit unausweichlich in neue Risiken hinein. So befindet sich nicht nur der einzelne, sondern die Menschheit als ganze in einer tragischen Situation. Die Tragik ergibt sich allein daraus, daß der Mensch Geschichte *hat* und weiterhin Geschichte *machen* muß.

Im Unterschied zum Tier (so wie wir es verstehen) hat der Mensch ein Bewußtsein seines Zustandes. Daran ist sowohl die Erinnerung an Gewesenes wie auch die Erwartung kommender Ereignisse geknüpft. Erst mit diesem Bewußtsein stellt sich die Erfahrung der Zeit, die Fähigkeit zum Denken und Handeln sowie das Erleben von Lust und Leid ein – und damit die Möglichkeit des Glücks. Das Glück der Tiere ist eine neidische Mutmaßung des Menschen, der sich selbst nur glücklich wähnt, wenn er die leidvollen Bedingungen seines Daseins vergißt. Tatsächlich aber ist das Nicht-vergessen-Können die Bedingung seines

Menschseins und damit auch, so widersprüchlich es klingt, seines Glücks (vgl. 2. UB; 1, 248).

Die Einleitungspassage der zweiten ‚Unzeitgemäßen' gehört zu den wichtigsten Theoriestücken in Nietzsches frühen Schriften. Aus einer einfachen anthropologischen Reflexion ergibt sich der Ansatz zu einer Theorie der Geschichte, die selbst auf einer – bis heute kaum beachteten – These über den Zusammenhang von Zeiterfahrung und Handlungsanspruch gründet. Denn Zeitbewußtsein und Handlungsabsicht verweisen wechselseitig aufeinander. Die Geschichte ist keineswegs der von vornherein und für alle Zukunft bestehende Zeitraum, der durch menschliches Tun nur zu füllen wäre. Der Mensch *macht* Geschichte, und er schafft sich damit nicht nur seine eigene Kultur, sondern zugleich auch seine eigene Zeit. Zeit und Geschichte eröffnen sich ihm überhaupt erst durch sein eigenes Tun. Zum eigenen Handeln aber wird der Mensch genötigt, weil er nicht vergessen kann. Es ist die Erinnerung, die ihn zwingt, den zeitlosen Augenblick, in den das Tier noch gänzlich eingeschlossen scheint, auch in Richtung auf ein kommendes Geschehen, also mit Blick auf eine Zukunft, zu sprengen. So entsteht erst mit der bewußten, also mit Gedächtnis verbundenen Tat das Kontinuum von Vergangenheit, Gegenwart und Zukunft. Die Historizität hat demnach eine anthropologische Wurzel, und sie entspricht in ihrer Struktur dem Verlauf der menschlichen Handlung.

Während das Tier „unhistorisch" lebt und ganz in seiner Gegenwart aufgeht, kommt der Mensch von den erlebten und somit gewesenen Augenblicken nicht los. Zwar wird er stets das eine oder andere Ereignis vergessen, aber es ist ihm unmöglich, sich an gar nichts zu erinnern. Auch wenn er sich noch so viel Mühe gibt: Er kann das Vergessen selbst nicht lernen; er kann nicht willkürlich darüber verfügen, was ihm vom Erlebten gegenwärtig ist und was nicht. Es ist sein Schicksal, „immerfort am Vergangenen zu hängen" (ebd.; 1, 248 f.). Das Tier, so wird unterstellt, geht in seiner erlebten Gegenwart auf. Der Mensch aber, sobald er sie als solche erfährt, hat ein gebrochenes Verhältnis zu ihr. Denn in jede Gegenwart mischt sich ihm die Vergangenheit ein, so daß er in jedem bewußten Augenblick wie ein „wunderlicher

Bruch" dasteht. Und schon die verlorene Unmittelbarkeit im Augenblick genügt, um den Menschen von sich selbst abzulenken und zur Verstellung zu nötigen. Das heißt nicht notwendigerweise: zur Täuschung vor sich selbst. Denn Täuschung setzt das Bewußtsein einer Wahrheit voraus, um die es hier noch gar nicht gehen kann. Jedes Selbst, ein wahres wie ein falsches, wäre allererst ein „Selbst".

Dieses jeder Täuschung und aller Aufrichtigkeit vorausliegende Selbst ist Folge einer Brechung, in der die durch Erinnerung verlorene Unmittelbarkeit des Augenblicks durch Vorstellung einer präsenten Einheit kompensiert wird. Der Mensch hat sich zu *präsentieren*, d. h. er hat sich so zu geben, als sei er mitsamt seiner disparaten Gedächtniswelt ganz gegenwärtig. Das, was er im jeweiligen Augenblick ist, muß er angesichts des stets gebrochenen Verhältnisses zur Gegenwart aktuell immer erst vorstellen, weil er anders gar nicht zur bewußten Einheit seiner selbst gelangt. Nur sofern er sich seine Einheit selbst gibt, sich als Einheit in der Gegenwart präsentiert, hat er sich vor sich und vor anderen als das vergewissert, als was er sich versteht. In der *Vor*stellung von sich liegt aber stets schon ein Moment der *Ver*stellung.

Die Entfremdung vom unmittelbaren Dasein wird somit zum elementaren Vorgang der Menschwerdung. Die Selbstdarstellung, d. h. die durchaus auch theatralisch zu verstehende Vorstellung von sich selbst wird zum Ursprung des humanen Selbstverständnisses. Zu sich und zu seiner Zeit kommt der Mensch folglich nur durch die Illusion. In der Erinnerung, im Nicht-vergessen-Können bricht die dem Tier unterstellte unmittelbare Einheit des Daseins auseinander, und der Mensch findet zu sich selbst in der Zerrissenheit von Gegenwart und Vergangenheit. Die kann und darf er nie als solche zu überwinden suchen, denn an ihr hängt ja gerade die Eigentümlichkeit seiner bewußten Existenz. Er kann *nur momentan* zur vorgestellten Einheit seiner selbst finden, zu einer Präsenz, die sich dem Verlust der Unmittelbarkeit verdankt und daher niemals das vorstellt, was der Mensch „wirklich" ist. Seine „Wirklichkeit" hat er ja nur in der Wirksamkeit der verstellenden Vorstellung seiner selbst.

Es mag überraschen, gerade bei Nietzsche und ausgerechnet in seiner das Wissen und das Bewußtsein so vehement abwehrenden zweiten ‚Unzeitgemäßen Betrachtung‘ eine derartige Auszeichnung des Bewußtseins anzutreffen. Die Kritik an den „reinen Wissenschaften", der Spott über die „Bildungsphilister", die nur noch als „Denk-, Schreib- und Rechenmaschinen" (1, 282) fungieren, und die Behauptung eines „Gegensatzes" von Leben und Weisheit (1, 257), von Instinkt und Wissen (1, 299), treten so stark in den Vordergrund, daß man in der Tat den Eindruck gewinnen kann, hier werde nicht nur die „historische Krankheit", also die historische Wissenschaft und das geschichtliche Wissen, sondern die Geschichte und die Wissenschaft als ganze verworfen. Bis heute wird Nietzsches Polemik gegen die „angeborene Grauhaarigkeit" der Bildung und gegen das „Uebermaass" von Historie, Wissenschaft und Wissen so verstanden, als fordere er den Verzicht auf Erkennen, Denken und Bewußtsein überhaupt. Doch dies ist ein grobes Mißverständnis!

Man braucht den Text nur genau zu lesen, um zu sehen, daß es weder um einen endgültigen Abschied von der Geschichte noch um ein Verdikt gegen eine bewußte Lebensführung geht. Beides liefe auch auf einen eklatanten Widerspruch hinaus, denn man müßte das Nicht-vergessen-Können selbst ganz und gar vergessen können. Man müßte das Bewußtsein durch Bewußtsein vertreiben. Solcher Widersinn liegt Nietzsche fern. Seine Absicht zielt vielmehr auf eine Umwertung; er wendet sich gegen „Ausschweifungen" des historischen Wissens und gegen die Überschätzung der Leistungen des Bewußtseins. Aus dem „cogito, ergo sum", will er ein „vivo, ergo cogito" (1, 329) machen. Damit sollen die Relationen richtiggestellt werden, ohne aber auch nur eines der Elemente zu beseitigen. Nicht das Erkennen begründet das Sein, sondern das Leben bringt das Erkennen hervor. In der Anerkennung dieses Ursprungs hat sich das Wissen selbst zu begrenzen, es muß, wie Nietzsche sagt, „seinen Stachel gegen sich selbst kehren" (1, 306).

Hier wird einmal mehr deutlich, wie stark sich das Programm der „Umwertung" mit dem der Vernunftkritik berührt. Dabei geht Nietzsche, ebenso wie Kant, auf den anthropologischen

99

Ausgangspunkt zurück: „Wenn man nur nicht ewig die Hyperbel aller Hyperbeln, das Wort: Welt, Welt, Welt, hören müsste, da doch Jeder, ehrlicher Weise, nur von Mensch, Mensch, Mensch reden sollte!" (1, 312)

Von diesem Ausgangspunkt her ist nach dem „Nutzen" und dem „Nachtheil" der Bildung und des Wissens zu fragen. Dabei hat man vom „Leben und Erleben" auszugehen, hat ein „Wissen um das Leben" zu erwerben, ebenso ein „Wissen um die Bildung" (1, 327), um auf diese Weise die Grenzen abschätzen zu können, die nicht nur dem menschlichen Bewußtsein, sondern dem menschlichen Handeln überhaupt gesetzt sind.

Es gehört nun zu den großen Einsichten der zweiten ‚Unzeitgemäßen Betrachtung', daß dieses menschliche Leben, das in seinem animalischen Ursprung ganz und gar geschichtslos ist, sich selbst immer erst in einer historischen Verfassung bewußt werden kann. Denn daß die Historie dem Leben dienen soll, ist in Nietzsches Konzept nur begreiflich zu machen, wenn die Historie als Organ des Lebens fungiert, und das kann sie wiederum nur, wenn sie dem Leben in seiner wesentlichen Funktion entspricht. Das aber ist bloß dann der Fall, wenn auch das, was dem menschlichen Leben wesentlich ist, nämlich das Handeln, in seinem Wesen geschichtlich ist. Der Bezug zur Vergangenheit gehört zur inneren Voraussetzung der menschlichen Tat.

Die Tat als der Inbegriff dessen, was geschieht, ist es deshalb auch, was sich zum „Es war" verfestigt und in der Erinnerung als das vergangene Ereignis erscheint. Damit ist die Handlung nicht nur in sich immer auch historisch bestimmt, sondern sie ist zugleich das, was Geschichte überhaupt bewirkt. Es sind immer nur Handlungen, die Geschichte machen. Durch sie geht – innerlich wie äußerlich – alle Historizität hindurch. Für das auf diese Weise, d. h. von außen wie von innen schon immer durch historische Prozesse vermittelte menschliche Leben verwendet Nietzsche den in anderen Zusammenhängen zum terminus technicus avancierten Begriff der „zweiten Natur" (1, 270). Der Mensch ist somit immer auch sein eigenes Geschöpf. Er bringt die Geschichte hervor, in der er sich selbst allmählich verfertigt, ohne jemals vollkommen zu werden.

Das radikal Neue in Nietzsches Historienschrift liegt in der Ausgangsthese von der Gleichursprünglichkeit von Mensch und Zeit. *Beide* entstehen erst in der bewußten Tat: Mit seiner Erinnerung entfremdet sich der Mensch von der Unmittelbarkeit der Natur. Die erlebte Zeit trennt ihn ab. Sie eröffnet ihm zugleich jedoch einen Weg zu sich selbst, indem sie ihm die Tat erlaubt. So entstehen menschliches Selbstbewußtsein und volle Zeitdimension in einem Akt. Die Handlung enthält das Muster der Zeit. Die Zeitlinie wird im Handeln ausgerollt; ohne den im stets gegenwärtigen Handeln nahtlos hergestellten Zusammenhang von Vergangenheit und Zukunft vermöchte man nicht zu sagen, was Zeit eigentlich ist. Im Nicht-vergessen-Können staut sich die Vergangenheit in einer nur so bewußt werdenden Gegenwart, die den damit überhaupt erst spürbaren Zeitdruck nur handelnd, d. h. in die sich damit eröffnende Zukunft, entladen kann. Die Handlung gibt somit das Schema der Zeit, nach dem alle Ereignisse aufeinander folgen. Leibniz hat gesagt, in der Gegenwart zeuge die Vergangenheit die Zukunft. Dieser Einsicht gibt Nietzsche ein anthropologisches Fundament, auf dem nicht nur der konkrete geschichtliche Prozeß basiert, sondern die Zeitlichkeit überhaupt.

6. Drei Formen des historischen Sinns

Nietzsche hat den Zusammenhang von Bewußtsein und Tat, von Leben, Handlung und Geschichte nicht systematisch entwickelt, sondern ihn lediglich in wechselnden Bildern vorgestellt. Außerdem ist er rasch über ihn hinweggegangen, weil ihm die Kritik an der zeitgenössischen Überschätzung der Geschichtlichkeit wichtiger war. Ihn stört die quasi-religiöse Verehrung der „historischen Macht" (1, 309); im „Uebermaass von Historie" diagnostiziert er eine „Krankheit" seines Jahrhunderts (1, 329), von der er seine Zeitgenossen heilen möchte. Seine Kritik am Historismus, wie wir heute sagen, also an der Hypertrophie eines Geschichtsbewußtseins, das alles stets nur historisch herleiten und bewerten möchte, wird so vehement vorgetragen, daß selbst bei kundigen Lesern der zweiten ‚Unzeitgemäßen Betrachtung‘ immer wieder der Eindruck entstehen konnte, er wolle sich überhaupt von der Historie lossagen und suche im Leben eine Alternative zur Geschichte.

Tatsächlich aber geht es ihm um eine neue „Schätzung des Historischen" (1, 256), um einen anderen „Werthmaasstab" für die Einstellung zur Überlieferung, um eine zukunftsweisende Deutung des Vergangenen „aus der höchsten Kraft der Gegenwart" (1, 293 f.). Mit anderen Worten: Nachdem die Wissenschaft sich zum einzigen Richter über die Vergangenheit ausgerufen hat, sieht Nietzsche den unverzichtbaren „Nutzen" der Geschichte für den Menschen bedroht. Und so fordert er eine kritische Revision des Wertes der Geschichte für das menschliche Leben überhaupt. Dazu aber muß er die Sinnfrage stellen, und die führt unvermeidlich auf die Bedeutung des historischen Wissens für das menschliche Leben. Ein Abschied von der Historie steht also nicht zur Diskussion. Das Problem ist vielmehr, wie man das geschichtliche Wissen in den „Dienst des Lebens" stellen kann. „Wenn wir nur dies gerade immer besser lernen, Historie zum Zwecke des *Lebens* zu treiben!" (1, 256 f.) Das ist Nietzsches Hoffnung, und sie gibt ein frühes Beispiel für das, was er später mit „Umwerthung der Werthe" bezeichnet.

Der Sinn der Geschichte bestimmt sich also nach dem „Zweck des Lebens". Doch dieser Zweck steht nicht ein für allemal fest. Er ist im Gegenteil so vielfältig wie die Individuen, die nach einem solchen Zweck zu fragen in der Lage sind. Aus größerem Abstand wird man zwar gewisse Gleichförmigkeiten bemerken können, und die Masse der Individuen richtet sich im großen und ganzen nach den ihr von anderen vorgelebten oder vorgeschriebenen Zielen. Die aber gehen, nach Nietzsche, stets auf die Vorstellungskraft „grosser Individuen" zurück. Über den „Sinn" der Geschichte bestimmen demnach nur einzelne Menschen, die, wenn sie wirkungsmächtig sind, von Nietzsche „Persönlichkeiten" genannt werden.

Wenn nur die wirkliche Handlung, die lebendig-gegenwärtige Tat aus der Zeit das Kontinuum macht, das von der Vergangenheit über die Gegenwart in die Zukunft reicht, dann kommt auch in der Geschichte alles auf den tatkräftig erfüllten Augenblick an. Dann ist das historische Wissen nur etwas wert, wenn es der Gegenwart hilft, sich bewußt in eine gewollte Zukunft zu überschreiten. Allein im Interesse eines aktiv gestalteten Lebens gewinnt die Geschichtswissenschaft einen Sinn. Diese Einsicht bestimmt Nietzsches zweite ‚Unzeitgemäße Betrachtung‘, und sie prägt sein ganzes Denken bis hin zur späten Lehre vom Willen zur Macht. In immer neuen Bildern illustriert Nietzsche seine These, daß die Historie nur dann einen Nutzen hat, wenn sie in den Dienst des lebendigen Augenblicks genommen wird; wenn sie den Handelnden motiviert, sich wirkungsmächtig und zukunftsträchtig einer selbstgestellten Aufgabe zu überlassen; wenn ihre Gestalten und Einsichten zu aktiv verfolgten Vorbildern und Erkenntnissen werden. Schwächt sie jedoch die Gegenwart, dann schädigt sie auch das Leben; der Sinn der Geschichte wäre damit verfehlt.

Das menschliche Leben ist also auf Geschichte angewiesen; es muß die Historie „in sich hineinzuziehen und gleichsam zu Blut umschaffen" (1, 251), um überhaupt Zukunft haben zu können. Aus dieser einfachen Wahrheit folgt, daß die Formen, in denen Geschichte geschrieben wird, so verschieden sind wie das menschliche Leben selbst. Da Leben, wie alles Dasein, strenggenommen stets nur in individualisierter Form vorkommt, hat jeder Mensch nicht nur sein eigenes Leben und nicht nur seine eigene Zukunft, sondern auch seine nur ihm zugehörige historische Perspektive. Doch wollte man diese strikte Sicht auf das Leben durchhalten, käme man weder zu Erkenntnissen noch zu irgendeiner Tat. Denn nicht nur jedes einzelne Wesen ist in seiner Art einzig, sondern jede Empfindung, jede Wahrnehmung, jeder Affekt kommt so, wie er in diesem Augenblick ist, nur einmal vor. Man muß also die Einzigartigkeit des jeweils Singulären beiseite lassen, muß zahllose Unterschiede übergehen, um auch nur den Sinn eines Wortes wie „Baum", „Hunger" oder „Mutter" zu verstehen. Das Gemeinsame der Dinge und Ereignisse, das wir in Begriffe fassen, muß stets erst hergestellt werden. Jedes Reden und Denken, auch über einzelne Vorkommnisse, ist abstrakt. Und wie groß muß unser Abstraktionsvermögen sein, um überhaupt von so etwas wie „Geschichte" sprechen zu können (vgl. 1, 261)!

Trotz dieser gewaltigen Abstraktionsleistungen, die mit dem menschlichen Denken, Sprechen und Handeln notwendig verbunden sind, wird nicht alle Individualität getilgt. Gerade im Kontrast zu den begrifflichen Generalisierungen treten die singulären Züge einzelner Subjekte deutlich hervor. Erst wenn wir einen Begriff – oder auch nur eine ungefähre Vorstellung – von einem Philosophen, einem Pfarrerssohn oder einem Professor haben, fällt auf, wieviel Eigentümliches und Abweichendes diese bestimmte Person tatsächlich hat, die wir gleichwohl als Philosophen, als Pfarrerssohn und als typischen Professor bezeichnen. Und auch die Allgemeinheiten selbst können individuelle Züge tragen: Der Begriff des „Volkes" oder der „Kultur" basiert auf einer weitgespannten Abstraktion. Es ist unmöglich, das zu sehen oder anzufassen, was ein solcher Begriff bezeichnet. Tatsächlich sichtbar sind stets nur *einzelne* Menschen, die sich irgendwie aufeinander beziehen, oder *einzelne* Gegenstände, die das bezeichnete Ganze symbolisieren. Gleichwohl kann auch ein Volk oder eine Kultur nach Art eines Individuums begriffen werden. Dies ist uns ganz selbstverständlich, wenn wir etwa die Franzosen von den Engländern unterscheiden oder von einem Unterschied zwischen europäischen und asiatischen Kulturen ausgehen. Und so, wie Völker und Kulturen ihr jeweils Besonderes haben, so kann sich auch ihre Art und Weise, Geschichte zu betreiben, unterscheiden. So hat nicht nur jeder einzelne Mensch sein individuelles Verhältnis zu seiner Vergangenheit, sondern auch Völker, Kulturen und Epochen bilden jeweils ihre spezifische Beziehung zur Geschichte aus. Dabei gibt es, so lautet Nietzsches Botschaft, keinen privilegierten Zugang zur Überlieferung, schon gar keine generelle Überlegenheit der wissenschaftlichen Historie. Für die Gewichtung der Tradition ist der Maßstab szientifischer Objektivität unbrauchbar. Ein Maß für die jeweils eingenommene Einstellung zur Vergangenheit kann allein in ihrer „Lebensdienlichkeit" gefunden werden, also darin, inwieweit sie sich der Geschichte bedient, um die vorrangigen Daseinsprobleme zu bewältigen.

Nun stehen allerdings diese Lebensprobleme weder für die Individuen noch für die Gesellschaft von vornherein fest. Was als Problem erfahren und angenommen wird, hängt von Wertungen ab – letztlich von dem Wert, den man dem eigenen Dasein und seinen Möglichkeiten zuerkennt. Das menschliche Leben steht wesentlich vor selbsterzeugten Problemen, die vom Selbstwertgefühl der handelnden Subjekte nicht zu trennen sind. Schon die elementaren Triebe sind für Nietzsche keine reinen Naturtatsachen, denn sie werden durch Bedürfnisse „regulirt", d.h. der Mensch hat Einfluß auf Ausmaß und Art ihrer Befriedigung. Bereits hier äußert sich die „plastische Kraft" des Menschen, also seine Fähigkeit, das eigene Leben zu gestalten (1, 271). Somit stellen selbst die Notwendigkeiten des Lebens, an denen die Geschichte sich zu bewähren hat, keine objektiven Fakten dar; vielmehr sind sie selbst schon Ausdruck der Kräfte, der Leistungen und der Selbstansprüche von Individuen und sozialen Gebilden. Selbstvertrauen und Gestaltungswille sind aus dem menschlichen Lebensvollzug nicht wegzudenken; aber sie sind mehr oder weniger stark ausgebildet, und sie können sich auf höchst unterschiedliche Ziele richten.

So ergibt sich die Pluralität von Personen und Kulturen, der eine Vielfalt von Geschichtsbildern entspricht. Denn in jedem Fall, das folgt aus der notwendigen Einbindung der Zeit ins Medium der menschlichen Handlung, ist den Wertungen und Zielen ein Moment der Erinnerung beigemischt, so daß kein menschliches Bewußtsein ohne Geschichtlichkeit denkbar ist. Die Frage ist daher allein, in welchem Verhältnis die Geschichte zu den Handlungen der Menschen steht, genauer: ob sie die Handlungsabsichten stärkt oder schwächt.

Demnach ist klar, daß es vielfältige Formen eines handlungssteigernden historischen Bewußtseins gibt, und es lassen sich mindestens ebenso viele hemmende und schwächende Varianten denken. Hinzu kommt noch die Schwierigkeit, die lebensfördernden eindeutig von den lebenshemmenden Momenten abzugrenzen. Auch hier gibt es Sinnkriterien auf der Basis selbst- und fremdbezogener Werturteile, für die wir keinen objektiven Maßstab haben.

Um zu illustrieren, wie eine lebensdienliche, also die Gestaltungskräfte des Menschen steigernde Historie angelegt sein kann, hat Nietzsche in der zweiten ‚Unzeitgemäßen Betrachtung‘ drei Typen der Geschichtsbetrachtung skizziert: „monumentalische“, „antiquarische“ und „kritische“. Diese drei Arten der Historie decken allerdings keineswegs *alle* Möglichkeiten der Einstellung zur Geschichte ab. Sie sind lediglich Beispiele für die vorkommenden Differenzierungen im Verhältnis von Leben und erinnerter Vergangenheit. Doch wenn Nietzsche sie schildert, wird deutlich, daß er in ihnen die elementaren, im okzidentalen Raum vorherrschenden Zugangsweisen zur Geschichte benennt und anerkennt.

Wer seinem Leben hohe Ziele setzt, wer nach Macht, Einfluß und überragender Bedeutung strebt, wer seine Kräfte konzentriert, um über den Tag hinausweisende Ziele zu erreichen, kurz: wer durch seine Taten seinem Leben und seiner Epoche ein Denkmal setzen will, der benötigt ein *„monumentales“* Verhältnis zur Geschichte. Wer dagegen die Geschichte pflegen und hüten will wie einen Schatz, der wird eine *antiquarische* Betrachtung bevorzugen. Für ihn ist die Überlieferung das, worin er sich selbst erkennen kann, was er bewahrt und schützt als seinen eigenen Lebensraum. Er erkennt die Bedingtheit seiner Gegenwart durch die Vergangenheit an und glaubt nur dann Kraft für die ihm gestellten Aufgaben zu haben, wenn er sich seiner Verbindung mit der Tradition vergewissert. In der antiquarischen Historie findet der Mensch ganz bewußt, so würden wir heute sagen, seine *Identität* in der Geschichte.

Schließlich gibt es noch einen dritten Typus, die *kritische Historie*. Auch in der Kritik kommt ein elementarer Lebensimpuls zum Ausdruck. Denn zu jedem Leben gehört die Fähigkeit, etwas Früheres von sich abzustoßen und sich von älteren, verbrauchten Formen zu trennen. Jedes individuelle Leben setzt den Tod anderer Individuen voraus. Dieses Verhältnis, das sich z. B. in der Abfolge der Generationen so unerbittlich zeigt, überträgt Nietzsche auf die Beziehung des Menschen zu seiner Geschichte. Demnach ist es unmöglich, alles als gleichermaßen gültig zu übernehmen. Man kann gar nicht umhin zu werten;

lebendiger Umgang mit der Vergangenheit ist ohne Kritik einfach nicht möglich. Nach Nietzsches Darstellung gehört das Ausscheiden, Abtrennen und Verwerfen dem sich kräftig entfaltenden Leben so unmittelbar zu, daß man zweifeln darf, ob die anderen beiden Typen, die monumentalische und die antiquarische Historie, ohne die kritische überhaupt denkbar sind.

Der Zweifel ist auch deshalb angebracht, weil Nietzsche die Kritik nicht im Sinne eines objektiven, außerhalb aller Parteilichkeiten stehenden Wertens und Urteilens begreift. Überparteiliche Objektivität ist innerhalb der Geschichte unmöglich. Nur wer versuchte, sich außerhalb zu stellen, wer einen „überhistorischen Standpunkt" einzunehmen versuchte, der käme dem Ideal eines Richters nahe, der mit seinem Urteil über allen Parteiungen steht. Einem einzelnen Menschen mag zuweilen die Geschichte so fern und fremd erscheinen, daß er sie im ganzen zu überblicken meint und sie als ganze wie ein sich immer wiederholendes Spiel oder wie eine heillose Tragödie ansieht. Das wäre der allem menschlichen Verlangen entrückte Standpunkt der Weisen, der den erhabenen Vorzug hat, die Weltgeschichte als Welttheater zu erleben, der sich aber auch damit abzufinden hat, daß seine aus der Distanz geübte Gerechtigkeit die geschichtlichen Ereignisse selbst nicht mehr erreicht. Sein Urteil trifft in gleichem Maße alles und ist somit für den historischen Prozeß selbst ohne Wert. Vom *überhistorischen* Standpunkt aus wird auch keine Geschichte geschrieben; die Tücken der Geschichtsschreibung werden nur vom historischen Menschen entwickelt und zur Anwendung gebracht.

Monumentalische, antiquarische und kritische Geschichtsschreibung sind selbst Momente der historischen Dynamik, in der jedes lebendige Individuum stets nur seine Ideen und Interessen verfolgt. Hier kann es gar keine überhistorische, objektive Gerechtigkeit geben; wer sie dennoch propagiert, tarnt damit nur seine partikularen Interessen. Folglich kann sich auch die kritische Historie nicht auf Maßstäbe berufen, die der Beschränktheit der Interessen, dem Kampf der Gegensätze und dem Wechsel des Lebens grundsätzlich entzogen wären. Folglich ergeht die Kritik auch nicht im Namen einer über Epochen und

Kulturen schwebenden Wahrheit. Ihre „Gründe" und ihr „Recht" schöpft die Kritik stets aus der mit ihrer Äußerung verbundenen Kräftigung und Steigerung des Lebens.

Von hier aus wird vielleicht am deutlichsten, warum sich Nietzsche so entschieden von der wissenschaftlichen Historie abgrenzt: Er sieht in ihr eine Anmaßung, weil sie mit ihrem Objektivitätsideal vorgibt, über Urteilskriterien zu verfügen, die man innerhalb der Geschichte weder erlangen noch anwenden kann. Man könnte sie allenfalls verteidigen, wenn man außerhalb aller Geschichte stünde, wenn man sich also von ihr abgekehrt und mit ihr Schluß gemacht hätte. Aus solcher Entfernung und Entfremdung vom historischen Prozeß jedoch über dessen innere Abfolge urteilen zu wollen, kann – unter menschlichen Bedingungen – nur auf eine Verfälschung hinauslaufen; praktisch muß sie eine Schwächung der historischen Triebkräfte bewirken. Die objektivistisch-szientifische Geschichtsschreibung tötet daher, nach Nietzsches Ansicht, alle historischen Keime ab. Sie vermag die Geschichte nur noch wie einen Leichnam zu „seciren"; sie untergräbt das Lebendige und entwurzelt die Zukunft (1, 295 ff.). Im Namen der Geschichte wird der Versuch gemacht, die Geschichte zum Stillstand zu bringen.

Gegen diese Gefahr der wissenschaftlichen Geschichtsschreibung stellt Nietzsche seine drei Typen der monumentalischen, antiquarischen und kritischen Geschichtsschreibung, deren lebendige Kraft sich wohl erst dann entfalten kann, wenn sie in einer Kultur vereinigt sind. Jede dieser drei Formen erlaubt es dem Menschen, einen Sinn in der Geschichte zu finden. Auf dem Niveau der heute möglichen Kultur können sie diesen Sinn aber nur geben, wenn sie nebeneinander bestehen oder ineinander übergehen. Die Kultur, als deren Herold Nietzsche sich in diesen Jahren begreift, ist also keineswegs eindimensional verfaßt; wenn sie zur gleichen Zeit unterschiedliche Geschichtsauffassungen zuläßt, so schließt sie auch höchst verschiedene Lebensweisen mit ein. Die Erneuerung der Kultur ist nicht auf *einen* Sinn festgelegt; sie setzt vielmehr eine Pluralität von Werten voraus.

7. Über den Wert der Wahrheit

„In irgend einem abgelegnen Winkel des in zahllosen Sonnensystemen flimmernd ausgegossenen Weltalls gab es einmal ein Gestirn, auf dem kluge Thiere das *Erkennen* erfanden. Es war die hochmüthigste und verlogenste Minute der Weltgeschichte, aber doch nur eine Minute. Nach wenigen Athemzügen der Natur erstarrte das Gestirn und die klugen Thiere mußten sterben. Es war auch an der Zeit: denn ob sie schon viel erkannt zu haben, sich brüsteten, waren sie doch zuletzt, zu großer Verdrossenheit, dahinter gekommen, daß sie alles falsch erkannt hatten. Sie starben und fluchten im Sterben der Wahrheit. Das war die Art dieser verzweifelten Thiere, die das Erkennen erfunden hatten." (PdW; 1, 759 f.)

Diese kleine dramatische Szene steht am Ende einer jener ‚Vorreden zu fünf ungeschriebenen Büchern‘, die Nietzsche Weihnachten 1872 Cosima Wagner als Geschenk überreicht. ‚Über das Pathos der Wahrheit‘ ist der Titel des sechsseitigen Textes, in dessen Schlußpassage das metaphysische Szenario vom tragischen Ausgang alles Erkennens entworfen wird. Zuvor ist vom Ruhm und vom immer wiederkehrenden Anspruch auf große Taten die Rede.

Es ist das Thema der historischen Größe, das sich bei Nietzsche sogleich zum Problem der Kultur und der Möglichkeit menschlicher Geschichte überhaupt ausweitet. Der Auftritt eines großen Menschen, der von seiner Größe Zeugnis gibt, ist die Voraussetzung aller Geschichte; und es ist der „Grundgedanke der Kultur", daß die großen Momente über Jahrtausende hinweg „eine Kette bilden" (PdW; 1, 756). Die Kultur zeigt sich so einmal mehr als eine Steigerung des Lebens, und zwar in dem für Nietzsche typischen Sinn der Überwindung. Denn alle Großen dieser Welt lehren uns immer wieder, „daß der das Dasein am schönsten lebt, der es nicht achtet" (ebd., 757).

In diesem Sinn haben auch die Philosophen ihren Anteil an der Kultur. Sie sind die „verwegensten Ritter unter diesen Ruhmsüchtigen". Denn sie leisten den schwersten Verzicht, indem sie auf den Beifall der Zeitgenossen nicht achten. Sie verschanzen sich hinter der „Mauer ihrer Selbstgenugsamkeit" und nehmen die beschwerlichste „Reise zur Unsterblichkeit" auf sich, weil sie diese ganz allein antreten. Was aber gibt dem Philosophen den Rückhalt bei seiner „Mißachtung des Gegenwärtigen und Augenblicklichen"?

Es ist nichts geringeres als die *Wahrheit*. Die Wahrheit ist es, die den Philosophen die Kraft und den Stolz gibt, sich von allen Flüchtigkeiten des Daseins fernzuhalten. Was damit gemeint ist, erläutert Nietzsche am Beispiel Heraklits: Der nämlich habe die ganze Energie seines Zweifels an allem Bestehenden aus einem übermenschlichen Erkenntniswillen geschöpft. In seinem Anspruch, sich selbst zu suchen und zu erforschen, habe er sich aus allen irdischen Bedingungen befreit und sich in sein Denken wie in ein eigenes „Sonnensystem" zurückgezogen. Will man ihn verstehen, so muß man ihn *dort* aufsuchen, d. h. in *seiner* Wahrheit, neben der alles alltägliche Meinen, Glauben und Wissen der Menschen wie „Wellen des Wahns" erscheint.

Das ist aus der Perspektive Heraklits gesagt. Ihm ist die Wahrheit alles und alles andere nichts. Nietzsche scheint ihm zuzustimmen. Zugleich aber überspringt er das absolute Erkenntnisstreben des Vorsokratikers und sieht darin, trotz aller Bewunderung, letztlich nicht mehr als eine psychologische Bedingung der unerhörten Selbstaufwertung des Weisen: „Seine Eigenliebe ist die Liebe zur Wahrheit." Von außen besehen ist die Wahrheitsliebe Heraklits eine Besessenheit, ein „schwärmerischer Wahn", dem keine objektive Bedeutung zukommt. Der Wahrheit entspricht – metaphysisch betrachtet – keine Realität. Ewige Geltung kommt ihr nicht zu, sie hat eine Wirkung nur in ihrer Zeit. Und diese liegt darin, daß sie Heraklit aus seiner Zeit evakuiert, daß sie ihm *seinen* Glauben und ihm damit die Kraft zum Widerstand gegen alles gibt, was ihm nicht entspricht. Es ist *seine* Wahrheit, die es ihm erlaubt, sich von allem Geringen und Mittelmäßigen abzustoßen. Sie verleiht – im Besitz wie auch im Leiden an ihr – das Gefühl unendlicher Größe. Darin liegt das „Pathos der Wahrheit". Wird man von ihm ergriffen, dann gelangt man zu höchstem Ruhm, der deshalb unüberbietbar ist, weil die Wahrheit erlaubt, selbst noch den Ruhm zu verachten. Auch dies ist eine Form der Selbstüberwindung; sie führt auf die höchste Stufe der Kultur.

Mit dieser Einsicht gelangt Nietzsche zu der eingangs zitierten Passage, nach der die Wahrheit nichts ist als eine heroische Illusion, die in der kurzen Geschichte der Menschheit zu einem tragischen Ende führt. In dieser Illusion kommen wenige einzelne zu übermenschlicher Größe, gelangen die Kulturen zu ihrer Blüte, die Menschheit aber findet darin nur umso schneller ihren Untergang.

Zum Verständnis dieser Diagnose, in die dann der späte Nietzsche sein ganzes Pathos setzt, muß man die vorausgehende Auszeichnung der Wahrheit im Auge behalten. Der Mensch gelangt erst *mit* der Wahrheit zur Entfaltung seiner besten Kräfte. Nur im Glauben an sie geht er bewußt über sich hinaus; denn in ihr setzt er sich ein von ihm unabhängiges Maß. Die Wahrheit erlaubt, ganz ähnlich wie der Begriff, den wir uns von Gott und den Göttern machen, eine Selbstvergrößerung des Menschen. Durch sie findet er ein maßgebendes Ideal, in dem er sich objektiviert. Doch so sehr er darin auch über seine Zufälligkeit und Unzulänglichkeit hinausgeht, er darf ihre Herkunft und ihren Zweck nicht vergessen. Die Wahrheit bleibt ein selbstgesetztes Maß des Menschen; sie hat ihren Wert nur für ihn. Nietzsche unterstellt, daß dies den vorsokratischen Denkern bewußt gewesen sei, und er erkennt darin einen Grund ihrer überlegenen Größe: „Der Mensch war ihnen die Wahrheit und der Kern der Dinge, alles andre nur Erscheinung und täuschendes Spiel" (PhtZ 3; 1, 815).

Wenn aber der Mensch die Wahrheit ist, dann kann sie sich nur in dem zeigen, was er aus sich macht. Ihr Wert liegt dann in der Bedeutung, die sie für ihn hat, und nicht in einer – wie auch immer gefaßten – Relation zwischen Begriff und Gegenstand. Zwar gibt es hier mancherlei Übereinstimmungen und Übereinkünfte; daß mathematische Sätze oder Tatsachenaussagen wahr oder falsch sein können, daran muß man nicht zweifeln. Auch einen Wert wird man ihnen nicht absprechen können. So kann es unter Umständen durchaus auf die Aussage ankommen, daß es Nietz-

sche (und nicht Richard Wagner) war, der die ‚Geburt der Tragödie‘ geschrieben hat. Wer mit Geld zu tun hat, der wird den Wert
einer richtigen Rechnung wohl zu schätzen wissen. Alles dies ist
Nietzsche natürlich vertraut. Doch er hält dagegen: „Es giebt
sehr viele gleichgültige Wahrheiten", und er fügt die aufschlußreiche Begründung hinzu: „es giebt Probleme, über die
richtig zu urtheilen nicht einmal Ueberwindung, geschweige
denn Aufopferung kostet" (2. UB 6; 1, 287 f.).

Nietzsche geht es also nicht um das, worum in Korrespon-
denz-, Kohärenz-, oder Konsenstheorien der Wahrheit gestrit-
ten wird. Er ist auch weit entfernt davon, die mögliche Richtigkeit von alltäglichen und wissenschaftlichen Urteilen in Abrede
zu stellen. Ihn interessiert von Anfang an die Bedeutung der
Wahrheit für das menschliche Leben. Genauer: er sucht nach der
Kraft, die sie für große Ziele gibt. Noch in seinen späten Aufzeichnungen wiederholt er eine Frage, die ihn seit den ersten
Schriften beschäftigt: „‚Wie viel Wahrheit *erträgt*, wie viel Wahrheit *wagt* ein Geist?' – dies wurde für mich der eigentliche
Werthmesser" (N 1888, 16/32; 13, 492).

Nietzsche wendet sich damit von der langen Geschichte der
theoretischen Wahrheitsfrage ab. Wie Wahrheit erkannt und benannt werden kann, ist zweitrangig für ihn; im Vordergrund
steht allein der *praktische* Bezug, also ihre Bedeutung für das
menschliche Handeln – und hierbei vornehmlich für die heroische Tat. Mit Kant hätte er sagen können, daß er dem Leser die
Definition der Wahrheit „schenkt", daß er nicht nach „auswärti-
gen" Kriterien für die Erkenntnis sucht, sondern statt dessen
nach Möglichkeiten, über ihren „Werth oder Unwerth" zu ent-
scheiden. Wie Kant bemüht sich Nietzsche um eine „richtige
Schätzung" der Wahrheit. Die aber kann sich nur im Zusammenhang des Lebens, mit Blick auf das tätige Dasein des Menschen,
ergeben.[13] Angesichts dieser Umwertung wird sofort verständlich, warum Nietzsche das Streben nach Wahrheit ursprünglich
mit dem Anspruch auf Gerechtigkeit verknüpft. Der „gute Wille
gerecht zu sein" ist für ihn mit der Notwendigkeit von Entschei-
dungen verbunden, die ein Mensch im Dienst seiner Aufgabe zu
fällen hat. Wo es dem Menschen gelingt, sich angemessen auf sein

Ziel zu beziehen (und sich damit selbst zu überschreiten), da wird er gleichermaßen sich und seiner Aufgabe gerecht; und eben da kommt er ohne Wahrheit nicht aus: „[. . .] denn Wahrheit will er [der Gerechte, V. G.], doch nicht nur als kalte folgenlose Erkenntniss, sondern als die ordnende und strafende Richterin, Wahrheit nicht als egoistischen Besitz des Einzelnen, sondern als die heilige Berechtigung, alle Grenzsteine egoistischer Besitzthümer zu verrücken, Wahrheit mit einem Worte als Weltgericht [. . .]" (2. UB 6; 1, 286 f.).

Hier wird offenkundig, wie wenig Nietzsches Verständnis von Wahrheit mit der Objektivität intersubjektiver Erkenntnis zu tun hat. Deren Möglichkeit wird zwar nicht bestritten, aber ihre Grenzen umschließen nur alltägliche Fragen der Richtigkeit – damit natürlich auch die akademische Provinz. Es ist vornehmlich die Wissenschaft, die sich mit der Wahrheitsfrage wichtig macht. Doch im Blick auf die „höchsten und seltensten Tugenden" ist die wissenschaftliche Erkenntnis von lächerlicher Geringfügigkeit; auf der „einsamen Höhe", die das „ehrwürdigste Exemplar der Gattung Mensch" erreichen kann, wird sie „gleichgültig". Denn eine am Ideal der Objektivität ausgerichtete Erkenntnis setzt selbst keine eigenen Ziele und verbleibt deshalb im Dienst fremder Wertungen. Aus diesem Grund verliert sie für Nietzsche jedes Interesse. Auch seine spätere Moralkritik ändert daran nichts. Die Wissenschaft mit ihrer Wahrheit ist nur ein Mittel und nicht selbst schon ein Zweck. Ihn interessiert das, was Zwecke setzt und damit Werte schafft und dem Menschen einen Sinn gibt.

In der eingangs zitierten Parabel von der Zeit der Erkenntnis als der verlogensten Minute der Weltgeschichte geht es aber um mehr als bloß um wissenschaftliche Objektivität. Die klugen Tiere kommen ja dahinter, daß sie „alles falsch" erkannt haben. Folglich gilt ihr verzweifelter Fluch der Wahrheit überhaupt. Wie ist das zu verstehen? Wie paßt dies zu der These, daß Nietzsche weder die alltägliche noch die wissenschaftliche Richtigkeit von Aussagen in Abrede stellt? Und vor allem: Gerät er mit seiner Kritik nicht selbst in einen Widerspruch? Sollen wir nicht wenigstens in seinem Widerruf der Wahrheit eine Wahrheit erkennen?

Die Nietzsche-Forschung hat diesen Fragen große Aufmerksamkeit gewidmet. Dabei wurde nicht eben wenig Scharfsinn aufgewendet, glaubte man doch, eine moderne Version des Lügen-Paradoxons vor sich zu haben: Was im antiken Beispiel noch auf ein Inselvolk beschränkt blieb („Alle Kreter lügen"), das werde von Nietzsche nun auf alle Menschen übertragen. Und wenn er behaupte: „Alle Erkenntnis ist falsch", schließe „alle" auch seine eigene Behauptung ein. Also sei auch diese Behauptung falsch und die ganze spektakuläre Kritik an der Erkenntnis bräche in sich zusammen. Nietzsche, so scheint es, verstrickt sich in einen heillosen Widerspruch, aus dem ihn keine Logik und erst recht keine Verwerfung aller Logik, wie sie Heidegger zur Rettung Nietzsches bemüht, befreien kann. Denn anders als beim antiken Lügen-Paradoxon ist klar, daß Nietzsches These keine Ausnahme zuläßt. Die Aufhebung aller Wahrheit betrifft daher auch seine eigene Aussage, und es ist damit schon keine Frage mehr, was sie dann noch wert ist.

Allerdings ist es sehr die Frage, ob Nietzsche seine radikale Erkenntniskritik tatsächlich so gemeint hat, wie sie in dem Satz „Alle Erkenntnis ist falsch" zum Ausdruck kommt. Achtet man nämlich auf den Zusammenhang, in dem sein Verdikt gegen Wahrheit und Erkenntnis von Anfang an steht, dann wird augenblicklich klar, daß es doch nicht gegen *alle* Wahrheit und nicht gegen *jede* Erkenntnis gerichtet sein kann. Äußerlich wird dies schon dadurch angezeigt, daß er, längst bevor er gegenüber Cosima das „Pathos der Wahrheit" beschwört, seinen erkenntniskritischen Zweifel an der Wahrheit öffentlich gemacht hat. Denn schon die im Jahr zuvor geschriebene ‚Geburt der Tragödie' ist von dem Gedanken durchdrungen, daß es die Wahrheit nicht gibt. Es ist ja allererst ihr Verlust, der den verzweifelt schönen Gedanken aufkommen läßt, die Rechtfertigung des Lebens nunmehr in der Kunst zu suchen. Die „ästhetische Metaphysik" des jungen Nietzsche ist bereits eine Reaktion auf das Scheitern aller tieferen Erkenntnis. Und sie gibt auch mit aller wünschenswerten Genauigkeit an, in *welchem* Zusammenhang keine Wahrheit mehr zu finden ist: nämlich in dem der Metaphysik.

Was damit gemeint ist, könnte man für die ‚Geburt der Tragödie' im Rückgang auf Schopenhauers Deutung von Kants Unterscheidung zwischen „Ding an sich" und „Erscheinung" deutlich machen. Der Mensch verbleibt nach Schopenhauer mit allen seinen für wahr gehaltenen Aussagen im Bereich der Erscheinungen und kommt nie und nirgends über sie hinaus. Bezogen auf die sinnlichen Eindrücke und ihre verständige Ordnung kann es natürlich vielfältige Übereinstimmungen zwischen unseren Aussagen und den gemeinten Verhältnissen geben. Da können und müssen wir zwischen „wahr" und „falsch" unterscheiden. Doch damit ist nichts über die Dinge an sich selbst gesagt. Wir können nicht wissen, wie nichtmenschliche Wesen, seien sie Gott oder Tier, die Dinge erfahren; ja, es muß offen bleiben, ob es für sie überhaupt so etwas wie „Dinge" oder „Ereignisse" gibt. Ob also unsere Urteile wirklich eine Entsprechung in etwas Seiendem haben, darüber wissen wir nichts. Die Dinge selbst, ihr „Wesen" und ihren „Grund", vermögen wir nicht zu erkennen. Folglich eröffnet sich hier, wo es nach klassischem Verständnis wesentlich wird, keine Wahrheit. Legen wir es trotzdem auf Aussagen an, halten wir gleichwohl an metaphysischen Sätzen über Wesen und Grund der Dinge fest, so wird „alles falsch".

Lediglich in dieser letzten These geht Nietzsche über Schopenhauer hinaus, der, anders als Kant, hier immerhin noch eine intuitive, von der Kunst lediglich ahnungsvoll bekräftigte Gewißheit zugelassen und das Ding an sich mit der urzeugenden, unendlichen Kraft eines allgemeinen Willens gleichgesetzt hatte. Von diesem metaphysischen Theorem bleibt bei Nietzsche nur noch das tragende Motiv zurück, nämlich die praktische Überzeugung von der dominierenden Kraft des Wollens in allen Vorgängen des Lebens. Eine spekulative Einsicht in den Grund des Daseins soll damit nicht verbunden werden; aber das fortwirkende Motiv macht seine Enttäuschung über das Ausbleiben der Wahrheit verständlich. Wann immer es für den Menschen ernst und wichtig wird, wann immer sein Wille wirklich etwas erreichen und bewegen will, da bleibt ihm die Erkenntnis versagt.

Vor diesem Hintergrund haben wir Nietzsches Allaussagen: „Es gibt keine Wahrheit" und „Alles ist falsch" zu verstehen: Sie warnen vor einer metaphysischen Objektivierung der Realität.

Die „Welt" ist zwar auch ein Begriff, dem eine Vorstellung entspricht, aber sie ist kein Gegenstand unserer Erfahrung. Sie ist eben „nur" eine Vorstellung, die unserem Bedürfnis nach Einsicht Rechnung trägt. Entsprechendes gilt für metaphysische Begriffe wie „Sein", „Gott" oder „Wirklichkeit". Folglich kann auch die Metaphysik nicht mit Erkenntnissen nach Art der Physik oder der Geschichte aufwarten. Diese bewegen sich jeweils im Bereich einzelner gegenständlicher Erscheinungen. Da gibt es natürlich viele Wahrheiten, die ihr Kriterium in Sinnesdaten haben, über die man nach Maßgabe von Logik und Konvention urteilen kann. Doch die einzelnen Wahrheiten sind, bezogen auf das, was der Mensch in seinen großen Momenten wirklich will, gleichgültig. Die kleine Münze alltäglicher und wissenschaftlicher Wahrheit verliert angesichts der großen Herausforderungen des Lebens ihren Wert: *Die Wahrheit gibt dem Dasein keinen Sinn.* Bestenfalls kann sie dem großen Individuum, wie bei Heraklit, als ein Mittel dienen, den Sinn und Wert des eigenen Lebens gegen die kompromittierende Durchschnittlichkeit des alltäglichen Daseins zu verteidigen. Deshalb setzt Nietzsche später auf die Tugend der Redlichkeit.

Um aber diese lebensdienliche Leistung der Wahrheit kenntlich zu machen, bedarf es zuvor der Klarstellung, daß es im absoluten Verständnis keine Wahrheit gibt. Metaphysisch betrachtet entspricht dem, was wir als „wahr" behaupten, nichts. Nietzsche gesteht sich die enttäuschende Einsicht ein, daß wir mit unserer (menschlichen) Wahrheit nicht über uns hinaus gelangen. Wir dringen zu nichts durch, das den Titel eines „Seins" oder einer „Wirklichkeit" wahrhaft verdiente. Mit dem Finger der Wahrheit zeigen wir letztlich nur auf uns selbst. Somit gibt es, metaphysisch betrachtet, keine Wahrheit, denn bereits die Erwartung, daß unseren Aussagen etwas entspricht, welches auch „an sich" so ist, wie wir meinen, ist ein unzulässiger Schluß von unseren Erlebnisbedingungen auf die „Wirklichkeit", die ja selbst nur ein Produkt menschlicher Vorstellungen ist. Alle Wahrheit verweist letztlich auf ein Bedürfnis des Menschen, der sich durch eine feststehende Realität außer ihm eine zusätzliche Sicherheit verschaffen möchte. Doch das Feststehende, an dem er seinen

Außenhalt sucht, ist nur seine eigene Feststellung. Mit anderen Worten: Im absoluten Sinn gibt es keine Wahrheit.

Hat man die Bedeutung von Nietzsches Negation der Wahrheit in dieser Form klargestellt, dann ist leicht zu sehen, daß in ihr kein Selbstwiderspruch liegt. Hält man nämlich die Bedeutungsebenen auseinander, so ist es durchaus eine Erkenntnis, daß es keine Erkenntnis gibt. Denn damit ist nur gesagt, daß wir einsehen können (und müssen), daß es keine umfassende Einsicht in das Wesen der Welt, in den Grund unseres Daseins oder in die Verläßlichkeit unseres Wissens gibt. Alle diese weitreichenden Begriffe sind unser eigener Entwurf. Wir wissen nicht, ob ihnen etwas korrespondiert. *Dies* aber können wir wissen! Ja, wir sollten dies sogar vor allem anderen zur Kenntnis nehmen. Denn wenn der Mensch sich selbst gerecht werden will, so muß er seine Grenzen kennen.

Um eben diese Grenzen des menschlichen Wissens geht es Nietzsche, wenn er die Wahrheit leugnet. Er bestreitet damit nur den naiven Glauben, daß unseren Wahrheiten eine an sich bestehende Realität gegenübersteht. In der alltäglichen Verständigung und in der wissenschaftlichen Aufklärung haben diese unsere Wahrheiten natürlich eine unbestreitbar nützliche Funktion; auch bei der Selbsterziehung des Individuums kommt ihnen eine, wie sich an Heraklit gezeigt hat, beachtliche Bedeutung zu. Doch der Mensch hat sich selbstkritisch einzugestehen, daß seine Wahrheiten ohne Äquivalent in einer unabhängig von ihm bestehenden Wirklichkeit sind; schon diese „Wirklichkeit" ist eine Fiktion, von der Nietzsche befürchtet, daß sie längst ihre Lebensdienlichkeit eingebüßt hat.

Der Effekt der radikalen Wahrheitskritik liegt also nicht in der Annullierung von Wahrheit überhaupt, sondern in der Destruktion absoluter Ansprüche. Und erst diese Destruktion läßt die relative Leistung der Wahrheit bei der Selbsterziehung des Menschen hervortreten; nur so wird bewußt, daß es sich auch bei den stärksten Beweisen und Thesen der Menschheit letztlich nur um Formen der (Selbst-)Behauptung handelt, die als Ganzes nicht mehr als einen Versuch darstellen können. Nichts ist endgültig. Auch die Wahrheit erlaubt keinen Ausblick auf ewige Bestände; sie könnte es schon deshalb nicht, weil sie selbst ja bloß aus einem

Bedürfnis hervorgeht, das sich beim Menschen zwar immer wieder einstellt, gleichwohl aber höchst flüchtig ist.

So verstanden steht Nietzsches Wahrheitskritik in einer großen Tradition: Sie soll, wie Kants Vernunftkritik und wie schon die antike Skepsis, die Grenzen der menschlichen Erkenntnis aufweisen. Und in diesem Bemühen liegt so wenig Widerspruch wie in der berühmten Einsicht des Sokrates, derzufolge er weiß, daß er nichts weiß. Wir erkennen nicht, ob unsere Erkenntnis wirklich, das heißt in letzter Instanz etwas erkennt. Dies aber ist eine Erkenntnis!

Wäre dies anders, so ließen sich Nietzsches anschauliche Darlegungen in der nachgelassenen Schrift ,Ueber Wahrheit und Lüge im aussermoralischen Sinne' gar nicht verstehen. Zweifellos aber ergeben seine Betrachtungen über die Leistungskraft der menschlichen Erkenntnis einen guten Sinn, und sie erreichen auch ihren Zweck, indem sie den mit dem Wissen verbundenen „Hochmuth" destruieren. Wahrheit und Erkenntnis werden nicht pauschal verworfen, aber es wird eindringlich davor gewarnt, sie für vorrangig – oder gar für das Wichtigste im Leben – zu halten. Das nämlich führt notwendig zur Täuschung über den Wert des Daseins, der dann allein vom erzielten Erkenntnisgewinn abhängig wäre. Da dieser Gewinn letztlich immer nur dürftig ausfällt, zieht die Hochschätzung der Wahrheit zwangsläufig eine Geringschätzung aller unmittelbaren Lebensäußerungen nach sich. Deshalb dringt Nietzsche auf eine Änderung der „Werthschätzung" der intellektuellen Leistungen der Menschen (WL 1; 1, 876).

In dieser Absicht kommt er noch einmal wörtlich auf das metaphysische Szenario vom tragischen Ausgang aller Erkenntnis zurück und schildert mit der Sprachgewalt eines Dichters, wie sehr alles menschliche Wahrnehmen und Erkennen „nur auf der Oberfläche der Dinge" herumgleitet. Schon die sinnennahe Empfindung „führt nirgends in die Wahrheit, sondern begnügt sich Reize zu empfangen und gleichsam ein tastendes Spiel auf dem Rücken der Dinge zu spielen" (WL 1; 1, 876). Und ebensowenig wie er empfindend, erkennend oder auch fühlend an das Wesen der Dinge heranreicht, so sehr bleibt er auch sich selbst ein Rätsel:

„Was weiss der Mensch eigentlich von sich selbst! [...] Verschweigt die Natur ihm nicht das Allermeiste, selbst über seinen Körper, um ihn, abseits von den Windungen der Gedärme, dem raschen Fluss der Blutströme, den verwickelten Fasererzitterungen, in ein stolzes gauklerisches Bewusstsein zu bannen und einzuschliessen! Sie warf den Schlüssel weg: und wehe der verhängnissvollen Neubegier, die durch eine Spalte einmal aus dem Bewusstseinszimmer heraus und hinab zu sehen vermöchte und die jetzt ahnte, dass auf dem Erbarmungslosen, dem Gierigen, dem Unersättlichen, dem Mörderischen der Mensch ruht, in der Gleichgültigkeit seines Nichtwissens, und gleichsam auf dem Rücken eines Tigers in Träumen hängend. Woher, in aller Welt, bei dieser Constellation der Trieb zur Wahrheit!" (Ebd., 877)

8. Der Sinn der Moral

Seit Platon den Sophisten vorführen konnte, daß der Mensch, weil er erkennen kann und weil er handeln muß, auf Tugenden nicht verzichten kann, wird am Wert der Moral kaum ernsthaft gezweifelt. Schließlich liefe dieser Zweifel auch auf die widersinnige Frage hinaus, ob denn das für das Handlungsbewußtsein unerläßliche Gute wirklich gut sei. Unter den Philosophen war man sich daher bis hin zu Schopenhauer einig, daß der Mensch Moral benötigt. Nur aus einer verfremdenden theologischen, politischen oder ästhetischen Perspektive mußte sich die Moral zuweilen eine rhetorische Existenzfrage gefallen lassen. Seit Machiavelli gibt es hier sogar eine neuzeitliche Tradition, in die sich auch Nietzsche stellt. Aber niemand zuvor hat so radikal wie er die Frage nach ihrem Sinn exponiert: *„wozu überhaupt Moral,* wenn Leben, Natur, Geschichte ,unmoralisch' sind?" (FW 344; 3, 576 f.)

Nietzsche entdeckt einen unaufhebbaren Widerspruch zwischen Moral und Leben. Ihn verfolgt er bis in die sublimsten Verästelungen und Verstecke, und er zögert nie, weder im großen noch im kleinen, den „Widersinn" der Moral bloßzustellen. Und dennoch ist bis heute strittig, wie seine Antwort eigentlich ausge-

Friedrich Nietzsche 1872. Stiftung Weimarer Klassik.

fallen ist. Seine radikale Kritik an der Moral ist zwar ein Faktum, fraglich aber ist, welche Absicht er damit letztlich verfolgt. Zumindest gibt es Anzeichen dafür, daß er trotz aller Invektiven gegen die Moral der Einsicht Platons treu bleibt, daß der Mensch auf Tugenden nicht verzichten kann, solange er sich selbst einen Wert beimißt.

Nietzsches Distanz gegenüber der moralischen Frage ist bereits in der ‚Geburt der Tragödie‘ zu erkennen. Offensichtlich ist sie auch in seiner Betrachtung über den ‚Nutzen und Nachtheil der Historie für das Leben‘. Deutlich ausgesprochen aber wird sie erst mit der Aphorismensammlung ‚Menschliches, Allzumenschliches‘. Dort entwirft er im ersten Hauptstück, „Von den ersten und letzten Dingen“, sein neues Programm einer historisch-kritischen Philosophie: Nachdem sich als Ergebnis menschlichen Nachdenkens wenigstens dieses eine festhalten lasse, daß es „keine ewigen Thatsachen" und „keine absoluten Wahrheiten" gibt, habe man auch zu der Voraussetzung dieser Einsicht zu stehen, daß nämlich alles *geworden* ist. Was immer ist, es ist dies nur aufgrund seiner Geschichte. Folglich geht es in jeder Erkenntnis um die Erschließung der vorausliegenden Bedingungen. Die Konsequenz für die Philosophie liegt auf der Hand: „Demnach ist das *historische Philosophiren* von jetzt ab nöthig und mit ihm die Tugend der Bescheidung" (MA 1, 2; 2, 25).

Der Begriff der Geschichte, deren bloße Anerkennung den Menschen schon eine Moral abnötigt, ist hierbei freilich weit gefaßt. Nietzsche rechnet alles hinzu, was zur Genese eines Sachverhalts gehört. Das historische Denken hat sich insgesamt auf alles zu beziehen, was die Entstehung eines fraglichen Sachverhalts bedingt. Es muß ohne Rücksicht auf menschliche Eitel- und Empfindlichkeiten nach der Herkunft – und damit auch nach der Verwandtschaft – eines Vorgangs fragen und hat somit *genealogisch* zu sein. Der Sache nach entwirft und verfolgt Nietzsche also bereits hier ein Verfahren, für das erst in der ‚Genealogie der Moral' der Begriff gefunden wird. Dies festzustellen ist nicht ohne Belang, denn nur so wird der Zusammenhang von genealogischer und kritischer Methode deutlich. In ‚Menschliches, Allzumenschliches' ist nämlich noch offensichtlich, daß Nietzsche sich dem Entstehungszusammenhang alles Geschehens in *kritischer* Absicht zuwendet. So bleibt auch der kritische Impuls seiner späten Lehre vom „Willen zur Macht" erkennbar, obgleich er in ihr gelegentlich dogmatischen Versuchungen erliegt. Er sucht nach einem anschaulichen und lebendigen Ausgangspunkt allen Geschehens, nach einem dynamischen Ursprung, der gleichermaßen Ursache und Motiv jeder Bewegung ist. Damit ist eine Kraft gemeint, die zugleich außen und innen wirksam ist. Erst in den achtziger Jahren findet Nietzsche für diese ursprüngliche, in allem Geschehen wirksame Kraft die Formel „Wille zur Macht".

Mitte der siebziger Jahre ist er immerhin so weit, die Erkenntnisbedingung für diese von innen treibende Kraft angeben zu können. Sie liegt nirgendwo anders als im Menschen selbst. Das menschliche Individuum ist das produktive Zentrum, dem alles entstammt, was wir Welt, Wirklichkeit oder Kultur, Geschichte, Ereignis oder Gegenstand nennen: „Wir sehen alle Dinge durch den Menschenkopf an und können diesen Kopf nicht abschneiden" (MA 1, 9; 2, 29). Damit ist der anthropomorphe Ausgangspunkt allen Vorstellens und Denkens benannt. Ihm versucht sich Nietzsche nunmehr *als Psychologe* zu nähern. Philosophisch gesehen ist das konsequent, denn die Seele, also das, wodurch ein Körper überhaupt erst zum Leib wird, ist unter der anthropomorphen Prämisse der perspektivische Nullpunkt, in dem alle Fäden zusammenlaufen. Der Seele (griechisch: psyche) aber hat man sich erkennend als Psychologe zuzuwenden. Daher wäre es auch ein Mißverständnis, wollte man den Psychologen Nietzsche einer Einzeldisziplin zuschlagen und der empirischen oder introspektiven Psychologie seines Zeitalters zurechnen. Das würde auch außer acht lassen, wie sehr er sich um seine eigene Erkenntnismethode bemüht: „Bevor man den Menschen sucht, muss man die Laterne gefunden haben. – Wird es die Laterne des Cynikers sein müssen?" (WS 18; 2, 553) In der Wahl der Methode werden Unsicherheiten eingestanden; es gibt sie jedoch nicht im philosophischen Ziel. Das liegt allein in der Selbsterkenntnis des Menschen.

Die Aphorismen von ‚Menschliches, Allzumenschliches' sind also aus der Perspektive eines Psychologen geschrieben, der Philosophie mit stärkeren analytischen Mitteln betreiben will. Mit anderen Worten: Hier soll eine wirklich *kritische* Philosophie betrieben werden. Dabei wird der Anspruch der Aufklärung rücksichtslos gegen sie selbst gewandt, so daß auch ihre Ziele, vor allem aber ihr bevorzugtes Medium, die menschliche Vernunft, anzweifelbar werden. Deshalb ist es nur konsequent, wenn eine der tragenden Überzeugungen der Vernunftaufklärung, daß die Moral etwas Gutes und die allmähliche moralische Perfektionierung des Menschen etwas Erstrebenswertes darstellen, ebenfalls in Verdacht gerät. Und so setzt Nietzsche ein mit seiner „Vivisektion" der Moral. Er legt die Seele auf den „psychologischen Secirtisch" (MA 1, 37; 2, 59) und zielt mit seinen scharfen geschliffenen Sentenzen „in's Schwarze der menschlichen Natur"

(MA 1, 36; 2, 59). Das Ganze stellt er unter den Titel einer „Geschichte der moralischen Empfindungen", die, wie er glaubt, zu dem vernichtenden Ergebnis führt, daß die Moral ihrer Herkunft nach gar nicht moralisch ist. Folglich könne sie selbst auch nicht moralisch sein: „Man wird moralisch, – nicht weil man moralisch ist!" (M 97; 3, 89).

Nietzsches Moralkritik setzt nicht mit den schrillen Tönen ein, die den Immoralismus populär gemacht haben. Es ist keine Rede von der „Todfeindschaft gegen die Sinnlichkeit", vom „Castratismus" und von der „Degenerirten-Idiosynkrasie", von der Rachsucht und eckensteherischen Verlogenheit der „Moral-Unthiere" (GD, Moral als Widernatur 1–6; 6, 82 f.). Am Anfang stehen vielmehr scharfsinnige Analysen, in denen die Moral als individuelles und soziales Phänomen einer kaltblütigen Betrachtung unterworfen wird. Das dabei leitende methodische Prinzip liegt auf der Hand: Will man wissen, was Moral eigentlich ist, dann hat man sich selbst aller moralischen Urteile zu enthalten. Der Beobachter hat außerhalb seines Phänomens zu stehen.

Im Fall der Moral führt das allerdings zu besonderen Schwierigkeiten, denn der Beobachter ist nicht nur allgemein als Mensch (und damit immer auch als soziales Wesen), sondern gerade auch in seiner Rolle als vorurteilsloser Beobachter gleichermaßen umstellt wie durchsetzt von Moral. Denn er ist unter ihrer Anleitung groß geworden, und er begreift nicht nur die Handlungen anderer, sondern auch seine eigenen, ja überhaupt sich selbst in den Kategorien der Moral. Folglich versteht er immer schon, was gemeint ist, wenn von Verdienst oder Schuld, Dank oder Reue, Vorsatz, Absicht oder Pflicht die Rede ist. Auf dieses Vorverständnis bleibt er auch angewiesen, wenn er die moralischen Phänomene als solche erkennen will; zugleich aber muß er sich von ihm befreien, da er sie ja als bloße Phänomene, so als hätte er nichts mit ihnen zu tun, betrachten will.

Das nötigt ihn zu einem Verfahren der Verfremdung: Die gewohnten menschlichen Verhältnisse werden zwar beschrieben, wie es unseren Gewohnheiten entspricht; anders wären sie auch schwerlich zu erkennen. Aber sie werden in eine „inkongruente Perspektive" (Arnold Gehlen) gerückt, die es erlaubt, sie auch einmal ganz anders anzusehen. Die ursprünglich vertrauten moralischen Phänomene werden betrachtet, als gehörten sie zu einer fremden Welt, auf die wir uns gleichwohl bestens verstehen. Wie Nietzsche selbst diese schwierige, nach strengen Begriffen sogar unmögliche und dennoch überaus produktive Methode wahrnimmt, hat er in einer Nachlaßnotiz festgehalten: „Sich die Vortheile eines Todten verschaffen – es kümmert sich Keiner um uns, weder für noch wider. Sich wegdenken aus der Menschheit, die Begehrungen aller Art verlernen: und den ganzen Überschuß von Kraft auf das *Zuschauen* verwenden: Der *unsichtbare Zuschauer* sein!!" (N 1881, 11/35; 9, 454)

Die Pointe liegt hier bereits im Versuch. Nietzsche gelangt mit seiner experimentellen Verfremdung der moralischen Perspektive zu grundlegenden Einsichten in die Herkunft, Anlage und Stellung moralischer Handlungen. Er macht ihre sprichwörtliche Doppelbödigkeit als ein Strukturmerkmal der Moral bewußt, entdeckt sowohl in den Motiven wie auch in den äußeren Anlässen die moralneutralen Konditionen der Moral und ermöglicht so die Erkenntnis, daß moralische Phänomene stets erst durch eine bestimmte Interpretation entstehen: Jede noch so bedeutsame moralische Handlung kann immer auch als Folge einer klugen Berechnung, einer Gewohnheit, einer Schwäche oder einer Dummheit verstanden werden. Eitelkeit läßt uns an die Moralität der eigenen Handlungen glauben, und den anderen nehmen wir ihre guten Absichten gern aus Trägheit ab. Entsprechendes gilt, wenn wir eine Tat als verwerflich verurteilen. In den nun einmal gewachsenen Verhältnissen scheint vor allem die Bequemlichkeit für die Moral zu sprechen. Doch mit dem Versuch, sich aus der Menschheit wegzudenken, schwindet die komfortable Selbstverständlichkeit der Perspektive, in der moralische Phänomene überhaupt erst entstehen.

Zum Selbstverständnis des moralischen Handelns gehört beispielsweise, daß man etwas Gutes aus genau den Gründen tut, die allgemein für dieses Gute sprechen. So etwa hat man sich an die Wahrheit zu halten, weil die Wahrheit als solche etwas Gutes ist, und wir andernfalls den auf Wahrheit zielenden Sinn unserer Rede preisgeben würden. Es fiele Nietzsche nicht schwer, die durchschnittliche Wahrheitsintention unserer alltäglichen und wissenschaftlichen Aussagen zuzugestehen. Nur würde ihn das in seiner Feststellung bestärken, daß wir die Lüge nicht deshalb vermeiden, weil wir die Wahrheit lieben oder weil wir uns ihr verpflichtet fühlen, sondern weil die eine aufwendiger ist als die andere. Die Lüge erfordert ein Mehr an Erfindung, Verstellung und Gedächtnis. In verwickelteren Verhältnissen verlangt sie eine listige Berechnung, die höchste Anforderungen an den Geist und an die Eigenständigkeit des einzelnen stellt. (Vgl. MA 1, 54; 2, 73 f.). Wir schätzen also die Wahrheit nicht, weil wir ein allgemeines Gut anstreben oder den Selbstwiderspruch verwerfen, sondern weil wir träge sind. Der „Sinn der Wahrheit" entstammt dem „Sinn für Sicherheit" (M 26; 3, 37). Höhere Absichten, wie sie die klassische Moral für sich in Anspruch nimmt, vermag Nietzsche darin nicht zu entdecken. Das moralische Handeln erfolgt somit aus Motiven, die selbst nicht moralisch sind.

Diese Konsequenz tritt am deutlichsten hervor, wenn Nietzsche die Entstehung der Moral aus Gewaltverhältnissen konstatiert: „Der Moralität geht der *Zwang* voraus, ja sie selber ist noch eine Zeit lang Zwang, dem man sich, zur Vermeidung der Unlust, fügt. Später wird sie Sitte, noch später freier Gehorsam, endlich beinahe Instinct: dann ist sie wie alles lang Gewöhnte und Natürliche mit Lust verknüpft – und heisst nun *Tugend.* " (MA 1, 99; 2, 96) Sobald man ein Verhalten – aus welchen Gründen auch immer – so selbstverständlich findet, daß man es von sich aus, also aus eigenem Antrieb befolgt, kann es tugendhaft heißen. Dabei ist es unerheblich, welche Zwecke verfolgt und welche Effekte tatsächlich erzielt werden; entscheidend ist allein das Kriterium der Gewaltlosigkeit. Da diese aber nur die äußere Seite der Freiwilligkeit, des „freien Gehorsams" darstellt, ergibt sich – ganz nebenbei – eine wesentliche Einsicht in den formalen Aufbau der Moralität: Sie verlangt als Minimalbedingung, daß ein Individuum aus eigenem Antrieb handelt. Der einzelne muß zumindest das Gefühl haben können, durch nichts Äußeres gezwungen zu sein.

Auf ein weiteres Formelement der Moral stößt Nietzsche im Nachdenken über das Selbstverhältnis, in dem sich ein Individuum im Zustand der moralischen Entscheidung befindet. Seit der Antike ist es üblich, das sittliche Handeln als eine Form der gelingenden Selbstbeherrschung anzusehen; Zwei Jahrtausende später spricht Kant dann von der „Autonomie", also von der Selbstgesetzgebung; im Anschluß an Fichte und Hegel ist es üblich, von moralischer „Selbstbestimmung" zu sprechen. Wie aber ist ein solches inneres Verhältnis möglich, in dem ein Mensch über sich selbst zu verfügen sucht? Wäre Nietzsches Antwort nicht selbst in die Form einer Frage gekleidet, so könnte sie die Moral für alle Zeiten diskreditieren. Moral, so vermutet er, sei nur durch eine „Selbstzertheilung des Menschen" möglich. Wird nicht in allen Fällen moralischen Handelns deutlich, daß „der Mensch *Etwas von sich,* einen Gedanken, ein Verlangen, ein Erzeugniss mehr liebt, als *etwas Anderes von sich* "? Kommt er nicht eben dadurch zu einem Entschluß, „dass er [. . .] sein Wesen *zertheilt* und dem einen Theil den anderen zum Opfer bringt?" Nietzsches Schlußfolgerung legt tatsächlich nahe, daß es sich so und nicht anders verhält: „In der Moral behandelt sich der Mensch nicht als individuum, sondern als dividuum" (MA 1, 57; 2, 76).

Die Moral scheint damit eben das zu zerstören, was sie doch von Sokrates bis Kant zu sichern vorgibt, nämlich die Eigenart des Individuums und die Einheit der Person. Deshalb ist Nietzsches Diktum von der „Selbstzertheilung des Menschen" als elementarer Einspruch verstanden worden, der die Moral bereits von ihren Bedingungen her für unmöglich erklärt. Und in der Tat: Der Hinweis auf das „dividuum" wäre vernichtend, wenn die Moral den Menschen wirklich als eine unteilbare Einheit unterstellte. Doch davon kann weder bei Sokrates noch bei Kant die Rede sein. Beide haben vielmehr deutlich gemacht, daß der einzelne ein moralisches Problem überhaupt erst erfährt, indem er in sich widerstreitende Motive spürt und sich gerade deshalb fragt, was er eigentlich tun soll. In der sittlichen Tat unterwirft sich der einzelne einem Gebot, das er selbst für das richtige hält. Er bestimmt sich selbst, indem er einem für besser gehaltenen Teil seiner Selbst alles andere unterwirft. Also ist hier die Teilbarkeit, die innere Aufspaltung des Individuums stets vorausgesetzt

– allerdings in der Erwartung, daß der zuvor im inneren Widerstreit mit sich liegende Mensch in der moralischen Handlung wieder zur Einheit mit sich gelangt und so aus dem „dividuum" wieder ein „individuum" hervorgeht.

Eben diese Möglichkeit schließt auch Nietzsche nicht aus; er räumt sie später sogar ausdrücklich ein, wenn er von der Leistung eines „commandirenden Gedankens" spricht: „Ein Mensch, der *will* –, befiehlt einem Etwas in sich, das gehorcht oder von dem er glaubt, dass es gehorcht." Und diese Beobachtung veranlaßt ihn dann zu der tiefen, weder von ihm selbst noch von anderen bis heute ausgeloteten Bemerkung, das „Wollen an sich" gehöre allein schon wegen dieser Eigentümlichkeit „unter den Gesichtskreis der Moral" (J 19; 5, 33 f.).

Nietzsche ist früh unterwegs zu dieser Einsicht. Er weiß schon zur Zeit seiner ersten Moralkritik, daß „Unterordnung [...] ein mächtiges Mittel, um über sich Herr zu werden", ist (MA 1, 139; 2, 133). Die moralischen Leitfiguren, die Asketen und die Heiligen, brauchen, um groß zu werden, einen Gegner, und sie finden ihn im „„inneren Feinde'" (MA 1, 141; 2, 134). Gegen diesen inneren Feind formen sie ihren „Eigenwillen" und schließlich ihre „Persönlichkeit". Sie finden daher nur als „dividuum" zu ihrer Individualität. In der „Bemeisterung des Affects", die selbst wieder lustvoll genossen wird, tritt eine Grundstruktur der Moral hervor, die „Selbstüberwindung" genannt wird und die keineswegs nur „Selbstleugnung" oder „Selbstquälerei", sondern eben immer auch „Selbstgenuss" bedeutet.

Auf dem Moment der Lust liegt ein besonderer Akzent. Weil in der Ethik das Problem der Begründung im Vordergrund steht, liegt das Mißverständnis nahe, die moralische Tat habe mit Gefühlen nichts zu tun. Dagegen bietet Nietzsche seinen ganzen Witz und Scharfsinn auf. Denn er entdeckt vornehmlich in der Leugnung der affektiven und emotionalen Anteile die Ursache für den heuchlerischen Charakter moralischer Ansprüche. Was dem Menschen Lust und Unlust bereitet, liegt ja nicht von Natur aus fest. In jedem Gelingen, in jeder Gewohnheit, in jeder Tätigkeit – auch wenn sie sich auf hochabstrakte Dinge bezieht – kann er Freude und Befriedigung finden. Und da sollten ausgerechnet die „guten Thaten" ausgeschlossen sein? Das Gegenteil dürfte der Fall sein. Ja, Nietzsche entdeckt sogar eine strukturelle Affinität zwischen Moralität und Gefühl: „Wie viel Vergnügen macht die Moralität! Man denke nur, was für ein Meer angenehmer Thränen schon bei Erzählungen edler grossmüthiger Handlungen geflossen ist! – Dieser Reiz des Lebens würde schwinden, wenn der Glaube an die völlige Unverantwortlichkeit überhand nähme" (MA 1, 91; 2, 89).

Nietzsche wird nicht müde, das ganze Spektrum der Gefühle in den moralischen Handlungen aufzuzeigen. Dabei beschränkt er sich nicht auf die rhapsodische Sammlung von Phänomenen; vielmehr geht er mit kaum verhohlener Beharrlichkeit historischen und psychologischen Zusammenhängen nach und bemüht sich in bester philosophischer Tradition um Erklärung und Begründung. Was er sucht, ist eine elementare Triebkraft, die *allem* Verhalten zugrunde liegt und die deshalb auch in den moralischen Handlungen zum Vorschein kommt. Seine Aufmerksamkeit richtet sich von Anfang an auf die zentrale Rolle der Eitelkeit. In ihr tritt die Selbstbezüglichkeit der moralischen Empfindung besonders deutlich hervor: Ein Individuum muß bereits in der affektiven Erfahrung zum „dividuum" werden, um sich überhaupt in einer bestimmten Weise empfinden zu können. Schon die Eitelkeit schließt eine emotionale „Zertheilung" ein, ist dann aber durch den Impuls zu einer Einheit charakterisiert, für die gleichermaßen eine innere Beruhigung wie auch die Sicherung eines äußeren Eindrucks kennzeichnend ist. So gesehen ist sie die „Haut der Seele" (MA 1, 82; 2, 86). Sie findet sich in schlichten Formen der Selbstgefälligkeit ebenso wie in subtilen Wünschen nach Anerkennung. Sogar in der intelligiblen Selbstachtung hinterläßt sie ihre Spuren. Überdies gibt sie wie wenige andere Regungen zu erkennen, wie stark sich die affektive Selbstbezüglichkeit gerade auch unter sozialen Bedingungen durchsetzt. Denn Eitelkeit rechnet zwar stets mit der Wahrnehmung durch andere, ist aber dennoch ganz auf das Subjekt zentriert (vgl. WS 60; 2, 579). Man kann leicht die Probe darauf machen, denn es ist unmöglich, sie glaubwürdig in Abrede zu stellen: „Wer die Eitelkeit bei sich leugnet, besitzt sie gewöhnlich in so brutaler Form, dass er instinctiv vor ihr das Auge schliesst, um sich nicht verachten zu müssen" (MA 2, 38; 2, 398).

Und wofür steht die Eitelkeit? Gibt es einen allen Lebewesen gemeinsamen Grundtrieb, als dessen Ausdruck wir sie verstehen können? Nietzsche gräbt tief nach einer solchen psychophysischen Elementarkraft und glaubt eine Zeitlang, sie im Selbsterhaltungstrieb gefunden zu haben: Das „Vernunft-Räderwerk" der „Selbst-Erhaltung" treibt das ganze Seelen- und Sozialleben an. Es bringt Affekte und Motive in Gang und bewegt auch noch den komplizierten Mechanismus ihrer Verstellung (WS 33; 2, 564 ff.). Aber Nietzsche entdeckt schon bald, daß der durch Darwin populär gewordene Begriff der Selbsterhaltung unzulänglich ist. Der Egoismus, von dem jeder Mensch – selbst noch in den Regungen von Mitleid und Liebe (M 136 u. 145; 3, 129 u. 137) – angetrieben wird, ist nur in Lagen extremen Elends auf die bloße Daseinssicherung reduziert. In der Regel zielt er auf eine *Steigerung* seiner Möglichkeiten. Seine Antriebsstruktur ist dynamisch verfaßt, d. h. sie ist auf eine Intensivierung der Empfindungen und eine Vergrößerung des Wirkungsradius angelegt. „Machterweiterung" ist der basale Impuls, der jedes Lebewesen antreibt. Es möchte seine Verfügung über sich und die umgebende Welt perfektionieren. Dabei werden die größeren Effekte dort erzielt, wo keine unmittelbare Gewaltanwendung nötig ist.

So ist es nur konsequent, wenn Nietzsche später den „Lebensgrundtrieb" nicht länger „Selbsterhaltung" nennt, sondern „Willen zur Macht" (FW 349; 3, 585 f.). Das Streben nach Macht kann sogar so überwältigend werden, daß die Selbsterhaltung darüber vergessen wird. Die Lust an der Expansion wird zu einer eigenständigen Größe. Das Selbst erfährt und genießt sich eigentlich nur noch im inneren und äußeren Wachstum seiner selbst. Schon der Vorgriff darauf steigert seine Lust. Den Kern des nach Entfaltung der besten Kräfte strebenden „Willens zur Macht" bildet also eine affektive Selbstbezüglichkeit, eine originäre Lust an sich selbst.

Bereits in ‚Menschliches, Allzumenschliches' gibt es einen prägnanten Ausdruck, der schlagartig kenntlich macht, was den frühen Grundbegriff der „Eitelkeit" mit der späten Konzeption des „Willens zur Macht" verbindet: Nietzsche spricht von „Selbstgenuss", einer Lust an der „eignen starken Erregung", die sich sowohl im Leiden wie auch in der aktiv vollzogenen Tat einstellt (MA 1, 103 u. 104; 2, 100 f.). Diese aus innerer Logik auf *mehr* ausgerichtete Lust an sich selbst ist das primum mobile des Lebens – zumindest des menschlichen Lebens, von dem aus wir auf alle anderen Lebensphänomene schließen.

Gesetzt, diese Hypothese trifft tatsächlich auf das menschliche Dasein zu, dann muß sich der auf Selbstgenuß eingestellte Grundtrieb auch dort aufweisen lassen, wo er am wenigsten vermutet wird, nämlich in der Moral. Deshalb ist es Nietzsche so wichtig, auch und gerade in den moralischen Einstellungen, in denen der Egoismus gänzlich überwunden scheint, den Menschen „in der ganzen Rücksichtslosigkeit seines eigentlichen Seins" zu entdecken. So demaskiert er sogar noch das Mitleid als eine Steigerung des Verlangens nach Macht, als „Durst nach Selbstgenuss" (MA 1, 50; 2, 71).

Dieses alles antreibende Begehren äußert sich freilich nicht überall gleich, denn es wirkt stets als eine „plastische Kraft", die immer neue Formen ausprägt. Deren moralischer Ausdruck gehört offenbar zu den komplexeren Formen des Lebens. Ob wir in ihnen etwas Sittliches erkennen, hängt wesentlich davon ab, wie das Selbst sich begreift, das Befriedigung in seinem Vorteil sucht. Also kommt es, wie Nietzsche sagt, darauf an, „was man als seinen Vortheil versteht". Das „unreife, unentwickelte, rohe Individuum wird ihn auch am rohesten verstehen"; hier werden wir also kaum von sittlichen Beweggründen sprechen. Sobald sich aber ein Selbst ausdrücklich als Individuum präsentiert, sobald sich ein Mensch als Person vorstellt, hat das Verlangen nach Selbstgenuß die entwickelte Form gefunden, die wir „sittlich" oder „moralisch" nennen. Und so kommt Nietzsche in der Umschreibung dieser ausdrücklich individuellen Formen des Selbstgenusses zu Aussagen, die auch von einem beredten Anwalt der Moralphilosophie stammen könnten: „Aus sich eine ganze *Person* machen und in Allem, was man thut, deren *höchstes Wohl* in's Auge fassen – das bringt weiter, als jene mitleidigen Regungen und Handlungen zu Gunsten Anderer" (MA 1, 95; 2, 92).

Die in solchen Beobachtungen freigelegten Strukturen des moralischen Bewußtseins böten für eine systematische Grundlegung wichtige Anhaltspunkte. Doch Nietzsche nimmt sie nicht auf. Obgleich er im Nachlaß systematische Interessen durchaus erkennen läßt, ist es ihm in den Publikationen stets wichtiger, die Moral zu *entlarven*. An immer neuen Beispielen deckt er auf, daß sie ursprünglich – also historisch, soziologisch und psychologisch betrachtet – gar nicht moralisch ist. So hebt er hervor, daß hinter der Scham eigentlich religiöse Rücksichten stehen (MA 1, 100; 2, 97). Im Grunde der Dankbarkeit entdeckt er vornehm abgeschattete Rachegelüste, im Mitleid „Schrotkörner der kleinen Bosheit" (MA 1, 50; 2, 71) und in der Hierarchie moralischer Werte nur den Niederschlag der gesellschaftlichen Rangordnung. Im Recht erkennt er einen Ausdruck von Machtverhältnissen, in den Urteilssprüchen von Richtern kommt nur noch eine Ungerechtigkeit mehr in die Welt, denn niemand ist für seine Taten wirklich verantwortlich (MA 1, 39; 2, 64). Alles in allem ist die Moral bloß eine „Notlüge", auf die der Mensch verfällt, weil er sich und andere über den triebhaft-räuberischen Grundzug seines Daseins täuschen will und täuschen muß: „Die Bestie in uns will belogen werden; Moral ist Nothlüge, damit wir von ihr nicht zerrissen werden" (MA 1, 40; 2, 64).

Die Menschwerdung verweist ebenso wie der Bildungsprozeß vom „rohen Individuum" zur selbstbewußten „Person" auf die Geschichte. Mit der Beharrlichkeit eines Systematikers kommt Nietzsche immer wieder auf die „Phasen", „Perioden" und „Stufen" der Moral zu sprechen, die im bisherigen Gang der Menschheit durchlaufen wurden. Dabei glaubt er drei „Hauptphasen" zu erkennen, die erstmals in der „Fabel von der intelligiblen Freiheit" (MA 1, 39; 2, 62 ff.) vorgestellt und im Aphorismus 94 von ‚Menschliches, Allzumenschliches‘ auf ein knappes Schema gebracht werden: Auf der ersten Stufe urteilt der Mensch nicht mehr nach seinem augenblicklichen Wohlbefinden, sondern nach dem, was er in größerem Rahmen für nützlich und zweckmäßig hält. Auf der zweiten Stufe läßt er sich vom Prinzip der Ehre leiten: „Er achtet und will geachtet werden." Auf der dritten Stufe schließlich integriert der Mensch Nützlichkeit und Ehre zu einem ganz auf seine eigene Person gestellten Anspruch. Das Individuum macht sich als selbstbewußte Person zum Repräsentanten seiner Lebensgemeinschaft und wird so zum „Collectiv-Individuum" (MA 1, 94; 2, 91).

Damit ist kein kollektives Subjekt nach Art der Familie oder des Standes gemeint, sondern der höchste Typus einer Persönlichkeit, die alle erkennbaren Bezüge des Handelns aus eigener Verantwortung beurteilt. Später, in der ‚Genealogie der Moral', nennt Nietzsche diesen Typus das „souveraine", das „autonome übersittliche Individuum". Der „souveraine Mensch" bildet den vorläufigen Schlußpunkt der Geschichte der moralischen Empfindungen; alle Phasen und Stufen der Moral laufen auf diese höchste Stufe der „Selbsterkenntniss" und „Selbstbeherrschung" zu; hier dürfen wir die äußerste Feinheit und Gegenwart des Machtgefühls vermuten (M 23 u. 26; 3, 34 u. 37).

Daß Nietzsche nicht nur in seinen geschichtlichen Exkursen von der „Fabel" der Freiheit oder vom „Irrthum" der Verantwortlichkeit spricht (MA 1, 39; 2, 63), braucht nach den Ausführungen über den Wert der Wahrheit nicht mehr zu irritieren. Freiheit „gibt" es ebensowenig, wie es Wahrheit „gibt". Eine bewiesene Freiheit wäre keine Freiheit mehr, schon gar nicht, wenn man sie nach Art einer Tatsache verstünde. Also bleibt von ihr ohnehin nur eine Idee. Um aber gar nicht erst den Verdacht aufkommen zu lassen, für diese Idee gäbe es irgendeine Entsprechung in dieser oder einer anderen Welt, bevorzugt Nietzsche die Rede von der „Illusion". Da er genau weiß, daß diese Illusion unvermeidlich ist, weil sie notwendig zum Handeln gehört (sie ist die „Nothlüge" des handelnden Individuums), macht seine Redeweise praktisch keinen Unterschied zum Sprachgebrauch der Vorgänger: „Idee", „Schein", „Illusion" sind unter seiner metaphysikkritischen Perspektive eins. Allerdings hebt Nietzsches Wortwahl mit provokanter Schärfe hervor, daß es sich eben um nicht mehr als um ein *bloßes Bewußtsein* der Freiheit handelt. Das Motiv, das ihn zu dieser Klarstellung drängt, entstammt demselben metaphysischen Grund wie seine radikale Wahrheitskritik: „denn es giebt keine absolute Moral" (M 139; 3, 131). Das ist eine seiner wesentlichen Lehren aus der „Geschichte der moralischen Empfindungen".

Das historische Entwicklungsschema führt nahe an eine Antwort auf die Frage nach dem *Sinn* der Moral heran, denn ihre Leistung wird bei der Herausbildung des Menschen sichtbar: Im Gang der mit unerhörten Opfern und Einschränkungen verbundenen Disziplinierung und Kultivierung der menschlichen Gattung erlaubt das moralische Bewußtsein nicht mehr, aber auch nicht weniger als die *Sicherung der Individualität*. Die gesellschaftlichen Zwänge werden verinnerlicht und als selbstbestimmte „freie" Handlungen weitergegeben. Die Sittlichkeit erzwingt eine Selbsttäuschung des einzelnen, die ihm erlaubt, sich aus eigenem Antrieb für Worte und Taten verantwortlich zu fühlen. Strenggenommen ist er für gar nichts verantwortlich, denn alles hat weit vor seiner Zeit liegende Ursachen, und die Folgen eines jeden Ereignisses sind allemal unabsehbar. Deshalb ist es schon ein Irrtum zu glauben, der Mensch könne – in welcher Angelegenheit auch immer – von sich aus einen Anfang machen. Und dennoch wäre er ohne diesen Glauben niemals das geworden, als was er sich am Ende eines langen kulturellen Bildungsprozesses begreift: „Ohne die Irrthümer, welche in den Annahmen der Moral liegen, wäre der Mensch Thier geblieben" (MA 1, 40; 2, 64). Die Illusion der Freiheit hat ihn allererst zum Menschen und schließlich zum selbstbewußten Individuum, zur selbstverantwortlichen Person gemacht. Darin liegt die historische Leistung der Moral.

Damit verweist sie aber noch keineswegs auf einen allgemeinen Sinn. In der geschichtlichen Heraufkunft der Person kommt kein absoluter Wert zur Geltung, und der Mensch löst sich damit nicht endgültig vom Tier. Auch dies soll die Rede von der „Fabel" der Freiheit und vom „Irrthum" der Verantwortlichkeit bewußt machen. Eben deshalb betont Nietzsche so unablässig die Bindung der Moral an Trieb und Gefühl. Die Ideale mögen noch so asketisch sein – sie sind niemals „rein"; die Verneinung des Lebens mag noch so rigoros verkündet oder vollstreckt werden – gerade in ihr wirken ungebändigte Lebenskräfte. Somit steht auch die Moral unter dem Diktat von Werden und Vergehen. Sie selbst ist ebensowenig absolut wie ihre Ziele. Folglich kann sie auch keinem Gebot unbedingte Geltung verleihen. Ihr Sinn ist daher nur relativ zu anderen Zwecken. Wer seinen Sinn in ihr zu finden glaubt, der hat ihn schon aus einer anderen Quelle.

Und dennoch kommt man im Nachdenken über die Moral einer Antwort auf die Sinnfrage theoretisch wie praktisch am nächsten. Hier nämlich wird die *Instanz* ermittelt, die diese Frage als einzige stellen *und* beantworten kann. Es ist das seiner selbst bewußte Individuum, das Werte braucht und nach Sinn verlangt, um überhaupt nach eigenen Vorstellungen leben zu können. Es ist der unter sozialem Druck vereinzelte Mensch, der sich im Spannungsbogen gegensätzlicher Empfindungen als „dividuum" erfährt und einen dominierenden Sinn benötigt, um handelnd zur „Person" und damit nach menschlichem Maßstab überhaupt erst zu einem Individuum zu werden.

Soweit die theoretische Leistung der historischen und psychologischen Moralkritik, die keinen gegebenen Bestand an Werten mehr gelten läßt. Darin aber deutet sich zugleich eine praktische Antwort an, die Nietzsche geben kann, nachdem er in den achtziger Jahren zu seinem Selbstverständnis als „freier Geist" gefunden hat: Wenn die tradierten Werte der Kritik nicht länger standhalten und somit keinen orientierenden Sinn mehr gewähren, dann bleibt einzig das seiner Kritik – und damit seiner „Redlichkeit" und „Wahrhaftigkeit" - vertrauende Individuum übrig – und dies eben nicht mehr bloß als Träger, sondern auch als Urheber seines Sinns. Dieser Sinn kann durch nichts und durch niemand bewiesen werden. Er ist im Vertrauen auf die eigenen Kräfte von jedem selbst zu finden. Wem dies gelingt, der steht, nach Nietzsches Verständnis, jenseits von Gut und Böse, denn er könnte sagen: „ich beuge mich nur dem Gesetze, welches ich selber gegeben habe, im Kleinen und Grossen" (M 187; 3, 160).

IV. Experimentalphilosophische Visionen

1. Perspektivismus

Kein Denker von Rang begnügt sich mit Fragen. Jeder will Antworten, und er löst sie nicht selten schon mit seinen Fragen aus. So sind auch in den bisher entwickelten Problemen mehr als nur Fragen gestellt. Nietzsche exponiert sich mit starken Thesen über die Funktion der Wahrheit, die Leistung der Moral, die Rolle der Kultur oder die Bedeutung der Kunst für das Leben. In seinem geschichtsseligen Jahrhundert hat niemand tiefere Ansichten von der Geschichte vorgetragen als er. Gleichwohl kann und will Nietzsche in seinen Einsichten nichts Endgültiges festlegen. Sein Denken ist Teil des Werdens und Vergehens und hat nur darin seine vergängliche Wahrheit. Deshalb versteht er schon in der ‚Morgenröthe' sein Denken als Experiment, als Teil des Großversuches, den die Menschheit von Anfang an darstellt und den sie bewußt voranzutreiben hat. In dieser Absicht bekommt sein fragmentarisches Denken ausdrücklich hypothetischen Charakter.

In den achtziger Jahren verstärkt sich allerdings sein Bemühen, nicht nur Fragen zu stellen und Probleme aufzuzeigen, sondern mit entschiedenen Antworten zu provozieren. Deshalb ist es angemessen, sein Denken in diesen letzten acht Jahren als Bemühen zu werten, auf die von Anfang an gestellten Fragen experimentelle Antworten zu geben. Auf diese Weise bleiben die oft in Perioden gegliederten Werkphasen Nietzsches erkennbar. Aber der Akzent liegt bei dieser Betrachtungsweise auf der sachlichen Einheit seines philosophischen Werks, in dem eine durchaus konsequente Entwicklung zu erkennen ist. Denn in den späten Jahren vollzieht sich keineswegs nur eine Radikalisierung, sondern auch eine Ergänzung und Vollendung des frühen Denkens. In den großen Themen der Umwertung, des Übermenschen, des Immoralismus, des Willens zur Macht und der ewigen Wiederkehr des Gleichen kommt eine gedankliche Reifung zu einem wenn auch tragischen Abschluß. In der Formel von der „Experimental-Philosophie" ist darüber hinaus ein umfassendes Verständnis der Philosophie umrissen, das ihr einen Platz im Zusammenhang der modernen Wissenschaft zuweist. Die in den Naturwissenschaften so erfolgreiche Methode des Experimentierens, die schon längst zur Metapher für den geschichtlichen Gang des Menschen im großen wie auch im einzelnen geworden ist, wird ausdrücklich auf die sogenannte Geisteswissenschaft übertragen. Gerade in jenen Jahren entwickeln die hermeneutische Philosophie und der Neukantianismus ihre Konzeptionen von einer prinzipiellen methodologischen Differenz zwischen Geistes- und Kulturwissenschaften auf der einen und den Naturwissenschaften auf der anderen Seite. Noch bevor diese Trennung die akademische Öffentlichkeit beschäftigt, hat Nietzsche ihr durch seine „Experimental-Philosophie" eine Absage erteilt.

Nietzsche lesen, so hat es Montinari im Anschluß an den aufmerksamen Nietzsche-Leser Thomas Mann ausgeführt, sei eine „Kunst", die auch bedeute, daß man sich nicht verengen läßt „durch isolierte Formeln, durch Radikalismen, durch das Wörtlichnehmen seiner Aussagen, und der es dennoch gelingt, nicht ins Unverbindliche abzugleiten."[14] Man hat also sehr genau und doch wieder großzügig zu sein; man soll bestimmt sein, ohne sich festzulegen – wahrhaftig eine Kunst, die mit wissenschaftlichen Mitteln allein nicht zu bewältigen ist: „Freilich thut, um dergestalt das Lesen als *Kunst* zu üben, Eins vor Allem noth, was heutzutage gerade am Besten verlernt worden ist – und darum hat es noch Zeit bis zur ‚Lesbarkeit' meiner Schriften –, zu dem man beinahe Kuh und jedenfalls *nicht* ‚moderner Mensch' sein muss: *das Wiederkäuen* . . ." (GM, Vorr. 8; 5, 256)

Einer Kunst kann man bekanntlich keine verbindlichen Ziele setzen. Deshalb wird die Nietzsche-Interpretation stets in besonderem Maße von den Individuen abhängig sein, die sie betreiben. Gleichwohl braucht Kunst nicht ohne Regeln zu sein; sie kann zumindest auf Maximen basieren, die sich zwar jeder selbst setzt, die aber mitgeteilt und geprüft werden können. Vor allen

Dingen sollten sie natürlich auf den Autor zugeschnitten sein, den es zu interpretieren gilt.

Bei Nietzsche gibt es verschiedene Maßgaben, an denen man sich orientieren kann. Da ist die von ihm oft betonte intellektuelle *Redlichkeit,* das Motiv der *Wahrheitssuche* ohne Rücksicht auf die eigene Person, die Freude an der *begrifflichen Konsequenz,* auch wenn dabei das „Ich" in Widersprüche gerät, oder die *experimentelle Neugierde,* die Lust nicht nur am „*Versuch",* sondern auch an der „*Versuchung".* Methodologischen Rang hat die Priorität, die er dem *Individuellen* einräumt, sein Anspruch auf *ästhetische Einheit,* die für ihn zugleich die Einheit des lebendigen Daseins darstellt, oder das *Entlarven* und *Sezieren,* bei dem er die übliche Sicht und den schönen Schein nicht achtet und sich nicht selten auch ins eigene Fleisch schneidet. Propagiert hat er das *genealogische Prinzip,* bei dem nicht Ursachen, sondern Herkunft und Verwandtschaft den Ausschlag geben. Typisch ist sein *Extremismus,* in dem er gerade über das Vertraute urteilt wie über etwas gänzlich Fremdes – und umgekehrt! Und bei allem Ernst, selbst bei der gelegentlich störenden Neigung zu pathetischer Übertreibung, herrscht in allem eine *spielerische Attitüde* vor. So spricht er beispielsweise vom „Tropfen *Leben* in der Welt", der für den Charakter des „ungeheuren Ozeans von Werden und Vergehen ohne Bedeutung ist", nennt die Natur einen „lebenden Ausschlag" und denkt voraus zur „Leichenfeier des letzten Menschen", nach der die Erde wie ein „leuchtende(r) und schwebende(r) Grabhügel der Menschheit" erscheint. Alle diese Bemerkungen, für die es schon Vorbilder bei Voltaire, Laurence Sterne oder Kant gibt, stehen unter dem Titel: „Der Mensch, der Komödiant der Welt" (WS 14; 2, 548 f.). Er setzt sich auch bewußt in Gegensatz zur ernsten philosophischen Betrachtung der Menschenwelt. Aber, so fragt er, „sollte nicht erst der *Gegensatz* die rechte Verkleidung sein"? Es steht außer Zweifel, daß Nietzsche den Gegensatz methodisch nutzt (Vgl. J 40; 5, 57 f.). Der Gegensatz macht ihm die Wahrheit nicht nur erträglich, sondern läßt sie ihn überhaupt erst sagen. Denn: „Alles, was tief ist, liebt die Maske; die allertiefsten Dinge haben sogar einen Hass auf Bild und Gleichniss" (ebd.). Also *versteckt er die Wahrheit,* die er findet, *spielt mit den Widersprüchen,* die er sucht. Die „Gegensätze seiner Philosophie" sind Ausdruck seiner „Philosophie der Gegensätze". – Dies ist, nebenbei bemerkt, die These einer der bedeutendsten und einflußreichsten Nietzsche-Monographien der siebziger Jahre.[15]

Aus Nietzsches Spiel mit den Widersprüchen, d. h. aus den gewaltigen methodischen Variationen kann die Nietzsche-Interpretation ihre Maximen gewinnen. Sie kann aus dem Experiment mit den verschiedenen Verfahren lernen, muß es sogar, wenn sie nicht selbst zu einem Spiel mit den Masken werden will. Es gibt zwar nicht wenige Interpreten, die sich auf dem Weg der Nachahmung Nietzsche anzunähern suchen, doch es kommt in der Regel nur ein seichtes Epigonentum heraus.

Die wichtigste Regel, die wir aus dem Methodenpluralismus des aphoristischen Denkens gewinnen können, dürfte in dem liegen, was Nietzsche den „Perspektivismus" des Daseins genannt hat: Das „Perspektivische" ist für ihn die „Grundbedingung alles Lebens" (J, Vorr.; 5, 12). Jedes Wesen erfaßt von der Realität immer nur seinen spezifischen Ausschnitt, und dieser Ausschnitt ist ihm das Ganze. Insofern ist der Perspektivismus „nur eine complexe Form der Spezifität", also die Form der Besonderheit, die jedes Wesen unvermeidlich hat (N 1888, 14/186; 13, 373). Perspektiven wird man nicht los, und es gibt auch keine absolute Gesamtperspektive, die alle anderen umfaßt und die für sich keine Einschränkung mehr darstellt. Selbst Begriffe wie „Welt" oder „Wirklichkeit" sind nur Ausdruck einer perspektivischen Einstellung, in der ein erkennendes Wesen alles zusammenfaßt, was es von seiner Position aus begreifen kann. Folglich ist alles Erkennen an Perspektiven gebunden; der Mensch kommt über den zu seiner leiblichen Organisation gehörenden intellektuellen Horizont nicht hinaus: „Wir können nicht um unsre Ecke sehn: es ist eine hoffnungslose Neugierde, wissen zu wollen, was es noch für andre Arten Intellekt und Perspektive geben *könnte* " (FW 374; 3, 626).[16]

Nietzsche ist sich bewußt, daß er auf diese Weise eine Verfassung menschlicher Erkenntnis zum Ausdruck bringt, die dem sehr nahe kommt, was Kant als „transzendentale Bedingungen" zu fassen suchte: Wir begreifen die Wirklichkeit nicht so, wie sie

„an sich" ist, sondern stets nur so, wie sie uns „erscheint". Die „wahre Welt" ist für Nietzsche eine „Fabel" (GD 4; 6, 80 f.). Und er benennt – wie Kant – Raum, Zeit und Kausalität als Kennzeichen der Perspektivität menschlichen Erkennens (FW 373). Detaillierte Auskünfte erhalten wir leider nicht. Nietzsche betont lediglich, daß aller „Sinn", alle „Bedeutung" immer nur in Perspektiven entsteht – Bewußtsein ist damit selbst eine „perspektivische Sphäre" (N 1885/86, 1/124; 12, 40) –, und er wird nicht müde, den daraus folgenden Verlust aller absoluten Erkenntnisansprüche vor Augen zu führen: Es gibt keine „Wahrheit", kein „Sein" und keine „Wirklichkeit"; es gibt überhaupt nichts, das wir unabhängig von unseren eigenen Daseinsbedingungen zu erkennen vermöchten; folglich verliert auch die Rede von Gott ihren Sinn. Nietzsches berühmt-berüchtigte These „Gott ist todt!" hat ihren Grund ebenfalls in der (seit Kopernikus und Kant allmählich wachsenden, schon von den Sophisten und von Platon formulierten) Einsicht in die Endlichkeit des menschlichen Erkennens.

Auch bei diesem vielzitierten, ja geradezu populären Satz – „Gott ist todt!" – ist das Textumfeld zu beachten: Nietzsche spricht ihn nicht selbst, sondern legt ihn einem „tollen Menschen", einem „Narren" in den Mund, der als Gottsucher auftritt und von der umstehenden Menge verlacht wird. Dieser Narr glaubt, daß der Mensch mit seiner Erkenntnis, wie sie seit Kopernikus die Naturwissenschaften beherrscht und spätestens seit Kant auch von der Philosophie betrieben wird, Gott Schritt für Schritt getötet habe. „Gott ist todt!" soll also auch einen historischen Vorgang zum Ausdruck bringen (FW 125; 3, 480). Es ist dies allerdings ein Vorgang, in dem Nietzsche seinen geschichtlichen Ort bestimmt und aus dem er für sich selbst eine Aufgabe gewinnt: „Das grösste neuere Ereigniss, – dass ‚Gott todt ist', dass der Glaube an den christlichen Gott unglaubwürdig geworden ist – beginnt bereits seine ersten Schatten über Europa zu werfen" (FW 343; 3, 573). Es ist der Schatten des „Nihilismus", als dessen Verkünder und, wenn möglich, Überwinder sich Nietzsche empfiehlt.

Angesichts der großen skeptischen und kritischen Tradition,

die es – mit Vorläufern in der Antike und im spätmittelalterlichen Nominalismus – seit dem 18. Jahrhundert gibt, erscheint Nietzsches Perspektivismus nicht ganz so revolutionär, wie er und viele seiner Anhänger vermuten. Daß er eine Wende im philosophischen Denken auslöst und die Metaphysik endgültig überwunden habe, wird zwar bis heute immer noch behauptet, ist aber wohl eher Ausdruck eines Wunsches als einer Tatsache. Gleichwohl hat Nietzsches Kritik am Anspruch auf absolute Wahrheit historischen Rang, nicht zuletzt, weil er bewußt gemacht hat, auf welche Sicherheiten der Mensch verzichten muß, wenn er mit der Einsicht in die Endlichkeit seines Erkennens und Handelns Ernst macht: „Wer gab uns den Schwamm, um den ganzen Horizont wegzuwischen? Was thaten wir, als wir diese Erde von ihrer Sonne losketteten? Wohin bewegt sie sich nun? Wohin bewegen wir uns? Fort von allen Sonnen? Stürzen wir nicht fortwährend? Und rückwärts, seitwärts, vorwärts, nach allen Seiten? Giebt es noch ein Oben und ein Unten? Irren wir nicht wie durch ein unendliches Nichts?" (FW 125; 3, 481)

Das sind einige der Fragen, die sich aus der radikal verstandenen Endlichkeit des Menschen ergeben. Und hinter allen diesen Fragen steht letztlich nur die eine: nämlich die, wie sich unter solchen endlichen – damit zugleich auch ganz und gar relativen – Bedingungen überhaupt menschlich leben läßt. Was heißt jetzt noch „groß", was „klein"? Was „gut" und was „böse"? Wozu noch Moral? Wofür lohnt es sich zu leben? Gibt es Ziele, die uns etwas bedeuten? Gibt es überhaupt einen Zweck, ein Ziel oder einen Sinn des Lebens? – Was immer der Mensch auf diese Fragen *praktisch* antwortet, hat experimentellen Charakter. Folglich kann auch eine *theoretische* Antwort nur einen Versuch darstellen – sie ist stets nur „Experimental-Philosophie".

2. Unschuld des Werdens

Zu den Voraussetzungen und Elementen der Experimental-Philosophie zählen nicht nur Einsichten, sondern auch Stimmungen und Leidenschaften. Nietzsche gibt ihnen durch den Titel ‚Fröhliche Wissenschaft' einen heiteren Ausdruck. Wenn das Leben „ein Experiment des Erkennenden", ja sogar ein „Mittel der Erkenntniss" sein soll, dann könne man „nicht nur tapfer, sondern sogar *fröhlich leben und fröhlich lachen*" (FW 324; 3, 553). Mut und Tapferkeit gehören selbstverständlich dazu, wenn man ohne transzendente Zuversicht und ohne historische Erfolgsgarantie auf ein ungewisses Neues zugeht. Folglich wird man ohne innere und äußere Kämpfe, ohne „manches verborgene *Heroenthum*" wohl nichts erreichen (FW 333; 3, 559). Man wird nicht umhin können, sich und andere ernst zu nehmen, und hat allemal mit Gefahren zu rechnen, die Nietzsche gern in wildromantischen Bildern ausmalt: *„gefährlich leben*! Baut eure Städte an den Vesuv! Schickt eure Schiffe in unerforschte Meere! Lebt im Kriege mit Euresgleichen und mit euch selber! Seid Räuber und Eroberer, solange ihr nicht Herrscher und Besitzer sein könnt, ihr Erkennenden!" (FW 283; 3, 526 f.)

Die Menschen, auf die es angesichts solcher Forderungen „einzig" ankommt, sind „die Heroischen" (FW 292; 3, 533). Vielleicht genügt die Erinnerung an die mythische Erzählung von Herakles am Scheidewege, in der sich der Halbgott gegen die (äußeren) Reize der Schönheit und für die (inneren) Werte der Tugend entscheidet, um zu erkennen, daß schon bei den Griechen ein Heros nicht allein durch äußere Kraft, sondern vor allem durch innere Stärke ausgezeichnet ist. Die in der wissenschaftlich-technischen Kultur erreichte Leistungsfähigkeit der Werkzeuge und Maschinen erlaubt es, bei den geforderten Heroen gar nicht mehr auf die physische Kraft zu achten und alles auf die Seelenstärke zu setzen. Dabei werden ein größtmöglicher Reichtum an Empfindungen, höchste Lebendigkeit und Leichtigkeit des Denkens sowie die Lust an der Wirksamkeit ohnehin unterstellt – Bedingungen, die schon von sich aus die Vielfalt der Individuen hervortreiben.

Aber diese innere und äußere Differenzierung des Menschen genügt Nietzsche nicht, wenn er an die experimentellen Herausforderungen der Zukunft denkt. Unablässig und in immer neuen Wendungen umschreibt er die Eigenschaften jener überlegenen Naturen, die stark genug sind, sich vom Zwang der

Überlieferung zu lösen. Sie müssen „mit Freude" empfinden, aber auch ihr „eigenes Ideal" ausbilden (FW 143; 3, 490) und in seinem Sinn wirklich „widersprechen können"; sie müssen „lieben lernen" (FW 334; 3, 560) und „Menschlichkeit" gleichsam als ein „göttliches Gefühl" ausprägen (FW 337; 3, 565), sie haben sich von „langen Gewohnheiten" freizumachen und sollen es als eine Lust empfinden, sich in „kurzen Gewohnheiten" einzurichten (FW 295; 3, 535). Was uns als ein „Ethos" erscheint, ist in der Regel nur das „Pathos" einer begrenzten Lebensperiode (FW 317; 3, 549). Also hat man sich der „schmerzhaft-muthigen" Leidenschaft hinzugeben, wenn man etwas schaffen und aus sich selbst etwas machen will. Allerdings gibt es vielfältige Absichten und Ziele, somit auch die ihnen entsprechenden Tugenden. Doch auch die haben ihre Zeit. Und das gilt nicht bloß mit Blick auf die Ewigkeit: Bei aller Bestimmtheit in der „Schöpfung neuer eigener Gütertafeln", im Anspruch auf Selbsterkenntnis, Selbstgesetzgebung und Selbstschaffung (FW 335; 3, 563) haben sich jene überlegenen Menschen zugleich auch die Fähigkeit zu bewahren, sich selbst verlieren zu können (FW 305; 3, 543).

Wer nicht weiß, wie sehr jede Formgebung des Lebens unverfügbare äußere wie innere Gegebenheiten voraussetzt, der wird zwischen Selbstverlust und Selbstbestimmung einen eklatanten Widerspruch vermuten. Fast alle neueren Interpreten ziehen diesen Schluß. Ganz anders Nietzsche. Für ihn gewinnt der Mensch seine Eigentümlichkeiten nur, indem er sich den ihn tragenden und treibenden Kräften überläßt. Allein aus deren Dynamik – und aus nichts sonst – bezieht das Individuum die Energie zur Gestaltung des eigenen Lebens. So sehr es auch seine Eigenständigkeit betont und auf seinen eigenen Willen setzt, so sagt es sich damit doch keineswegs vom Leben los. Denn selbst noch die extremsten Äußerungen der menschlichen „Selbstherrlichkeit" (FW 347; 3, 582) verdanken sich dem immer schon wirksamen Impuls des Lebens zum Leben.

Es bedarf allerdings nicht nur der grundlegenden organischen Prozesse sowie der zugehörigen Stoffe und Reize, sondern auch des bewußten Erlebens, damit es überhaupt zu spezifisch menschlichen Verhaltensweisen kommt. Folglich gehören die Gefühle, Wahrnehmungen und Erinnerungen gleichfalls hinzu, und zwar als vorausliegende Bedingungen jeder als sinnvoll erfahrenen Tätigkeit. Über diese Bedingungen verfügen wir selbst dann nicht, wenn wir über uns selbst oder über irgend etwas anderes verfügen. Noch im Vollzug der Selbstbestimmung wird deren äußere und innere Grenze bewußt, und zwar nicht nur an der faktischen Begrenztheit der Gegenstände und Mittel, sondern gerade auch in ihrem eigenen Impuls, d. h. in der „Lust und Kraft der Selbstbestimmung" (ebd.). Allein unsere Angewiesenheit auf die Lust läßt die Einbindung in Zusammenhänge erkennen, denen der Mensch unter allen Umständen zugehört, insbesondere dann, wenn er in der gelingenden Tätigkeit sich selbst den Stempel der Individualität aufzuprägen versucht.

In allem Streben nach Selbständigkeit bleibt somit eine tiefe Ambivalenz. Nietzsche spürt ihr nach, wo immer er kann. Er verfolgt die Abhängigkeit des Menschen von den abstraktesten Begriffen und sublimsten Kunstwerken über die intimen Regungen der Geschlechtlichkeit, die Familienähnlichkeit, die Wirkungen von Nahrung, Landschaft oder Klima bis hin zu den kosmischen Abläufen, die uns so beiläufig vernichten werden, wie sie uns hervorgebracht haben. In allen menschlichen Lebensäußerungen entdeckt er die ungeheure Macht und Last der Vergangenheit, den unabänderlichen Bannspruch des „Es war", dem sich Gegenwart und Zukunft nur durch Vergessen entziehen können. Und dennoch zieht er daraus nicht die Konsequenz, dem Menschen die Selbstverantwortlichkeit abzusprechen. Im Gegenteil: Das Individuum hat auf seine „edelste Selbstsucht" zu setzen und auf seine „Kraft zur höchsten Obhut über sich selber" zu vertrauen (FW 21; 3, 392); es hat seinem Charakter „Stil" zu geben und alles daran zu setzen, daß es seine „Zufriedenheit mit sich", mit seinem anspruchsvollen Ich, auch tatsächlich erreicht (FW 290; 3, 530). Wo dem Menschen dies gelingt, hat er zum eigenen Leben ein Verhältnis wie der Künstler zu seinem Werk. Dabei stellt Nietzsche die Kunst der Lebensführung sogar noch über die klassischen Disziplinen künstlerischer Produktion: „Denn bei ihnen [gemeint sind die Künstler, V. G.] hört gewöhnlich diese ihre feine Kraft auf, wo die Kunst aufhört und das Leben beginnt; *wir* aber wollen die Dichter unseres Lebens sein, und im Kleinsten und Alltäglichsten zuerst" (FW 299; 3, 538).

In diesem ästhetischen Anspruch wird sinnfällig, was Nietzsche an den überlieferten Moralsystemen vor allem fehlt: Es ist der Bezug auf das Individuelle, damit zugleich auf das Sinnlich-Konkrete, auf den Leib und seine Befindlichkeit. Alles das ist in den Empfindungen und Stimmungen gegenwärtig, und deshalb legt Nietzsche auf ihre Wahrnehmung und Anerkennung so großen Wert. In der vielstimmigen Resonanz seiner inneren Zustände erlebt der Mensch seine Besonderheit, seine jeweilige Bindung an Vorgänge und Situationen. Aber er bleibt in ihnen doch immer auch dem Lebensprozeß verbunden. Leidenschaften und Gefühle charakterisieren ihn noch stärker als Gestalt und Ausdruck des Leibes; sie lösen sich ebensowenig wie diese vom Triebgeschehen des Organismus. Sie zeigen die Eigenart und ermöglichen die Eigenständigkeit des Individuums, doch niemals in einem absoluten Sinn. Absolute Ansprüche kommen nur in Verbindung mit Begriffen auf.

Deshalb liegt Nietzsche so viel daran, die Bindung begrifflicher Erwartungen an elementare Motive aufzudecken. Sie werden dadurch nicht bedeutungslos, verlieren aber jeden Anschein von Transzendenz. Erkennen oder Wissen, einschließlich aller ihrer Leistungen, ebenso Freiheit, Wille, Verantwortung oder Schuld haben nur noch eine *relative Gültigkeit.* Es gibt sie nicht „an sich", sondern sie sind Ausdruck und Mittel des Lebens.

Diese allgemeine Einsicht bringt Nietzsche auf höchst individuelle Weise zur Sprache, wenn er das Programm einer Sinnlichkeit und Verstand bereits im Titel verknüpfenden ‚Fröhlichen Wissenschaft' aus einem leibhaftigen Erleben hervorgehen läßt: „,Fröhliche Wissenschaft': das bedeutet die Saturnalien eines Geistes, der einem furchtbaren langen Drucke geduldig widerstanden hat – geduldig, streng, kalt, ohne sich zu unterwerfen, aber ohne Hoffnung –, und der jetzt mit Einem Male von der Hoffnung angefallen wird, von der Hoffnung auf Gesundheit, von der *Trunkenheit* der Genesung" (FW Vorr. 1; 3, 345).

Genesung ist einer jener leiblichen Vorgänge, um die man sich zwar therapeutisch bemühen kann, die sich schließlich aber ohne unser Zutun einstellen. Trotz aller eigenen Anstrengungen und selbst bei voller Kenntnis der physiologischen Prozesse erfahren wir in der Genesung etwas Unverfügbares, etwas, das uns – und alles, was wir machen – trägt. Selbst die mit der Genesung zurückkehrende Lebenslust wirkt in uns wie ein toxisches Mittel. Von „Selbstbestimmung" oder „Selbstgesetzgebung" kann hier keine Rede sein; *„Trunkenheit* der Genesung" ist genau das richtige Wort.

Entsprechendes gilt auch für die Fröhlichkeit, die hier mit der Wissenschaft verknüpft ist. Wir können nicht auf Befehl fröhlich sein und auch nicht einfach auf eigenen Wunsch. Wir sind vielmehr auf Umstände und Zustände angewiesen, die wir zwar nach Kräften suchen und sichern können, über die wir aber nicht willentlich verfügen. Das Gleiche gilt beispielsweise für die Liebe, die Nietzsche unablässig rühmt, und für etwas, von dem beinahe noch häufiger die Rede ist: von Lachen und Weinen.

Es klingt so beiläufig und erscheint vor dem ernsten Anspruch philosophischer Theorie so nebensächlich, wenn Nietzsche in der ‚Fröhlichen Wissenschaft' immer wieder den Wert des Lachens betont (vgl. FW 1; 3, 370). Man möchte es für eine aus dem Mangel an Ausgeglichenheit stammende Marotte halten, wenn er Zarathustra als einen lachenden Philosophen vorführt, der sein Gelächter sogar noch heilig spricht (Z 4, Vom höheren Menschen, 18; 4, 366), wenn ihm weder Schönheit noch Erkenntnis etwas gilt, solange sie sich nicht mit dem Lachen verbinden, und es erscheint allemal als eine maßlose Übertreibung, wenn die „grösste Sünde" im Worte dessen liegen soll, der sprach: „Wehe Denen, die hier lachen!" (ebd., 16; 4, 365).

Und doch liegt gerade in der Betonung jener vielfältigen Stimmungen und Ausdrucksbewegungen, die wir als Lachen bezeichnen, eine der originellsten anthropologischen Einsichten Nietzsches.[17] Im Lachen und im Weinen stößt der Mensch aus innerstem Impuls an die Grenze seiner Souveränität. Es platzt etwas aus ihm heraus. Die durchschnittliche Selbstbeherrschung, die der soziale Zwang im abverlangt – ein Zwang, unter dem er bei aller Ungeselligkeit gleichwohl leben muß –, geht augen-

blicklich verloren. Aber gerade im Umgang mit diesem Selbstverlust, in dem seine Natur sich expressiv Bahn bricht, zeigt sich
seine Menschlichkeit, die eben nicht darin besteht, daß der
Mensch alles – und sich in allem – beherrscht. Nietzsche läßt vielmehr die Naturkräfte gelten – in dem Gefühl und im Bewußtsein, von ihnen getragen zu werden. Der Mensch ist trotz aller
seiner Leistungen ein verschwindend geringer Teil der Natur,
und er wird seine Bestimmung – die durchaus noch eine Selbstbestimmung bleibt – nur finden, wenn er sich dieser Natur überläßt. Ja, nur in dieser Überantwortung an das ihn durch und
durch bestimmende Leben findet er zu seiner eigenen Kraft.

Dies ist eine paradoxe Erfahrung, die Nietzsche in vielen
Facetten beschreibt, die er seinen Zarathustra unermüdlich verkünden läßt und die dennoch von seinen Lesern so schwer verstanden wird. Es ist eine Erfahrung, die alle experimentalphi-
losophischen Antworten der achtziger Jahre beherrscht und die
es unmöglich macht, seine auf vorrationale Kräfte des Lebens
bauende Lehre unter den Titel des Irrationalismus zu bringen.
Das Leben liegt dem Gegensatz von rational und irrational voraus; der Gegensatz bezieht seinen Sinn überhaupt erst aus dem
Urteil über menschliches Verhalten. Nur die *Einstellung* zum
Leben, zur Welt oder zum anderen kann als vernünftig oder un-
vernünftig qualifiziert werden, nicht aber das Leben selbst. Und
für die Stellung des Menschen zu sich und zur Welt gibt Nietzsche nun gerade im Lichte seiner extremen Erfahrung einen
neuen Maßstab, der nicht auf einer Opposition zwischen dem
Selbst und dem Leben beruht; auch nicht auf einer Entgegenset-
zung von Seele und Leib oder – wie bei Kant – auf einer Dicho-
tomie von empirischer Welt und intelligiblem Ich. Jeder Rest
von Transzendenz ist getilgt, wenn Nietzsche die Selbständigkeit des Individuums aus dem Mitvollzug des Lebens hervorgehen läßt.

Unter Berufung auf sein eigenes Leiden und sein in der Genesung erfahrenes eigenes Glück empfiehlt er das Vertrauen auf das
andere und oft genug Fremde in uns selbst, weil man sich nur
darin selber findet. Nur im Einlassen auf seine eigenen Gegensätze, die der Mensch als lebendiges Wesen immer auch in sich

selber findet, hat er die Chance, zu sich selbst zu kommen. Es ist hier keineswegs nur – wie bei Hegel – das Selbstbewußtsein des *anderen* Menschen, gegen das sich das Selbstverständnis eines Individuums konturiert. Nietzsche meint vielmehr die *Gesamtheit der Lebensumstände* – in uns und außer uns; dazu gehören selbstverständlich auch andere Individuen. Es geht um das Parallelogramm aller Kräfte, deren Vektor die Dynamik des Individuums kennzeichnet. Daß dabei den von innen wirkenden Antrieben besondere Aufmerksamkeit gebührt, folgt aus der Eigenart des Lebens, genauer: des Organismus, der sich in allem, auch dort, wo er sich nur reaktiv verhält, aus einem inneren Impuls bewegt. Deshalb bleibt Nietzsche auch als Experimental-Philosoph bei seiner Auszeichnung der Psychologie, obgleich er sich nunmehr verstärkt um kosmologische, soziologische, biologische und physiologische Kenntnisse bemüht. Die Eigenart des Lebens kann nur von innen erschlossen werden, weil das Leben selbst nichts anderes darstellt als eine von innen wirkende Kraft. Wir werden noch sehen, welche Bedeutung diese Einsicht für die Lehre vom „Willen zur Macht" gewinnt.

Was ist dieses „Selbst", das sich sammelt und steigert, indem es von sich läßt? Nach Zarathustras tiefsinniger Rede „Von den Verächtern des Leibes" ist es ein Mittleres zwischen „Leib" und „Ich", aber so eng mit dem Leib verbunden, daß es gelegentlich mit ihm identifiziert werden kann. Das braucht nicht zu wundern, denn das Selbst ist es ja gerade, durch das ein physischer *Körper* allererst zum *Leib* wird. Der Leib ist etwas, das sich selbst organisiert. So gesehen ist das Selbst die Gesamtheit möglicher Reaktionen, in denen sich der Leib als Einheit äußert. Also ist das Selbst nichts anderes als der Charakter des lebendigen Wesens, das Integral der Merkmale, durch die es sich als Individuum erweist. Diese Eigenart tritt nur im Verhalten, in der Tätigkeit hervor, und sie ist eine Lebensäußerung ebenso wie der Aufbau oder die Gestalt des Leibes. Damit ist klar, daß es sich beim Selbst nicht um ein metaphysisch vorgegebenes Wesen handelt, sondern um einen empirischen Begriff für die unterstellte Einheit von Verhaltensdispositionen. So wie wir den Leib als Einheit verstehen, so legen wir auch seinen Äußerungen eine Einheit zugrunde. „Der Leib", so sagt Zarathustra, „ist eine [. . .] Vielheit mit Einem Sinne" (Z 1, Verächter; 4, 39).

Diese Einheit brauchen wir aber nicht nur als formale Bezugsgröße aufzufassen, sondern können in ihr auch die materiale Einheitlichkeit und Stimmigkeit der Reaktionsweisen bewundern. Denn in den Verhaltensweisen eines Lebewesens gibt es einen geordneten Zusammenhang, der dem physiologischen Zusammenspiel der organischen Teile korrespondiert. Zarathustra spricht daher von der „grossen Vernunft des Leibes". Sie artikuliert sich im Selbst, das somit als Zentrum aller Triebe, Empfindungen und Tätigkeiten – auch als der Ausgangspunkt aller intellektuellen Aktivitäten – erscheint: „Hinter deinen Gedanken und Gefühlen, mein Bruder, steht ein mächtiger Gebieter, ein unbekannter Weiser – der heisst Selbst. In deinem Leibe wohnt er, dein Leib ist er" (Z 1, Verächter; 4, 40).

So eng also das Selbst mit dem Leib verwachsen ist, so wenig fällt es mit dem *Ich* zusammen. Denn das Ich umfaßt nur jenen Teil des Selbst, der dem Individuum an sich selbst bewußt ist. Dieser Ausschnitt des Bewußtseins kann unterschiedlich groß sein; Nietzsche legt aber größten Wert darauf, ihn als vergleichsweise klein und vor allem als abhängig zu kennzeichnen: Das Ich ist auch nur ein Organ, das sich der Leib – durch sein Selbst – zu seinen Zwecken zulegt. Und folglich hat das Bewußtsein die Funktionen auszufüllen, die ihm der Organismus zuweist. Die Einheit, die es sich in dieser Rolle erschließt, wird „kleine Vernunft" genannt. Sie hat zu gehorchen, sobald ihr die „grosse Vernunft des Leibes" befiehlt: „Werkzeug deines Leibes ist auch deine kleine Vernunft, mein Bruder, die du ‚Geist' nennst, ein kleines Werk- und Spielzeug deiner grossen Vernunft.

‚Ich' sagst du und bist stolz auf diess Wort. Aber das Grössere ist – woran du nicht glauben willst, – dein Leib und seine grosse Vernunft: die sagt nicht Ich, aber thut Ich" (ebd.; 4, 39).

Diese von den Interpreten noch längst nicht ausgeschöpften, hier nur auf kurze Formeln gebrachten Gedanken Nietzsches führen leider häufig zu dem Mißverständnis, man könne auf das Ich und sein Bewußtsein verzichten. Wenn beide eine so marginale Rolle spielen, der Leib mit seinem Selbst hingegen alles umfaßt, dann scheint es in der Tat nahezuliegen, die „kleine Vernunft" erst gar nicht zu beachten und sich ganz der „grossen Vernunft des Leibes" zu überlassen. Damit jedoch wäre die Pointe der Selbstkritik des Bewußtseins gründlich verkannt, ganz abgesehen davon, daß ein derartiger Schluß von der „kleinen Vernunft" diktiert wäre, die doch gerade verabschiedet werden soll. Von einer Annullierung des Ich ist aber nirgendwo die Rede; es geht lediglich um seine Relativierung, die wiederum vor dem Hintergrund einer metaphysischen Tradition zu sehen ist, in der aus dem Bewußtsein und seinen Leistungen originäre Substanzen gemacht worden sind (Man denke nur an Hegels „Geist" oder Schopenhauers „Willen"). Nietzsches Angriff auf das Ich verfolgt somit dieselbe Absicht wie seine Wahrheits- und Moralkritik: Er will verhindern, daß sich das Ich ein weiteres Mal absolut setzt – und sei es auch nur als „transzendentales" Bewußtsein. „Sinn" und „Geist" sind Organe des Selbst, das seinerseits nur so etwas wie das Gesamtorgan des Leibes darstellt. Und der Leib ist vielleicht auch nur eine Individuation, eine Manifestation eines untergründigen Lebenstriebes, des Willens zur Macht.

Auf jeden Fall gibt es tiefsitzende Abhängigkeiten, von denen sich selbst das Bewußtsein äußerster Freiheit nicht lösen kann; es steht vielmehr zu vermuten, daß auch die Freiheit in einem organischen Zusammenhang mit den Lebensäußerungen des Menschen steht. Als „soziales Thier" braucht der Mensch sowohl zur absichtlichen Kooperation wie auch zur gerichteten Kommunikation Freiheitsgrade eigener Entscheidung, wenn dabei seine leibliche Integrität gewahrt bleiben soll. Als „handelndes" und „sprechendes Thier" muß sich der Mensch verstellen, und er muß versprechen können. Dazu aber braucht er nicht nur ein personales Ich, sondern auch die „Illusion der Freiheit".

Nietzsches lustvoller Ernst, sich auf sein Selbst, auf seinen Leib und damit auf die sein Fühlen und Denken tragenden Kräfte einzulassen, entspringt einer neuen Einstellung gegenüber dem Dasein, einer Einstellung, die mit der Erfahrung von Krankheit und Genesung eng verbunden ist. An sich selbst hat er die Wirksamkeit elementarer Lebensenergien erfahren. Die schöpferischen Kräfte des Lebens, die er schon in der ‚Geburt der Tragödie' mit romantischer Emphase beschworen hatte, sind – wider Erwarten, denn er rechnete spätestens im Sommer 1881 mit seinem Tod – in ihm selbst wirksam geworden. Sein Leib gewährt ihm – ohne eigenes Zutun – eine neue Produktivität, die sein Ich zwar steuern und ordnen kann, über die es aber nicht „autonom" verfügt. Die Einfälle kommen, die Assoziationen ergeben sich ebenso wie der Zwang und die Lust, ihnen denkend nachzugehen. Auch der Hang zur Mitteilung, der trotz Nietzsches exaltierter Einsamkeit seine Manie des Schreibens und Publizierens beherrscht, kann nicht einfach gewollt werden. Natürlich ließen sich vernünftige Gründe für die Mitteilung nennen (nicht weniger vernünftige könnten auch dagegen sprechen), doch aus diesen Gründen folgt noch keineswegs das faktische Tun. Schon bei alltäglichen Handlungen müssen Triebe und Bedürfnisse, denen wir nur schwer etwas befehlen oder beweisen können, wirksam sein. Erst recht bei den großen kreativen Leistungen: Hier bleibt der Organisation durch das Ich kaum mehr als die Präsentation des Werks, vielleicht nur seine Sicherung unter den Bedingungen des gesellschaftlichen Verkehrs. Und dennoch will auch das Ich etwas schaffen. Dies aber kann ihm nur gelingen, wenn es sich seiner eigenen Dynamik nicht entgegenstellt. Ja, mehr noch: Es muß sich den Kräften seines eigenen Daseins überlassen, wenn es überhaupt einen eigenen Anteil gewinnen will. Nur als Element des Lebens kann es an dessen unablässiger Produktivität partizipieren; folglich muß es, soweit dies seine Exposition im Bewußtsein erlaubt, ins Werden eintauchen. Kurz: Es muß die „Unschuld des Werdens" erlangen.

„Werden" ist der von Anfang an bevorzugte Begriff für die Gesamtheit des Daseins. Nietzsche stellt sich damit in die Nachfolge Heraklits und grenzt das sich im Kleinen wie im Großen ständig verändernde, nichts Festes enthaltende „Werden" polemisch gegen das „Sein" ab. Wenn es überhaupt einen Sinn hat, etwas „ewig" zu nennen, dann nur eben dieses Werden, in dem jeder denkbare Bestand, auch jeder Anfang und jedes Ende sich ebenso notwendig auflöst wie jede Sekunde im Lauf der Zeit. Die „Unschuld des Werdens" ist jene Haltung, die sich dem Prozeß des unaufhaltsamen Entstehens und Vergehens willig überläßt.

Es versteht sich von selbst, daß man von einer solchen Einstellung gegenüber dem Werden nur da sprechen kann, wo Erkenntnis und Begriff das Verhalten steuern. Der Pflanze oder dem Tier braucht man sie nicht zu empfehlen, denn an ihnen und durch sie vollzieht sich immer schon alles in der fraglosen Teilnahme am Geschehen. Erst der Mensch macht sich eine Vorstellung vom Charakter des Daseins und zeichnet damit mehr oder weniger beständige Elemente aus. Und nur er bewertet die von ihm abgegrenzten Bestände und befriedigt seinen Sinn, indem er das Erkannte auf Dauer stellt. Am deutlichsten geschieht dies dort, wo er ein „Wesen" gegenüber einer bloßen „Erscheinung" betont, wo er Begriffe in den Rang unwandelbarer Ideen erhebt oder Prinzipien der Moral über bloße Neigungen herrschen läßt.

Es ist sehr die Frage, ob man überhaupt von solchen Festlegungen lassen kann, ohne zugleich auf alle spezifisch menschlichen Leistungen zu verzichten. Man wird auch hier kaum mehr tun können, als Verabsolutierungen zu vermeiden. Doch Nietzsche fordert mehr: „Ich habe mich immer darum bemüht, die *Unschuld* des Werdens mir zu beweisen: und wahrscheinlich wollte ich so das Gefühl der völligen ‚Unverantwortlichkeit' gewinnen – mich unabhängig machen von Lob und Tadel, von allem Heute und Ehedem: um Ziele zu verfolgen, die sich auf die Zukunft der Menschheit beziehen." (N 1883, 7/7; 10, 237 f.)

Nietzsche führt noch weitere Erwartungen an, die er mit der „Unschuld des Werdens" verbindet: die „ästhetische Rechtfertigung des Daseins", die von aller Rechtfertigung, insbesondere von aller moralischen, absieht und in dem begründungslosen Prozeß ästhetischer Produktion den keineswegs bloß hinreichenden, sondern geradezu überschwenglichen Sinn des Lebens entdeckt; die Befreiung von allen Schuldbegriffen und die Einsicht in den „notwendig ungerechten und unlogischen Charakter des Lebens"; schließlich die „Leugnung aller Zwecke" sowie die „Unerkennbarkeit der Causalitäten". Diese weitreichenden theoretischen Konsequenzen dürfen nicht davon ablenken, daß der entscheidende Punkt in einer *praktischen* Einstellung liegt. In der „Unschuld des Werdens" soll der Mensch in ein neues tätiges Verhältnis zur Welt und zu sich selber finden.

In Zarathustras erster Rede „Von den drei Verwandlungen" wird das entscheidende Charakteristikum dieser Tätigkeit benannt: Es geht nicht einfach nur um das handelnde Bewältigen von Problemen, auch nicht bloß um die künstlerische Produktion neuer Werke, sondern die eigentliche Leistung besteht im Schaffen neuer Werte. Der entfaltete und zum eigenen Selbstbewußtsein gekommene Geist muß sich in der schöpferischen Produktivität ganz auf das Neue konzentrieren können, um wie ein Kind neue Verbindlichkeiten zu erzeugen. Sein Medium ist das Spiel, die welt- und selbstverlorene Hingabe an eine Aufgabe, die alle Kräfte fordert, ohne sich in den Umständen der äußeren Organisation und in den Bedenken innerer Reflexion zu verlieren.

Wenn die „Unschuld" des Kindes, die Naivität des „aus sich rollenden Rades" keine Regression darstellen soll, dann kann sie nur die ganz der Sache oder dem Werk hingegebene Tätigkeit meinen, in der das Subjekt aufgeht, solange es schafft. Auch den sublimsten und raffiniertesten Geistern ist eine solche Hingabe möglich, und was in ihr gelingt, ist aus der Perspektive des Subjekts wie aus der des Objekts geglückt. Hier ist die „Unschuld des Werdens" erreicht.

3. Umwertung der Werte

Im Überschwang der Genesung und im Vorgriff auf eine „grosse Gesundheit" hat Nietzsche seit Beginn der achtziger Jahre selbst in der Stimmung einer „Unschuld des Werdens" philosophiert. Dabei ist ihm eine Handvoll großartiger Gedanken zugefallen, die man „Ideen" oder „Postulate" nennen könnte, wenn man schon vorab den Zusammenhang mit seinen großen Vorgängern betonen wollte. Mit Blick auf ihre prophetische Verkündigung durch Zarathustra ist es vielleicht aber angemessener, sie als „Visionen" zu bezeichnen. Historisch wie systematisch sind sie von äußerster Reichweite. Doch verbleiben sie sämtlich im Umkreis

Friedrich Nietzsche 1873.
Stiftung Weimarer Klassik.

des Lebens, d. h. ihr Ausgangspunkt liegt im Bereich menschlicher Praxis, auch wenn sie – wie der „Wille zur Macht" und die „ewige Wiederkunft" – sich weit auf das Gebiet metaphysischer Spekulation hinauswagen.

Als erste Vision ist die „Umwertung der Werte" zu nennen, denn sie bestimmt als große Hoffnung Nietzsches ganzes Werk. Schon die erste philosophische Schrift setzt auf eine *Wiedergeburt* der Tragödie aus dem Geist der deutschen Musik und damit – obgleich der Begriff mit Rücksicht auf Richard Wagner nicht fällt – auf eine Renaissance. Gewiß ist hier auch schon der Gedanke einer periodischen Wiederkehr großer schöpferischer

153

Kräfte angelegt. Voraussetzung aber ist die Abkehr von einer alten Ordnung im Bewußtsein individueller Selbständigkeit und im Zeichen neuer Werte.

In dieser Überzeugung begibt sich Nietzsche zu Beginn der siebziger Jahre an seine erzieherische Aufgabe, der nicht nur die emphatisch das „Gebären des Genius" (1, 699) und die schöpferische „Selbständigkeit" der Individuen (1, 739 ff.) feiernden Baseler Vorträge ‚Ueber die Zukunft unserer Bildungsanstalten' (1872) gewidmet sind, sondern eben auch die vier ‚Unzeitgemässen Betrachtungen'. Den psychologisch entlarvenden Aphorismen-Büchern der späten siebziger Jahre fehlt zwar das Pathos dieses exaltierten Renaissancismus, aber sie bleiben gleichwohl von der Erwartung einer Umkehr und Erneuerung bestimmt – nunmehr im Zeichen von Kritik und Aufklärung. Am Ende dieser Werkperiode wird die von persönlicher Erfahrung durchtränkte Empfehlung gegeben: „Erfahrt die tiefsten Umwälzungen des Gemüths und der Erkenntniss und gelangt endlich wie ein Genesender mit schmerzlichem Lächeln hinaus in Freiheit und lichte Stille: –" (M 480; 3, 285).

Dies ist die Stimmung, in der Nietzsche in den achtziger Jahren die „Umwertung der Werte" proklamiert und von der er rückblickend sagen kann, die ‚Geburt der Tragödie' sei deren erste gewesen (GD, Alten 5; 6, 160). Aus dem künstlerischen Anspruch der frühen Jahre wird nun aber eine Notwendigkeit; was vordem genialische Ambition großer Individuen oder auch kultureller Auftrag eines Volkes (insonderheit der Deutschen) sein sollte, erscheint jetzt als Schicksal der europäischen Völker, ja der Menschheit überhaupt. Das folgt für Nietzsche aus der gleichermaßen verhängnis- wie verheißungsvollen Diagnose, die er jetzt seiner Epoche stellt. Es ist die Diagnose des Nihilismus.

Nietzsche übernimmt den bereits in der ersten Hälfte des 18. Jahrhunderts geprägten, durch die Frühromantiker vertieften und von russischen Literaten in Umlauf gebrachten Begriff des Nihilismus aus der französischen Kulturkritik. Er bezeichnet für ihn einen Zustand, in dem der Mensch letztlich nur noch das Nichts (lateinisch: nihil) will. Ein solcher Wille zum Nichts kann aber nur ein Ausdruck äußerster Verrohung oder Verelendung sein. Denn der Mensch ist schlechterdings auf das Wollen angewiesen. Nur im Wollen hat er ein Ziel; nur indem er etwas will, gibt er sich einen Sinn; „Wollen": ist gleich „Zweck-Wollen" (N 1883/84, 24/15; 10, 652). Es gehört daher zum Begriff des Willens, *etwas* zu wollen (N 1887/88, 11/114; 13, 54). Wird nun an die Stelle dieses „Etwas" ein „Nichts" gesetzt, kommt es zu einer Perversion des Wollens. Und eben die ist durch den Nihilismus auf den Begriff gebracht.

Jene Perversion wird durch einen „horror vacui" (GM 3, 1; 5, 339) veranlaßt. Der Mensch scheut das Eingeständnis seiner äußersten Schwäche und im Willen, nicht willenlos zu erscheinen, aktiviert er ein Residuum seiner Lebensenergie: „eher will er noch *das Nichts* wollen, als *nicht* wollen" (Ebd.). In diesem Willen zum Nichts leugnet er aber alles, was für sein Dasein wesentlich ist. Ja, er wendet sich gegen dieses Dasein selbst, indem er das durchstreicht, was dem Dasein Ziel und Inhalt gibt. Und so stellt sich hier das „Leben *gegen* das Leben" und führt zu einem elementaren „Unsinn" (GM 3, 13; 5, 365) in der Ausgangslage des menschlichen Daseins.

Das ist der Nihilismus in seiner allgemeinsten Verfassung, die überhaupt erst erkennen läßt, warum Nietzsche ihn für so bedrohlich hält. In ihm tut sich nämlich ein Widerspruch, ein fundamentaler Wider-Sinn des menschlichen Lebens auf, der mit Blick auf das Ganze des Lebens natürlich nur scheinbar sein, an dem aber die Menschheit zugrundegehen kann. Ein schwacher, ein kranker Teil des Lebens nimmt hier Rache am starken und gesunden – und es ist nicht auszuschließen, daß er, zumindest auf dem Feld der menschlichen Kultur, Erfolg damit hat.

Nietzsches Befürchtung wird verständlicher, wenn wir auf die historischen Gestalten blicken, in denen sich die nihilistische Rache am Leben manifestiert. Dabei lassen sich ein allgemeiner und ein besonderer Typus unterscheiden: Der *allgemeine* ist der Vertreter des asketischen Ideals, womit nicht nur alle weltverneinenden Asketen, sondern auch deren Anwälte in jeder denkbaren Rolle gemeint sind, ganz gleich, ob sie im Gewand einer Religion, Philosophie oder Kunst auftreten. Sie alle sind unter dem Titel des „asketischen Priesters" versammelt, und sie bilden die

„lebensfeindliche Species" schlechthin (GM 3, 11; 5, 363). Auch wenn es im einzelnen größte Unterschiede zwischen ihnen gibt, so entdeckt der entlarvende Psychologe in ihrem Lebenshintergrund doch eine Gemeinsamkeit: Sie erfahren sich als die „Schlechtweggekommenen" und „Missrathenen", und machen sich ihr Dasein erträglich, indem sie das der anderen abwerten. Ihre Genialität liegt in der Fähigkeit, von sich abzulenken und den tatkräftigen, lebensfrohen Naturen ihre unbelastete Daseinsweise zum Vorwurf zu machen.

So werden sie zu den Erfindern des „Ressentiments". Alles, was ihrer eigenen Lebensform nicht entspricht, wird „schuldig" gesprochen. Sie treten nicht offen gegen andere Lebensweisen auf, sie scheuen den „Kampf" und operieren stattdessen mit dem Mittel der Moralisierung. Das von ihnen als „schlecht" Empfundene erklären sie zum „Bösen", und mit dem Bösen verknüpfen sie die „Schuld". Gelingt ihnen die Ausgrenzung unter dem Bann moralischer Urteile, so haben sie dem anderen ein „schlechtes Gewissen" gemacht, was nichts anderes heißt, als daß sie ihn damit auf ihre Stufe herunterzuziehen vermochten (vgl. GM 1, 10; 5, 270 ff.; GM 2, 11–19; 5, 309 ff.). So kommen die „Kellerthiere voll Rache und Hass" zur Herrschaft (GM 1, 14; 5, 282) und unterwerfen sich durch Tücke und List alles, was ihnen nicht gleicht. Sie unterdrücken vornehmlich die Menschen, denen es ursprünglich besser geht, die ihren Willen auf lohnende, auf große Ziele richten, die sich und andere nicht mit erfundenen Schuldvorwürfen belasten, die ihre Lebensfreude nicht verbergen, kurz: alle willensstarken, tatkräftigen und lebensbejahenden Naturen. Die werden mit dem „Giftauge des Ressentiments" (GM 1, 11; 5, 274) betrachtet und letztlich selbst vergiftet. So kommt es zu einer praktischen „Umwertung der Werte": Die „Schwachen" und „Kranken" bestimmen über die „Starken" und „Gesunden".

Auf den ersten Blick muß ein Machtwechsel von den „Starken" zu den „Schwachen" als unmöglich erscheinen. Denn wer die Starken beherrscht, kann selbst nicht schwach sein. Schon in der Konzeption des „asketischen Priesters", vor allem im Begriff einer „lebensfeindlichen Species" liegen unvereinbare Momente, auf die Nietzsche selbst hinweist, wenn er vom „Typus des Selbstwiderspruchs" spricht (GM 3, 11; 5, 363). Er äußert auch die Vermutung, daß es wohl im „Interesse des Lebens selbst" liegen muß, lebensfeindliche Elemente hervorzubringen. Damit verkompliziert sich das Bild. Der so einfach, ja viel zu einfach erscheinende Gegensatz zwischen gesunder Lebensbejahung und kränklich-krankhafter (nunmehr auch „pessimistisch" genannter) Lebensverneinung erweist sich als höchst komplex, weil er selbst noch dem „Interesse des Lebens" dienen soll. Auch der Gegensatz zwischen den „Starken" und den „Schwachen" ist nicht so simpel, wie er zunächst erscheint. Denn sein Kriterium ist nicht der bloße Erfolg, also keineswegs, wie man vermuten müßte, allein die faktische Überlegenheit einer Seite. Vielmehr gehen Wertungen mit ein, die durch Nietzsches Begriff des Lebens und durch das bei den Kontrahenten jeweils ausgeprägte Verhältnis zum Leben bestimmt sind.

Das alles kann erst verständlich werden, wenn vom „Willen zur Macht" die Rede ist (siehe Teil IV, 5). Hier genügt es, auf eine Ambivalenz aufmerksam zu machen, die zu erkennen gibt, daß Nietzsche bei seiner Unterscheidung keineswegs von einer schlichten Opposition nach dem Muster von „gut" und „böse" ausgeht: Ihm erscheint der mit der Umwertung verbundene Machtwechsel nämlich nur möglich, weil der Mensch nicht bloß das „krankhafteste", das „missrathenste", sondern auch das „listigste" aller Tiere ist, *und* – hier liegt der oft übersehene wichtigste Grund – daß er eben dieser abnormen Disposition seine Intelligenz, seine „Geistigkeit" verdankt (AC 14; 6, 180). Die „Krankheit" gehört zur Konstitution des Menschen. Folglich ist auch die im Geiste des Ressentiments vollzogene Umwertung Teil der historischen Genese des Menschen. So abschreckend die unter dem „asketischen Ideal" heraufgeführte Umwertung auch erscheinen mag: Wir dürfen nicht vergessen, daß wir ihr wichtige Elemente unserer eigenen Wertschätzungen, wenn nicht sogar unsere ganze Lebensform verdanken.

Welche Bedeutung unsere eigene Verstrickung in die nihilistische Umwertung hat, kann allerdings erst ermessen werden, wenn die historischen Konfigurationen namhaft gemacht sind, in denen sie sich bis heute vollzieht. Damit sind wir beim *besonderen Typus* der Vertretung des asketischen Ideals: der jüdisch-christlichen Religion und der mit ihrer Ausbreitung zur Weltherrschaft gelangten Moral. Die Spezies des „asketischen Priesters" gibt es nämlich in vielen Kulturen. Im ‚Anti-Christ' führt Nietzsche näher aus, warum beispielsweise auch der Buddhismus unter dem Ideal der Weltverneinung steht (AC 20–23; 6, 186 ff.). Er vermutet darüber hinaus, die Erde müsse – von einem „fernen Gestirn" aus gesehen – als „der eigentlich *asketische Stern*" erscheinen (GM 3, 11; 5, 362). Demnach gibt es vielfältige Formen des Asketismus, die keineswegs alle als gleich schrecklich und verheerend angesehen werden müssen.

Darunter ist aber *eine,* die es zum Exzeß kommen läßt, die alles bisher Dagewesene überbietet und der daher Nietzsches schärfster Angriff gilt. Dies ist die jüdisch-christliche Priesterherrschaft. Sie führt den „Sklavenaufstand der Moral" herbei, setzt ihre „Heerdenmoral" weltweit durch und bedroht in ihrem inzwischen etablierten Bündnis mit der neuzeitlichen Wissenschaft die Zukunft des Menschen. So gelangen wir mit Nietzsche zu der paradoxen Feststellung, daß ausgerechnet die wirkungsmächtigste aller monotheistischen Religionen, der Jahrtausende überdauernde Glaube der Juden und der Christen, den modernen Nihilismus heraufgeführt hat.

Von der komplexen Beweisführung, die Nietzsche vor allem in der ‚Genealogie der Moral' und im ‚Anti-Christ' entwickelt – es gibt überdies zahlreiche Nachlaßfragmente aus den Jahren 1886 bis 1888 –, können hier nur wenige Schritte Erwähnung finden. Danach beruht schon die alttestamentarische Überlieferung auf einer Verfälschung des ursprünglichen Volksglaubens der Israeliten, der Ausdruck der „Selbstbejahung" und des „Macht-Bewusstseins" eines Wüstenvolkes war. Dessen Gott Javeh war noch das Zeichen der „Freude an sich" und der „Hoffnung an sich": „in ihm erwartete man Sieg und Heil, mit ihm vertraute man der Natur, dass sie giebt, was das Volk nöthig hat – vor allem Regen" (AC 25; 6, 193). Lange Zeit hielt dieser Gott, was man sich von ihm versprach. Dann aber trat in der Zeit der Könige ein Niedergang ein; im Innern herrschte „Anarchie", von außen drohte beständig die Übermacht der Assyrer. Die in den alten Gott gesetzten Erwartungen erfüllten sich nicht mehr. Aber anstatt nun von ihm abzulassen, hielt man mit aller Hartnäckigkeit an ihm fest, was jedoch nur durch eine Veränderung seines Begriffs gelingen konnte. Und die war das Werk der Priester: Der Begriff Gottes wurde „ein Werkzeug in den Händen priesterlicher Agitatoren, welche alles Glück nunmehr als Lohn, alles Unglück als Strafe für Ungehorsam gegen Gott, für ‚Sünde‘, interpretiren" (ebd., 194).

So kommt es zu jenem „Wunderwerk von Fälschung", als deren Dokument Nietzsche das Alte Testament ansieht. Die Welt wird am Leitfaden einer „widernatürlichen Causalität" ausgelegt, alle Natur wird zur „Unnatur", und aus dem gebenden, helfenden, zum Leben verführenden Gott wird ein „Gott, der fordert". Auf Grund seines Anspruchs – hinter dem aber nichts anderes als die List der Priester steht – schlägt dann auch der Charakter der Moral in sein Gegenteil um, sie ist „nicht mehr der Ausdruck der Lebens- und Wachsthums-Bedingungen eines Volk[s], nicht mehr sein unterster Instinkt des Lebens, sondern abstrakt geworden, Gegensatz zum Leben geworden [...]" (ebd.).

Mit dem Auftritt des „Hebräers Jesus" hätte sich daran etwas ändern können. Denn in Nietzsches Augen ist Jesus von Nazareth ein Aufrührer gegen die jüdische Kirche. Er hat den Aufstand gegen die Kaste der Schriftgelehrten versucht und ein „*Nein* gesprochen gegen Alles, was Priester und Theologe war" (AC 27; 6, 198). Er hat die „Ausgestossnen und ‚Sünder‘" zum Widerspruch gegen die herrschende Ordnung aufgerufen und ist deshalb ans Kreuz genagelt worden.

Der Gegensatz verschärft sich nach Nietzsche noch beträchtlich, blickt man auf die sittlich-religiöse Alternative, die dieser Mensch tatsächlich lebte. Sie enthält einen viel radikaleren Angriff auf die jüdische Orthodoxie. Doch der wurde zu seiner Zeit allenfalls von den Pharisäern und Hohenpriestern verstanden; die Jünger jedenfalls begriffen davon nichts. Für die Einzigartigkeit der „evangelischen Praktik", den existentiellen Ausnahmecharakter dieser wirklich gelebten „frohen Botschaft" der Liebe, hatten gerade jene keinen Sinn, die daraus eine christliche Lehre machten. In Anerkennung der schwierigen Quellenlage ist das für Nietzsche allein schon dadurch bewiesen, daß sie versucht haben, aus dem Leben Jesu eine neue Religion zu machen. Denn für ihn ist Jesus „ein neuer Wandel, *nicht* ein neuer Glaube [. . .]" (AC 33; 6, 206). Daß man ausgerechnet auf die „ins Geistige zurückgetretene Kindlichkeit" dieses alle Gegensätze ausgleichenden Menschen eine neue Kirche gebaut hat, erscheint ihm als die größte Form „welthistorischer Ironie": „Das Wort schon ‚Christenthum' ist ein Missverständniss –, im Grunde gab es nur Einen Christen, und der starb am Kreuz" (AC 39; 6, 211).

Das damit bereits über die ersten Christen gefällte Urteil ist vernichtend. Die Evangelisten und insbesondere der Apostel Paulus – der „Fleisch-, der Genie-gewordne Tschandala-Hass gegen Rom, gegen ‚die Welt'" (AC 58; 6, 246), dieser „grösste aller Apostel der Rache" (AC 45; 6, 223) – vollenden den in der Kreuzigung vollzogenen Sieg der jüdischen Orthodoxie. Indem sie in die heilsgeschichtliche Position der Juden nunmehr *alle* Mühsamen und Beladenen rücken, machen sie das Ressentiment universell. Durch die Verlagerung aller Hoffnungen auf ein Dasein nach dem Dasein entziehen sie jedem Tatsachensinn den Boden. Die Folge ist eine die ganze Natur umfassende Entwertung der Realität; in letzter Konsequenz führt die ressentimentgeladene Grundstimmung der christlichen Religion zu einer nihilistischen Einstellung zum eigenen Leben: „*So* zu leben, dass es keinen *Sinn* mehr hat, zu leben, *das* wird jetzt zum ‚Sinn' des Lebens . . ." (AC 43; 6, 217); „Nihilist und Christ: das reimt sich, das reimt sich nicht bloss . . ." (AC 58; 6, 247).

Zu einer äußersten Steigerung gelangt dieses weltgeschichtliche Krankheitssyndrom, indem es schließlich auch noch einen anfänglichen Widersacher, nämlich die wissenschaftliche Erkenntnis, infiziert. Eigentlich besteht zwischen Wissenschaft und Glaube der schärfste Gegensatz: „es ist mit Priestern und Göttern zu Ende, wenn der Mensch wissenschaftlich wird" (AC 48; 6, 227); „‚Glaube' heisst Nicht-wissen-*wollen*, was wahr ist" (AC 52; 6, 233). Schon deshalb waren antiker Geist und christliche Botschaft unvereinbar. Aber in der langen Geschichte der Unterwerfung heidnischer Kulturen durch die Kirche wurde schließlich auch die Wissenschaft domestiziert. Ihr wurde das freie Bewußtsein der Erkenntnis genommen; sie verlor den Mut der Wahrhaftigkeit und den Stolz der Redlichkeit; als „moderne Wissenschaft" wird sie nunmehr selbst unter dem Anspruch des „asketischen Ideals" betrieben, ja mehr noch: Sie ist „dessen jüngste und vornehmste Form" (GD 3, 23; 5, 396 f.).

Trotz aller ursprünglichen Gegnerschaft zwischen Überzeugung und Wissen, Glauben und Erkennen ist es also dem asketischen Ideal gelungen, auch die Wissenschaft in Bann zu schlagen. Die von Nietzsche in der dritten Abhandlung der ,Genealogie' skizzierte Psychologie wissenschaftlicher (und künstlerischer) Größe macht diese Abhängigkeit sogar plausibel (vgl. GM 3, 5–9; 5, 344 ff.). Wie eng der Zusammenhang werden konnte, zeigt sich darin, daß beide inzwischen ein und dasselbe Schicksal teilen: Die Abwertung des asketischen Ideals zieht notwendig auch einen Bedeutungsverlust der Wissenschaft nach sich (GM 3, 25; 5, 402). Dies ist das Verhängnis des modernen Menschen, der, wenn er eine Zukunft haben will, vom asketischen Ideal loskommen muß, gleichwohl aber auf die Wissenschaft nicht verzichten kann.

Das Verhängnis wird nach Nietzsche in der nihilistischen Konsequenz der neuzeitlichen Wissenschaft allgemein bewußt. Die Überwindung des alten theologischen Weltbildes durch Kopernikus hat eben nicht, wie zu erwarten gewesen wäre, zur Verwerfung der „Jenseitigkeits-Lösung" des Daseinsrätsels geführt. Der Mensch hat es unterlassen, den Wert seines Daseins im selbstbewußten Vertrauen auf sein erworbenes Wissen neu zu bestimmen – er war seiner Erkenntnis eben noch nicht gewachsen. Und so hat er es dahin kommen lassen, zum „Eckensteher" in seiner eigenen Erfahrungswelt zu werden. Die Folge ist nicht nur ein unermeßlicher Wertverlust des Erkenntniswillens, sondern auch eine Selbstentwertung des Menschen, die überall da Platz greift, wo die Wissenschaft herrscht – also nahezu überall. Der Sieg des Nihilismus ist damit vollendet: „Seit Kopernikus scheint der Mensch auf eine schiefe Ebene gerathen, – er rollt immer schneller nunmehr aus dem Mittelpunkte weg – wohin? in's

Nichts? in's ‚*durchbohrende* Gefühl seines Nichts'?" (GM 3, 25; 5, 404)

Üblicherweise verwirft die moderne Kulturkritik nur die Lebensform der anderen und nimmt ihre eigene Herkunft aus. Das ist hier anders. Nietzsche rechnet sein eigenes Denken ganz und gar dem epochalen Komplex des Nihilismus zu, der mit der modernen Wissenschaft zum Durchbruch gekommen ist. Er weiß überdies genau, was er – nicht nur als Pfarrerssohn und Philologe, sondern gerade auch als radikaler Kritiker – der asketischen Priesterherrschaft und insbesondere dem paulinischen Christentum verdankt.

Die christliche Lehre war es beispielsweise, die im Laufe der Jahrhunderte den Wert der Innerlichkeit derart gesteigert hat, daß sie zum absoluten Kriterium individueller Überzeugungen werden konnte. Dadurch wurde die jeweilige Einsicht von Personen, wurden Erfahrungsurteile und logische Gründe zum alleinigen Maßstab. Die durch das Christentum perfektionierte Kultur der Innerlichkeit förderte sogar noch den neuzeitlichen Aufstieg der Wissenschaften. Damit ermöglichte der *Glaube* indirekt auch die *Kritik am Glauben* und brachte es schließlich dahin, daß sich der mit den Naturwissenschaften erstarkende Geist der Positivität gegen Gottesbeweise und Offenbarungszeugnisse sperren konnte. So wurde der frühe jüdisch-christliche Nihilismus zur Ursache für den „radikalen Nihilismus" der Gegenwart, in der er erstmals zu einem Begriff seiner selbst gelangt: „*Der Nihilism ein* normaler *Zustand. Nihilism:* es fehlt das Ziel; es fehlt die Antwort auf das ‚Warum?' was bedeutet Nihilism? – *daß die obersten Werthe sich entwerthen*" (N 1887, 9/35; 12, 350).

Nihilismus also heißt, daß es auf die ins Große gerechneten Sinnfragen keine Antwort mehr gibt. Schon daran erkennen wir, wie eng die Epochendiagnose mit Nietzsches eigenem Denken verbunden ist; schließlich ist er es, der wie kein zweiter in seinem Jahrhundert die Sinnfragen stellt. Und in der Tat gibt es Anzeichen dafür, daß ihn seine Einsicht in die Unausweichlichkeit des Nihilismus tief erschüttert.

Ein Indiz dafür ist die Präsentation jener Erkenntnis, in der die Diagnose des Nihilismus ihren markantesten Ausdruck findet: in der These vom „Tod Gottes". Niemand hat die theoretische wie praktische Tragweite des modernen Atheismus eindringlicher zur Sprache gebracht als Nietzsche; niemand hat die Geschichtlichkeit des Ereignisses so schlagend formuliert, indem er einfach den „Tod" eines ehemals lebendigen Gottes verkündete; kaum jemand hat seinen eigenen Anteil an diesem Vorgang so deutlich herausgestellt; und gewiß gibt es keinen anderen, der so viel Scheu hatte, diese als unumgänglich angesehene Erkenntnis auch selbst auszusprechen. Deshalb legt er sie seinem Zarathustra in den Mund (Z, Vorr. 2; 4, 14) und führt sie das erste Mal sogar als verzweifelte Obsession eines Narren vor.

Alle genannten Elemente finden sich in dem berühmten Aphorismus 125 der ‚Fröhlichen Wissenschaft'. Wer etwas von Nietzsche wissen will, der lese diesen Aphorismus Wort für Wort, achte auf jedes Satzzeichen und lasse sich keine Bedeutung der Szene entgehen. Er achte vor allem auf die *Fragen,* die der „tolle Mensch" seinen Zeitgenossen stellt: „„Wohin ist Gott? rief er, ich will es euch sagen! *Wir haben ihn getödtet,* – ihr und ich! Wir Alle sind seine Mörder! Aber wie haben wir diess gemacht? Wie vermochten wir das Meer auszutrinken? Wer gab uns den Schwamm, um den ganzen Horizont wegzuwischen? Was thaten wir, als wir diese Erde von ihrer Sonne losketteten? Wohin bewegt sie sich nun? Wohin bewegen wir uns?‘" (3, 480 f.)

Das sind Fragen, die Nietzsche nicht einfach einem beliebigen Sprecher, etwa einem Gelehrten, in den Mund legt, Fragen die er selber hat und denen er sich selber stellt. Seine historische Analyse läßt ihn überdies sicher sein, daß die nach dem Tod Gottes einzig und allein dem Menschen überantwortete Frage nach Ort und Ziel der menschlichen Existenz keine Rückkehr zu den alten Antworten erlaubt. Der moderne Nihilismus ist ein Wendepunkt der europäischen Kultur, eine Zeit der Krise, die mit historischer Notwendigkeit gekommen ist und die, wenn der Mensch noch eine Zukunft haben soll, aus eigener Kraft überwunden werden muß. Die von den Priesterreligionen im Laufe von Jahrhunderten vollzogene „Umwertung der Werte" muß mit aller Konsequenz an ihr Ende gebracht werden, um vom so erreichten nihilistischen Tiefpunkt aus eine *erneute* – gegen den ressentimentgeladenen Asketismus gerichtete – „Umwertung der Werte" möglich zu machen. Das könnte dann die „grosse Genesung" der Kultur bedeuten, die Befreiung von der Knechtschaft der „Heerdenmoral" und die Morgenröte einer Epoche des „freien Geistes". Die „freien Geister" könnten dann erkennen, bis zu welchem Grade sie die Schöpfer neuer Werte sein und damit *ihren* „Sinn" in die Geschichte zu legen vermögen (N 1886/87, 6, 25; 12, 243).

Zur Realisierung dieses Ziels sind zunächst die alten Werte schonungslos zu destruieren. Deshalb präsentiert sich Nietzsche als Vollstrecker der Kritik an den überlieferten Werten und meint so entschlossen wie hoffnungsvoll, er sei der „erste vollkommene Nihilist Europas, der aber den Nihilismus selbst schon in sich zu Ende gelebt hat, – der ihn hinter sich, unter sich, außer sich hat ..." (N 1887/88, 11/411, 3; 13, 190). In dieser Überzeugung nimmt er einen „activen Nihilism" für sich in Anspruch, der im Vollbewußtsein gesteigerter geistiger Kraft die bisherigen Werte kritisiert, der sich aber nicht damit abfinden will, daß es überhaupt keinen Sinn mehr geben soll (N 1887, 9/35; 12, 350). Vielmehr setzt er alles daran, die erstmals von Schopenhauer ausdrücklich gestellte und nun alle Menschen „auf eine furchtbare Weise" treffende Frage: „hat denn das Dasein überhaupt einen Sinn?" bis in ihre Tiefe hinein verstehen und in einer nicht mehr vom Leben und von den Sinnen abführenden Art beantworten zu können (vgl. FW 357; 3, 600). Kurz: Als konsequentester Nihilist möchte Nietzsche den Nihilismus überwinden und zumindest bis an die Schwelle einer neuen „Umwertung der Werte" führen.

4. Immoralismus und Übermensch

Mit dem Ziel einer Umwertung der alten Werte verschärft Nietzsche seinen Angriff auf die herrschende Moral. In ihr, so glaubt er, haben sich die obersten Werte des jüdisch-christlichen Nihilismus festgesetzt. Hinter ihren kategorischen Imperativen konnten sich auch die ins Wissenschaftliche gewendeten Verfallsformen des modernen Nihilismus verschanzen. Alles das, was Nietzsche nun mit Vorliebe „décadence" nennt, also der zur theatralischen Abschiedspose stilisierte Asketismus, der ästhetisierte Abstieg der Lebenserwartung zum „passiven Nihilism", macht sich mit der Moral ein gutes Gewissen. Der moderne Mensch, der vielleicht sogar, wie Zarathustra es für möglich hält, der „letzte Mensch" sein wird, ist moralisch verseucht. Eine Wende kann es daher für Nietzsche nur geben, wenn die „Heerden-Moral" und damit jeglicher Glaube an abstrakte Vorschriften für das Tun und Lassen des Menschen beseitigt sind.

Mit dieser praktischen Erwartung führt Nietzsche seinen vernichtenden Angriff gegen die unter dem asketischen Ideal entstandene „Heerden-" oder „Sklavenmoral". Sie verdient diese Namen, weil sich das Individuum in ihr unter Preisgabe seiner Selbständigkeit – also „sklavisch" – einem abstrakten Prinzip unterwirft. Stets werden allgemeine Gesetze postuliert und als Gebote für jeden einzelnen verbindlich gemacht. Damit aber ist ein Kennzeichen *aller* ethischen Lehren genannt. Und so kann es nicht wundern, daß Nietzsches Kritik an der asketischen Moral sich gegen die Moral als Ganze richtet.

Sein eigenes, die zukunftsweisende Umwertung einleitendes Programm stellt er daher unter den Titel des „Immoralismus". „Amoralismus" wäre nur einfach der Verzicht auf moralische Wertungen; das könnte dem „passiven Nihilism" entsprechen. Nietzsches „aktiver Nihilismus" verlangt jedoch nach einer ausdrücklichen Gegnerschaft; und die wird mit dem „Immoralismus" zum Programm erklärt. Bei genauerem Zusehen erkennt man allerdings, daß gerade dieser erklärte Kampf auch seine eigenen Tugenden erfordert – die Tugenden des „freien Geistes". Deshalb ist Nietzsches Immoralismus doch nicht so weit von der Moral entfernt, wie er selbst und seine Anhänger glauben – von einer Moral freilich, die ihr Selbstverständnis gerade wegen seiner „immoralistischen" Kritik nicht unwesentlich zu ändern hat.[18]

Die Moral, so wie sie Nietzsche von den zehn Geboten bis zur Bergpredigt, von der sokratischen Gleichung zwischen Tugend und Wissen bis hin zu Kants kategorischem Imperativ und Schopenhauers Mitleidsmoral deutet, steht für ihn allemal im Widerspruch zum Leben. Sie ist „ein Stück Tyrannei gegen die ‚Natur'", eine „strenge und grandiose Dummheit" (J 188; 5, 108f.). Als „Widernatur" schlechthin ist sie Ausdruck eines „décadence-Instinkts" von Anfang an und somit nur die Ausgeburt eines „niedergehenden", „geschwächten", „müden" und „verurtheilten Lebens". Ihre groß und streng auftretenden Gebote sagen letztlich immer nur das eine: „geh zu Grunde!" (GD, Moral, 5; 6, 86)

In dieser an Unerbittlichkeit und Spott beispiellosen Kritik der Moral laufen vielfältige Argumente zusammen, an denen eine philosophische Ethik heute gewiß nicht mehr vorbeigehen kann. Das gilt insbesondere für die grundsätzlichen Einwände, in denen nicht nur die *theoretische Ausgangsposition* des Immoralismus, sondern auch dessen *praktische Konsequenz* zum Ausdruck kommt.

Die Moral, so läßt sich ein grundsätzlicher Einwand Nietzsches wiedergeben, urteilt über den Charakter einzelner Handlungsweisen und damit unvermeidlich über den Wert unterschiedlicher Lebensformen. Nur das ihren eigenen abseitigen Vorstellungen entsprechende Leben läßt sie gelten. Alles andere wird abgewertet, ausgeschlossen und nicht selten auch verfolgt und vernichtet. Damit aber urteilt die Moral schon nicht mehr bloß über die eine oder andere Erscheinungsweise des Lebendigen, sondern über das Leben selbst. Mit jeder Verwerfung einer speziellen Lebensform wird über das Leben als Ganzes gerichtet. Aber das Leben zeigt sich immer nur in einzelnen Lebewesen; es gewinnt seinen Wert stets nur in ihnen und durch sie – so unscheinbar und kümmerlich sie auch sein mögen. Also kommt keine noch so weit ausgreifende Wertung über das einzelne Dasein hinaus.

Darüber setzt die Moral sich hinweg. Ohne Rücksicht auf die tatsächlichen Urteilsbedingungen legt die Moral ihren Maßstab an das ganze menschliche Dasein. Eine Berechtigung hätte sie dazu aber nur, wenn sie einen Standpunkt jenseits des Lebens einnehmen könnte. Überdies müßte sie alles Leben gleichzeitig in sich repräsentieren: „Man müsste eine Stellung *ausserhalb* des Lebens haben, und andrerseits es so gut kennen, wie Einer, wie Viele, wie Alle, die es gelebt haben, um das Problem vom *Werth* des Lebens überhaupt anrühren zu dürfen: Gründe genug, um zu begreifen, dass das Problem ein für uns unzugängliches Problem ist" (GD, Moral 5; 6, 86).

Eine solche externe Position aber steht nun einmal nicht zur Verfügung. Und von einer Gegenwart des Ganzen in einem Augenblick kann erst recht keine Rede sein. Also ist das von jeder Moral immer schon als gelöst unterstellte Problem der Bewertung noch nicht einmal sinnvoll zu stellen. Wer es dennoch versucht, sagt sich allein dadurch schon vom Leben los. Somit kommt der Gegensatz zum Leben nicht erst durch die einzelnen Gebote oder Verbote zustande, sondern er wird durch die moralische Frage als solche aufgerissen. Mit ihr nimmt man sich bereits vom Leben aus. Jede moralische Bewertung des Lebens muß daher als eine Anmaßung erscheinen.

Formal betrachtet ist dieser grundsätzliche Einwand vor allem gegen die *Unbedingtheit* moralischer Urteile gerichtet. Nietzsche beharrt demgegenüber auf der durchgängigen Bedingtheit jeden Lebens, in dem alles endlich ist und in wechselseitigen Abhängigkeiten steht. Allgemeine oder gar absolute Werturteile können demnach gar keinen Bezug zum Leben haben. Daß sie aber dennoch mit unbedingten Verboten oder mit einem kategorischen Imperativ aufwartet, ist der Sündenfall der Moral. In ihrer eigenen Sprache gesprochen: Ihr „Böses" liegt darin, daß sie eine Sonderstellung beansprucht und sich über das Leben erhebt, dem sie doch ebenso ausnahmslos zugehört wie alles übrige auch. Ihre „Todfeindschaft gegen die Sinnlichkeit" und gegenüber jedem individuellen Lebenssinn – eine Feindschaft, die ihre Motive aus dem Ressentiment des Asketismus bezieht (GD, Moral 2; 6, 83) –, entspringt letztlich einer unversöhnlichen Opposition gegen das Leben.

Nietzsches grundsätzlicher Einwand macht auch seine Überzeugung von der prinzipiellen Unveränderbarkeit des Lebens verständlich. Damit ist nicht geleugnet, daß ständig etwas geschieht und unabsehbare Folgen zeitigt. Alles Lebendige greift unablässig – allein dadurch, daß es lebt – auf anderes über und führt so auch fortwährend Veränderungen herbei. Eben darin besteht das Werden. Doch für eine einzelne Veränderung kann niemals ein einzelnes Wesen verantwortlich sein. Damit überhaupt etwas geschieht, muß ja stets ein ganzer Komplex von Faktoren zusammenwirken. Es müßte eindeutige und ausschließliche Abhängigkeiten geben, wenn eine einzelne Tat als Ursache in Frage kommen sollte. Aber damit nicht genug! Gesetzt, man könnte eine solche Ursache isolieren: Sie müßte auch noch ihre eigenen Ursachen bestimmen, um wirklich für einen Vorgang verantwortlich sein zu können. Alles dies aber führt in eine Kette von Unmöglichkeiten. Deshalb kann man nur konstatieren, daß alles so ist, wie es ist: „*Niemand* ist dafür verantwortlich, dass er überhaupt da ist, dass er so und so beschaffen ist, dass er unter diesen Umständen, in dieser Umgebung ist. Die Fatalität seines Wesens ist nicht herauszulösen aus der Fatalität alles dessen, was war und was sein wird" (GD, Irrthümer 8; 6, 96).

Mit der Leugnung singulärer Ursächlichkeit und der daraus resultierenden Absage an individuelle Verantwortlichkeit hängt ein weiterer grundsätzlicher Einwand gegen die Moral zusammen: Wenn es unmöglich ist, ein Geschehen auf *eine* Ursache zurückzuführen, verliert es auch jeden Sinn, einen „Willen" dafür in Anspruch zu nehmen. Als ein für sich bestehendes Vermögen kann es den Willen nach Nietzsche ohnehin nicht geben. Er ist nur eine nachträgliche Zutat zum Geschehen, geboren aus dem „Instinkt", andere verantwortlich zu machen, aus der Lust, zu richten und zu strafen.

Nietzsche stützt seine vielfältig variierte These, daß es den Willen „nicht gibt", durch eine erhellende psychologische Phänomenologie. Das Wollen erscheint ihm vor allem als „etwas *Complizirtes*", etwas, das „nur als Wort eine Einheit" ist, und das in Wahrheit aus einer „Mehrheit von Gefühlen" besteht. Er weist auf begleitende „Muskelgefühle" hin, auf die Präsenz eines „commandirenden Gedankens" sowie auf einen mitschwingenden „Überlegenheits-Affekt", in dessen Überschwang man sich dann auch noch „frei" fühlt. Anstelle der Freiheit entdeckt Nietzsche aber nur ein Ineinander von Befehlen und Gehorchen, also eine paradoxe Stimmungslage, zu der immer auch „Gefühle des Zwingens, Drängens, Drückens" usw. gehören (J 19; 5, 32 f.). Bei alledem schleicht sich dann noch der Grundfehler aller Alltagspsychologie (und aller naiven Metaphysik) ein, nämlich die Verwechslung von Ursache und Wirkung (GD, Irrthümer 1; 6, 88 ff.). So wird schließlich „Wille" genannt, was tatsächlich wohl nicht mehr ist als der Ausdruck einer Zunahme „jenes Machtgefühls, welches alles Gelingen mit sich bringt" (J 19; 5, 33).

Für die Moral kann das nur katastrophale Folgen haben. Denn wenn vom „Willen" nicht mehr gesprochen werden darf, verliert auch der Begriff der „Handlung" seinen Sinn. Vom „Täter" darf strenggenommen genausowenig die Rede sein wie von der „Tat". Also gibt es nichts mehr, worauf sich moralische Urteile anwenden lassen. Da moralische Urteile aber schon für sich betrachtet nichts als eine aus Schwäche geborene Machtanmaßung zum Ausdruck bringen, bricht die Moral auf der ganzen Linie in sich zusammen: „Die Moral [...] ist ein spezifischer Irrthum, mit dem man kein Mitleiden haben soll, eine *Degenerirten-Idiosynkrasie,* die unsäglich viel Schaden gestiftet hat!" (GD, Moral 6; 6, 87)

Ein Letztes kommt hinzu: Als Überempfindlichkeit von Schlechtweggekommenen und als Kompensation einer an sich selbst erfahrenen Schwäche muß die Moral ihren Ursprung, ihr Motiv, um jeden Preis verdrängen. Wenn sie tatsächlich eine Fortsetzung des Lebenskampfes mit heimtückischen Mitteln ist, dann darf sie das auf keinen Fall zugeben: Wer eingestände, daß er ethische Forderungen nur erhebt, um aus seiner selbst empfundenen Schwäche einen Machtvorteil zu schlagen, hätte auf die ethische Geltung seines Anspruchs schon verzichtet. Somit kann eine Moral nur insoweit Gültigkeit haben, als sie ihr Motiv nicht zu erkennen gibt. Sie muß notwendig täuschen; ihre Geltung beruht a priori auf glaubwürdiger Verstellung. Sie ist also in ihrer Substanz nichts anderes als Lüge.

Aus der Sicht Nietzsches dürfte darin zunächst gar kein Vorwurf liegen; schließlich beruht alles Leben auf Verstellung und Illusion. Die Moral aber rechnet es sich als ein besonderes Verdienst an, alle Verstellung und Lüge zu verbieten. „Du sollst nicht falsch Zeugnis reden wider deinen Nächsten!" gehört zu den ältesten moralischen Geboten; deshalb muß es die Moral besonders treffen, wenn ihr vorgehalten wird, in ihrem Kern nichts anderes als eine systematisch praktizierte Lüge zu sein. Solange sie trotzdem Moral bleiben will, kann sie darauf nur durch Verdrängung reagieren. Und so verschärft ihre Befangenheit in der ressentimentgeladenen Illusion nur noch alles, was Nietzsche ihr ohnehin vorwirft: ihre Herkunft aus der Schwäche, ihre Maßlosigkeit und Überheblichkeit im Urteil sowie ihre Feindschaft gegen das Leben.

All das hat der Immoralismus aufzudecken, und er soll dem möglichst auch ein Ende machen. In dieser Erwartung liegt Nietzsches eigene *praktische Philosophie*. In sie gehen nun aber selbst wieder Ansprüche ein, die man, trotz der endgültig erscheinenden Abrechnung, gar nicht anders als *moralisch* nennen kann. Allerdings bekommt dieses Wort nach Nietzsches Kritik einen genaueren Sinn: Es kann nun nicht mehr gegen das Leben, gegen die Sinnlichkeit und schon gar nicht gegen andere Menschen gerichtet sein; es darf auch nicht mehr mit der Verleugnung der tatsächlich leitenden Motive verbunden sein. „Moral" kann jetzt nur noch das bedeuten, was ein seiner selbst bewußtes Individuum in Übereinstimmung mit seinen dominierenden Antrieben als seine eigene Lebensrichtung erkennt, bestimmt und festhält.

Um plausibel zu machen, daß diese positive Wendung durchaus in Nietzsches Sinn ist, braucht lediglich die durch die Klammer [. . .] markierte Auslassung im letzten Zitat nachgetragen zu werden. Sie gibt nämlich für die Kennzeichnung der Moral als „Degenerirten-Idiosynkrasie" eine einschränkende Bedingung an: „Die Moral, insofern sie *verurtheilt,* an sich, *nicht* aus Hinsichten, Rücksichten, Absichten des Lebens, ist ein spezifischer Irrthum . . ." (s. o.) Nietzsche will seine kritische Feststellung offenkundig nur auf jene Moral bezogen wissen, die sich auf eine absolute, „an-sich"-seiende Instanz beruft und die in deren Namen richterliche Urteile verfügt. Wir müssen zugeben, daß damit so ziemlich alle historisch vorkommenden Moralkonzeptionen angesprochen sind. Aber vielleicht doch nicht alle, zumindest nicht jede mögliche: Eine Moral der Zukunft, eine Moral für Immoralisten oder für „freie Geister" bleibt immerhin denkbar. Und eben dies könnte die Moral sein, von der Nietzsche annimmt, daß sie die „Hinsichten, Rücksichten, Absichten des Lebens" *nicht* verleugnet; sie käme im Gegenteil erst mit den besten Kräften eines Individuums zur Entfaltung.

In seiner eigenen Moralkritik gibt Nietzsche selbst ein Beispiel für die individuelle Moral des Immoralismus. Die kämpferische Unerbittlichkeit, mit der er gegen die herkömmliche Moral zu Felde zieht, entspringt nämlich einem zutiefst moralischen Impuls. Wie anders könnte ihn die Verlogenheit des asketischen Priesters empören? Warum findet er dessen „fleischgewordne[n] Wunsch nach einem Anders-sein, Anderswo-sein" (GM 3, 13; 5, 366) so verächtlich? Warum reagiert er so gereizt auf geheucheltes Mitleid oder auf die selbstgefällige, gefühlsselige und dabei unproduktive Selbstapotheose der „Schlucker und Mucker" (GD, Moral, 6; 6, 87)? Weshalb möchte er den Pessimismus der „Missrathenen", „Verstimmten" und „An-sich-Leidenden" überwinden? Was gibt es an Menschen dieser Art überhaupt auszusetzen?

Man braucht derartige Fragen nur zu stellen, um Nietzsches strengen Anspruch an sich und andere zu erkennen. Dieser extreme Anspruch hat gewiß einen stark ästhetischen Charakter, und er ist getragen von hohen Erwartungen an die Kultur. Aber er ist eben auch deutlich von Verhaltensanforderungen durchsetzt, die wir gar nicht anders als „moralisch" bezeichnen können. Da ist zum Beispiel das Ethos der vorbehaltlosen Erkenntnis: Hier kann sich Nietzsche plötzlich ohne Bedenken wieder auf den Willen berufen und das klassische Ideal der Selbstbeherrschung zu unverstellter Geltung bringen. Zur Erkenntnis gehört in seinen Augen nämlich die Fähigkeit, „Perspektiven und Werthungen" umzukehren: „dergestalt einmal anders sehn, anders-sehn-*wollen* ist keine kleine Zucht und Vorbereitung des Intellekts"! Besondere Beachtung verdient dabei, daß diese von einem Willen verursachte Selbstdisziplin schließlich zu dem „Vermögen" (!) führt, „sein Für und Wider *in der Gewalt zu haben*" (GM 3, 12; 5, 364).

Nietzsche hat sich nicht gescheut, die mit einem derart hohen Anspruch verbundenen Moralbegriffe auf sich selbst zu beziehen. Das gilt insbesondere für die „Redlichkeit", von der er schon in der ‚Morgenröthe' bemerkt, daß sie weder unter den sokratischen noch unter den christlichen Tugenden vorkommt (M 456; 3, 275). Zarathustra predigt sie aufschlußreich als die „jüngste der Tugenden" (Z 1, Von den Hinterweltlern; 4, 37); er warnt die sogenannten „höheren Menschen" vor der Äußerlichkeit bloßer „Aushänge-Tugenden" und hält selbst ausdrücklich an der Tugend der Redlichkeit fest: „Nichts nämlich gilt mir heute kostbarer und seltner als Redlichkeit" (Z 4, Vom höheren Menschen 8; 4, 360; vgl. FW 335; 3, 560 ff.).

Nietzsche, der Autor, bleibt darin seinem Geschöpf, dem Propheten treu: Er hält sich an die Tugend der Konsequenz, die Redlichkeit, und nennt sie, wenn auch gelegentlich hypothetisch, *„unsre* Tugend", die den „freien Geistern" als einzige übrig bleibt (J 227; 5, 162 f.); er rechnet sie notwendig zur „Leidenschaft der Erkenntniss" hinzu (M 482; 3, 286), und schließlich hält er seine gesamte Moralkritik für ein Produkt seiner „reizbaren Redlichkeit", mit der er nicht in die alte Moral zurückfallen möchte (FW 107; 3, 464 f.).

Ein weiteres Beispiel für die mit dem Immoralismus durchaus vereinbare Moral liegt im idealen Lebensentwurf des „vornehmen Menschen", der in ‚Jenseits von Gut und Böse' vorgestellt und in der ‚Genealogie der Moral' erläutert wird. Der „Vornehme" ist der „nothwendig aktive" Mensch, der sein Glück in der schöpferischen Auslassung seiner Kräfte findet und von dem die zukunftsweisende Umwertung der Werte am ehesten zu erwarten ist. Deshalb gehört dessen Konzeption auch zu den tragenden Säulen von Nietzsches Experimental-Philosophie der achtziger Jahre. Hier gilt die sogenannte „aristokratische Wertgleichung", in der sich „gut", „vornehm", „mächtig", „schön", „glücklich" und „gottgeliebt" entsprechen (GM 1, 7; 5, 267). Wer diesem Ideal folgt, der verhält sich im Umgang mit seinesgleichen *ganz selbstverständlich* tugendhaft.

Die Lebenshaltung der Vornehmheit gilt „inter pares", also nur unter den Vornehmen selbst; sie hat damit eine gewisse interindividuelle Allgemeinheit. Aber sie basiert nicht auf einer universalistischen, sondern auf einer exklusiven Gleichheit, bleibt also an einen bestimmten sozialen Körper gebunden. Nach außen, gegenüber Fremden, hat der einzelne keine Rücksichten zu nehmen. Hier braucht er seinen Affekten keine Zügel anzulegen und kann sie, wenn er es nötig hat, in Grausamkeit ausleben. Im Verhältnis gegenüber seinesgleichen aber benötigt er Ordnung und Übereinstimmung. Beides ist freilich nur durch Selbstdisziplin zu erlangen. Nachdem die Vornehmen lange Zeit durch Sitte und Brauchtum streng zusammengehalten worden sind, zeigen sie als selbständige Individuen noblen Anstand gegenüber ihresgleichen, ja sie werden im Verhältnis zueinander sogar „erfinderisch in Rücksicht, Selbstbeherrschung, Zartsinn, Treue, Stolz und Freundschaft" (GM 1, 11; 5, 274)! Man braucht sich die Bedeutung dieser Aufzählung nur deutlich genug vor Augen zu stellen, um sicher zu sein, daß hier eine *Moral für höchste Ansprüche* entworfen wird. „Rücksicht, Selbstbeherrschung, Zartsinn, Treue, Stolz und Freundschaft" – das ist die Wiederaufnahme antiker Tugenden auf exklusivem Niveau, und es spricht vieles dafür, daß Nietzsche nicht aus Mißachtung der Moral, sondern im Gegenteil: wegen seiner gesteigerten Erwartungen an sie zum Immoralisten – das heißt: zum moralischen Antagonisten der herrschenden Moral – geworden ist.

Gestützt wird diese Vermutung durch die mit dem „vornehmen Menschen" verbundene Antwort auf die Frage nach dem „Sinn aller Cultur". Nietzsche wehrt sich gegen die zur Selbstverständlichkeit gewordene Annahme, die Zähmung und Zivilisierung des Menschen stelle einen „Sinn der Geschichte" dar (GM 1, 11; 5, 276f.). In seinen Augen kämen damit lediglich die „Reaktions- und Ressentiments-Instinkte" zur Herrschaft, der „Heillos-Mittelmässige" würde zum höchsten Gut der Kultur. Darüber kann er nur seinen Spott ausgießen, denn die produktiven Wertrelationen sind dabei auf den Kopf gestellt. Läge nämlich in den „Müden" und „Verlebten" der Sinn einer gesellschaftlichen Entwicklung, dann wären die starken und vornehmen Seelen ja lediglich als „Werkzeuge der Cultur" zu betrachten. Dagegen aber sträubt sich alles in ihm.

In der zweiten ‚Unzeitgemässen Betrachtung' hatte Nietzsche eindrucksvoll erklärt, das „Ziel der Menschheit" könne „nicht am Ende liegen, sondern nur in ihren höchsten Exemplaren" (2. UB. 9; 1, 317). Und er hatte „den Einzelnen" appellativ angesprochen, der „Sinn" seines Daseins könne nur darin liegen, daß er sich große Aufgaben stelle und – daran zu Grunde gehe (ebd., 319). Nun hat er im „vornehmen Menschen" einen Typus jener „höchsten Exemplare" vor sich und damit auch eine mögliche Antwort auf die Sinnfrage! Eine Antwort freilich, die auf kein fernes Ziel verweist, auf keinen Fixpunkt am Ende oder gar außerhalb der Geschichte; vielmehr kann sich dieser Sinn nur im Vollzug eines stark und schöpferisch ausgreifenden Daseins einstellen. Er reguliert und steuert das mit sich in Einklang stehende, das, wie wir heute sagen, mit sich identische Leben. Er ist der die Lebensimpulse verstärkende Richtungssinn des individuellen Daseins und insofern dynamischer Ausdruck einer bejahten Verfassung des eigenen Lebens. Nur so kann sich ein Sinn auch erfüllen. Denn er bleibt in die ihn tragende und mit Inhalt versehende Sinnlichkeit des einzelnen Daseins eingebunden – anders als die nur abstrakt sinngebende Vernunft der reinen Begriffe.

Die Moral des Immoralismus mit ihrem ganz und gar auf das individuelle Selbst bezogenen Lebens- und Handlungssinn scheint gar keinen Raum für ausgreifende Zukunftsvisionen zu lassen. Alles Große ist entweder vergangen oder gegenwärtig in der Tat. Zukunft kann nur dort Bedeutung erlangen, wo sie ergriffen und gestaltet wird. Jeder weitergehende Vorgriff führt lediglich auf leere Zweck- und Zielbestimmungen, die nur allzu schnell in nichts auslaufen und bloß dem Nihilismus zuarbeiten. Deshalb muß es überraschen, daß Nietzsches Prophet Zarathustra immer wieder auf eine Zukunft vorzubereiten sucht, die alles Vorstellbare übersteigt und daher an Abstraktheit kaum zu überbieten ist: auf die Ankunft des „Übermenschen".

Die Irritation verstärkt sich angesichts der von Zarathustra verkündeten Gleichsetzung von Sinn und Übermensch: „Unheimlich ist das menschliche Dasein und immer noch ohne Sinn: ein Possenreisser kann ihm zum Verhängniss werden. Ich will die Menschen den Sinn ihres Seins lehren: welcher ist der Übermensch, der Blitz aus der dunklen Wolke Mensch." (Z, Vorr. 7; 4, 23)

Für Zarathustra selbst scheint das Problem nicht zu bestehen; er weiß offenbar, wovon er spricht. Aber er weiß auch, daß die Menschen seine Ankündigung noch nicht verstehen können; „mein Sinn", so gesteht er sich ein, „redet nicht zu ihren Sinnen". Solange dies aber so bleibt, wird auch kein Sinn für die Menschen daraus werden; man wird nicht verstehen, was es heißen soll, daß ausgerechnet der Übermensch der „Sinn der Erde" sein soll.

Gut verständlich ist natürlich die – zutiefst moralische – Aufforderung, der Erde „treu" zu bleiben. Für den Leser des 20. Jahrhunderts gibt es auch einen guten Sinn, wenn Zarathustra vor dem „Frevel" an der Erde warnt; und es ist nachvollziehbar, was mit der Ermahnung gemeint ist, den „Sinn der Erde" zu achten: Man soll sich nicht länger durch einen Glauben in ein Jenseits ablenken lassen, sondern in allem, was man tut und erwartet, auf der Erde, und das heißt: auf dem Boden der Tatsachen bleiben; denn „der Thatsachen-Sinn [ist] der letzte und werthvollste aller Sinne" (AC 59; 6, 248). Er fügt den Menschen so bewußt wie sinnlich – und nur dadurch auch „sinnvoll" – in den über diese Erde in immer neuen Wellen flutenden Strom des Lebens ein. Und „Sinn der Erde" liegt dann auch nahe bei dem, was Zarathustra in Aufnahme eines biblischen Wortes dem Menschen aufgibt, nämlich das „Salz der Erde" zu sein. Würze und Geschmack, Sinne und Sinn gehen hier so ineinander über wie im alltäglichen Vollzug des Lebens.

Was aber bedeutet die Botschaft: „Der Übermensch ist der Sinn der Erde"? Und was kann nach der scharfen Abrechnung mit allem Wollen und Sollen eigentlich noch mit dem nachfolgenden Gebot gemeint sein: „Euer Wille sage: der Übermensch *sei* der Sinn der Erde!"? (Ebd.)

Die Antwort ist nicht leicht zu geben, zumindest dann nicht, wenn man Nietzsches Lehre keine Widersprüche unterschieben will. Einen vergleichsweise einfachen Zugang eröffnet eine Stelle in der ‚Fröhlichen Wissenschaft', die vor Zarathustras Vision vom Übermenschen entstanden ist; sie wirft zugleich ein erhellendes Licht auf die paradoxe Moral der Immoralität. Es heißt dort, man solle es, gleichsam experimentell, ruhig einmal auf die „Entwerthung des Werthvollsten" ankommen lassen, solle den allgemein geschätzten „guten Dingen" einfach den „Pöbel-Beifall" entziehen und behaupten, „Moral sei etwas Verbotenes". Und daran schließt Nietzsche die Vermutung: „Vielleicht gewinnt ihr so die Art von Menschen für diese Dinge, auf welche einzig Etwas ankommt, ich meine die *Heroischen*" (FW 292; 3, 533).

Die Heroen, die Halbgötter der griechischen Mythologie, dürften das naheliegende Vorbild für Zarathustras Vision des Übermenschen sein. Ihnen hat Nietzsche schon früh den Genius nachgebildet. „Der Cultus des Genius'", so heißt es in ,Menschliches, Allzumenschliches', sei ein Nachklang der frühen „Götter-Fürsten-Verehrung", die immer auch eine Abwertung der breiten Masse nach sich ziehe. Damit wird ein Motiv hinter Zarathustras Botschaft bereits benannt: Die Botschaft vom Übermenschen stellt zunächst und vor allem eine Herausforderung des Individuums dar: Es soll sich hohe und große Ziele setzen und dabei die Gefahr nicht achten, an ihnen zugrunde zu gehen. Das ist in dieser Allgemeinheit gewiß ein abstraktes Gebot. Da es sich aber an den einzelnen richtet, um ihn zu *seinen* Zielen zu ermutigen, um *seinen* Sinn zu stimulieren, wird die erdnahe Sphäre der Sinnlichkeit nicht verlassen. Deshalb kann Zarathustra zu den „Verächtern des Leibes" sagen: „Ihr seid mir keine Übermenschen!" (Z 1, Verächter; 4, 41)

Auch das Ziel der Abgrenzung von der Menge, vom Pöbel der „letzten Menschen" ist Zarathustra gegenwärtig. Im Nachlaß bestätigt sich, daß Nietzsche den Übermenschen als „Gegensatz" zum herrschenden Durchschnitt konzipiert. Er sieht in ihm also das, was er früher den „Genius" nannte, den schöpferischen Ausnahmemenschen, das Werte schaffende, Werte setzende „grosse Individuum". In diesem Verständnis ist der Übermensch jener starke „Typus höchster Wohlgerathenheit", das aus eigener Kraftvollkommenheit jasagende Wesen, mit dem eine neue „Umwerthung der Werthe" einsetzen und der Nihilismus überwunden werden könnte.

Doch der „Übermensch" ist mehr als die aus Nietzsches früher Kulturtheorie bekannte „historische Größe". Die nämlich blieb in Werk und Gestalt jener prachtvoll-naiven Menschlichkeit verpflichtet, die in Nietzsches Augen erstmals mit den frühen Griechen geschichtlich wirksam geworden war. Der „Übermensch" aber scheint den Rahmen der Humanität zu sprengen. Von ihm wird keine „Renaissance" mehr erwartet. Er symbolisiert einen radikalen Umschlag der Geschichte, einen unausdenkbaren Übergang in eine Zukunft, von der aus alles Menschliche nur noch Vergangenheit ist. Während der Genius sich noch als ein „Mundstück Gottes" artikulierte, ist der Auftritt des „Übermenschen" ein Ereignis nach dem „Tode Gottes": *„Todt sind alle Götter: nun wollen wir, dass der Übermensch lebe.'* – diess sei einst am grossen Mittage unser letzter Wille! –" (Z 1, Von der schenkenden Tugend 3; 4, 102)

In dieser Form hat die von Zarathustra beschworene, von Nietzsche später nur noch im Nachlaß erläuterte Vision des „Übermenschen" offenkundig mythische Züge. Auch darin erinnert sie an die Heldensagen der frühhellenischen Epoche. Vom Menschen ausgehend, wird hier auf etwas Göttliches verwiesen. Der ferne, der allwissende und allmächtige Gott ist tot; aber das vom Menschen in Gott Gesuchte, die zu allen großen Leistungen benötigte stützende und steigernde Kraft, wird ihm nun nach Art eines künftigen Ziels vor Augen gerückt. Mehr noch: Der Mensch kann an dieser ihn überhöhenden, ihn letztlich selbst überwindenden Kraft seinen eigenen Anteil haben: „Einst sagte man Gott, wenn man auf ferne Meere blickte; nun aber lehre ich euch sagen: Übermensch. Gott ist eine Muthmaassung, aber ich will, dass euer Muthmaassen nicht weiter reiche, als euer schaffender Wille. Könntet ihr einen Gott *schaffen*?" (Z 2, Auf den glückseligen Inseln; 4, 109)

Damit ist das äußerste Ziel einer möglichen Umwertung vorgegeben. Deshalb ist es auch nur konsequent, daß an ihm der Mensch selbst sein Ende findet, geht er hier doch bis zur Unkenntlichkeit über sich hinaus. Aus der Perspektive des Übermenschen könnte er als etwas endgültig Überwundenes erscheinen. So wie der homo sapiens im entwicklungsgeschichtlichen Rückblick auf den Affen als auf einen seiner Vorfahren herabblickt, so könnte der Übermensch eines Tages auf den Menschen herabsehen: „Was ist der Affe für den Menschen? Ein Gelächter oder eine schmerzliche Scham. Und ebendas soll der Mensch für den Übermenschen sein: ein Gelächter oder eine schmerzliche Scham" (Z, Vorr. 3; 4, 14).

Durch den naturgeschichtlichen Vergleich darf man sich freilich nicht täuschen lassen: Zarathustras Vision ist keine biologistische Utopie; es wird kein Modell für eine künftige Evolution des Menschen entworfen. Die Projektion des Übermenschen erfolgt vielmehr aus einer kulturgeschichtlichen Diagnose und die wiederum vornehmlich aus der Sorge um das Schicksal des Menschen. Daß dabei auch das mögliche Ende des Menschen in Rechnung gezogen wird, ist nicht mehr als realistisch. Wenn kein Gott das Dasein des Menschen garantiert, kann es jederzeit damit zu Ende sein. Daran erinnert der Begriff des Übermenschen in durchaus ernüchternder Weise.

5. Willen zur Macht

Die Experimental-Philosophie wagt sich in den achtziger Jahren ganz direkt auf das klassische Feld der Metaphysik. Philosophisch gesehen ist das nur konsequent, denn Nietzsche braucht, wie jeder gründliche Denker, ein Fundament für seine praktischen Erwartungen. Das Vertrauen in die „Unschuld des Werdens" oder die Hoffnung auf eine „Umwertung der Werte" sind ebenso wie die Tugend des „freien Geistes" auf einen verläßlichen Grund angewiesen, wenn sie mehr sein sollen als die fixen Ideen eines hochgestimmten Exzentrikers.

Bei oberflächlicher Lektüre freilich bleibt Nietzsches Bemühen um eine metaphysische Begründung leicht verborgen. Denn erstens polemisiert er gegen alle überlieferten Formen der Metaphysik, so als sei die Metaphysik überhaupt am Ende; und zweitens wählt er Begriffe, die anscheinend weit von aller Metaphysik entfernt sind. So rückt er in der Tat von allen metaphysischen Versuchen ab, die eine Verdoppelung der Welt durch eine

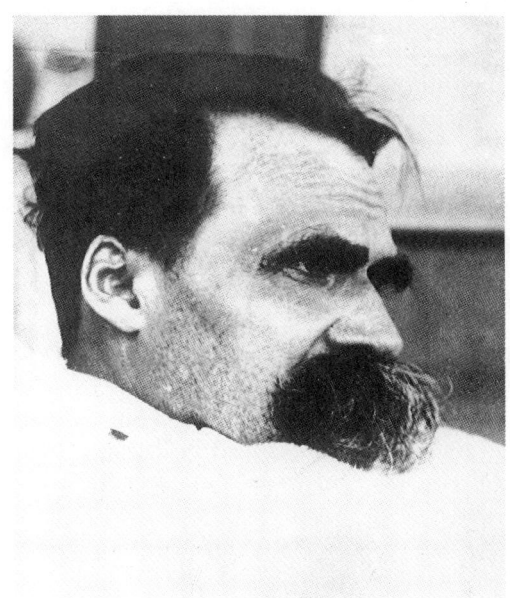

Friedrich Nietzsche, Krankenbild, 1899. Stiftung Weimarer Klassik.

Unterscheidung nach dem Modell von (täuschender) Oberfläche und (wahrem) Kern vornehmen; schon die Gegenüberstellung von Schein und Wesen oder von Erscheinung und Ding an sich hält er für eine heimtückische Erfindung im Zeichen des „asketischen Ideals". Er wehrt sich auch mit guten Gründen gegen die Neigung der Metaphysik, ihren allgemeinen Begriffen, sei es nun „Wirklichkeit" oder „Existenz", „Substanz" oder „Ursache", reale Gegenstände unterzuschieben, so als gäbe es „die" Wirklichkeit tatsächlich nach Art eines Gegenstandes (vgl. GD, Vernunft, u. GD, wahre Welt; 6, 74 ff.). Wenn wir aber Metaphysik mit Kant als den Versuch verstehen, die Bedingungen und Grenzen menschlicher Erkenntnis kritisch abzuschätzen, dann ist Nietzsche trotz alledem ein Metaphysiker im vollen Sinn des Wortes – und das keineswegs erst dort, wo er Sätze wie den be-

reits zitierten spricht: „*Aber es giebt Nichts ausser dem Ganzen!*"
(GD, Irrthümer 8; 6, 96)

Wohl am deutlichsten wird dies bei näherer Betrachtung des vielleicht populärsten Hauptbegriffs im Spätwerk, der sich auf den ersten Blick allerdings eher wie ein politisches Schlagwort als eine elementare und traditionsreiche metaphysische Kategorie ausnimmt. Gemeint ist der „Wille zur Macht". Er bezeichnet, nein: er *ist* die „Lehre" Zarathustras. In ihr erfährt die Konzeption des „Übermenschen" ihre theoretische und praktische Absicherung, und selbst für den „abgründlichsten Gedanken", den Gedanken der „ewigen Wiederkehr", wird noch ein begrifflicher Rahmen erstellt.

Zarathustra läßt keinen Zweifel daran, wie wichtig ihm „sein" Wort vom „Willen zur Macht" ist. Er glaubt, damit ins Innerste des Lebens vorzustoßen. Dies soll mehr als bloße Metapher sein, denn er will das Ganze der das Leben treibenden Kräfte erfassen und muß daher sowohl ihr Äußeres als auch ihr Inneres zu begreifen suchen. Und so schwer es auch ist, bereits diese Absicht angemessen zu verstehen, so bringt er doch mit der Sicherheit des großen Denkers die erahnte und erdachte Ganzheit, die experimentalphilosophische Einheit des inneren und äußeren Moments der Kraft, auf einen Begriff: den „Willen zur Macht". Beachten wir zunächst, wie Zarathustra erstmals von seiner Entdeckung spricht: „Hört mir nun mein Wort, ihr Weisesten! Prüft es ernstlich, ob ich dem Leben selber in's Herz kroch und bis in die Wurzeln seines Herzens! Wo ich Lebendiges fand, da fand ich Willen zur Macht; und noch im Willen des Dienenden fand ich den Willen, Herr zu sein" (Z 2, Von der Selbst-Ueberwindung; 4, 147 f.).

Dem Leben „in's Herz" zu kriechen ist bekanntlich die Absicht der Psychologie. Nietzsche verfolgt dieses Erkenntnisziel aber nicht bloß individuell, also bezogen auf die einzelne Seele, sondern er sucht im analytischen Rückgang auf die inneren Beweggründe des Menschen nach den Triebkräften des Lebens überhaupt. Sein philosophisches Interesse zeigt sich darin, daß er seit der Mitte der siebziger Jahre darum bemüht ist, das dominierende Motiv des Lebens, also eine Art Elementartrieb, zu ermitteln. Dazu experimentiert er bereits in ‚Menschliches, Allzumenschliches' mit verschiedenen Hypothesen. Mal hebt er die Eitelkeit als beherrschendes Movens hervor, dann geht er eine Weile – und zwar im Anschluß an Schopenhauers „Willen zum Leben" – von der Selbsterhaltung aus. Dabei kann er sich auch im Einklang mit dem damals aufkommenden Darwinismus wissen. Schließlich stößt er auf das Machtgefühl als den in allem Streben nach Erfolg gesuchten Selbstgenuß. Der Mensch, so ist Nietzsches Vermutung, sucht letztlich immer nur nach Beweisen seiner Fähigkeit und Kraft, um sich darin selbst zu bestätigen. So ergibt sich ein zwingender Zusammenhang von Machtgefühl und Selbstgenuß (vgl. MA 1, 102–104; 2, 99 ff.). Und damit ist auch schon entschieden, daß ihm das quasi-mechanische Konzept der „Selbsterhaltung" nicht genügt.

Von größter Bedeutung für das Verständnis des „Willens zur Macht" ist nun, daß Nietzsche nach ausgedehnter naturwissenschaftlicher Lektüre zu Beginn der achtziger Jahre die Perspektive des Psychologen erweitert. Er fragt nun nicht mehr allein nach dem Basismotiv menschlichen Verhaltens, sondern sucht nach dem elementaren Antrieb des Lebens überhaupt. Ja, mehr noch: er will an den Ursprung aller Bewegung zurück. Gleichwohl bleibt er dabei immer noch der entlarvende Psychologe, als der er angetreten ist. Denn ihn interessiert das *Motiv* hinter den wirkenden Kräften, also nicht bloß eine von der Physik zu beschreibende äußere Kausalursache, sondern der innere Beweggrund, der alle Kräfte – organische und anorganische – äußerlich wie innerlich antreibt.

In der ‚Morgenröthe' spricht Nietzsche seine auf die gesamte Natur ausgedehnte Erwartung erstmals deutlich aus und fordert einen „Sieg über die Kraft": „Immer noch liegt man vor der *Kraft* auf den Knieen – nach alter Sclaven-Gewohnheit – und doch ist, wenn der Grad von *Verehrungswürdigkeit* festgestellt werden soll, nur *der Grad der Vernunft in der Kraft* entscheidend: man muss messen, inwieweit gerade die Kraft durch etwas Höheres überwunden worden ist und als ihr Werkzeug und Mittel nunmehr in Diensten steht!" (M 548; 3, 318)

Dieses „Höhere", das die Kraft überwinden soll, glaubt Nietzsche von 1883 an im Begriff des „Willens zur Macht" gefunden zu haben. Der „siegreiche Begriff ‚Kraft'", also jener Begriff, vor dem die Naturwissenschaftler seinerzeit immer noch „auf den Knieen liegen" und mit dem sie „Gott und die Welt geschaffen haben", bedürfe noch einer „Ergänzung": „es muß ihm eine innere Welt zugesprochen werden, welche ich bezeichne als ‚Willen zur Macht', d. h. als unersättliches Verlangen nach Bezeigung der Macht; oder Verwendung, Ausübung der Macht, als schöpferischen Trieb usw." (N 1885, 36/31; 11, 563).

Der „Sieg über die Kraft" kann nur von „innen" kommen, denn „aussen" ist definitionsgemäß *alles* Kraft. Die zur bloßen Äußerlichkeit ausgestülpte physikalische Welt kann durch nichts Stoffliches bezwungen werden. Ein sie ergänzendes Gegenprinzip kann ihr allein aus einer „inneren Welt" erwachsen, und dessen Wirkung kann schwerlich anders als nach Art eines Triebes, eines Strebens oder eines Willens vorgestellt werden. Gefordert ist damit eine Kraft, die, aus einem Zentrum kommend, in der äußeren Sphäre wirkt, eine Dynamik, die sich zwar immer auch in physischen Veränderungen zeigt, die aber nur einen aus sich selbst kommenden, man könnte sagen: einen psycho-physischen Ursprung haben kann. Nietzsche entscheidet sich für den Begriff „Wille zur Macht". Dieser bezeichnet die ursprüngliche Einheit aller geistigen und physischen Kraft. Die Einseitigkeit der bloß auf Vermessung und Berechnung gerichteten Außenperspektive soll solcherart behoben werden; der „Sieg über die Kraft" zielt aber nicht etwa auf Vernichtung oder Verneinung, sondern lediglich auf die Einbindung der äußeren Kräfte in einen ganzheitlichen, organischen Zusammenhang – auf „Einverleibung", wie Nietzsche immer wieder sagt. Der letztlich siegreiche Begriff des „Willens zur Macht" soll die Dualität von „innerer" und „äußerer" Welt aufheben. Seine Wirksamkeit basiert auf der Einheit von Körper und Seele und sichert den Zusammenhang aller Erscheinungen in einer diesseitigen Welt, die gerade durch ihre innere Stimmigkeit auf kein Jenseits mehr angewiesen ist.

Die auf das Ganze der vom Menschen erfahrenen und erlebten Wirklichkeit ausgerichtete Suche nach einer „inneren Welt" läßt die unerhörte Erweiterung der psychologischen Fragestellung erkennen. Darin werden die weitgespannten metaphysischen Erwartungen erkennbar, die Nietzsche mit seinem neuen Begriff verknüpft. Es soll ein Grundbegriff sein, aus dem sich das Werden herleiten läßt – und zwar keineswegs allein in dem engen Sinn einer naturwissenschaftlichen *Erklärung.* Da der Begriff aus einer psychologischen Analyse hervorgegangen ist und das *Motiv* aller wirklichen Kräfte erschließen soll, ist er letztlich darauf angelegt, das Werden zu *verstehen.* Methodologisch gesprochen fahndet Nietzsche also nach einem hermeneutischen Zugang zur Natur.

Auf den ersten Blick erscheint diese Absicht wenn nicht abwegig, dann zumindest antiquiert. Es sieht so aus, als solle der Fortschritt, den die Objektivierung der Natur durch die szientifischen Verfahren gebracht hat, rückgängig gemacht werden. In den Mechanismus toter Kräfte wird etwas Lebendiges hineingeheimnist; der äußeren Wirksamkeit kausaler Ursachen wird ein „innerer" Grund beigesellt, der sich jeder Messung entzieht. Darüber hinaus ist der prinzipielle Unterschied zwischen physischen und psychischen Sachverhalten nicht beachtet; so muß beinahe der Eindruck entstehen, Nietzsche wolle am Ende eines Jahrhunderts der triumphalen naturwissenschaftlichen Erfolge zu einem vorwissenschaftlichen Panpsychismus zurück. Doch das Gegenteil ist der Fall! Erst heute können wir ermessen, wie modern Nietzsches Fragestellung ist, die über die Abgrenzung zwischen Natur- und Geisteswissenschaften hinaus ist und die den Ursprung unserer Erkenntnis in uns selber nicht vergißt.

Nietzsche selbst weiß sich in Übereinstimmung mit den fortgeschrittenen philosophischen und naturwissenschaftlichen Theorien seiner Zeit. So verfolgt er beispielsweise die in der zeitgenössischen Literatur diskutierte Wiederaufnahme des aristotelischen Begriffs der „dynamis", den man lateinisch mit „potentia" übersetzt und der im Deutschen meist mit „realer Möglichkeit" wiedergegeben wird. Eine angemessenere Übersetzung dieses klassischen Begriffs der Metaphysik, der in der neuzeitlichen Philosophie bei Spinoza und Leibniz, bei Locke, Hegel und Schelling große Beachtung gefunden hat, ist der Ausdruck „Macht". Es ist keineswegs der heute im Vordergrund stehende *politische* Sinn des Wortes, sondern primär dieser *meta-physische* Bedeutungsgehalt von „dynamis" und „potentia", der Nietzsche zur Wahl seines Leitbegriffes anregt.

Naturwissenschaftliche Anregung zu diesem Ansatz hat Nietzsche schon früh durch die Lektüre der Schriften von R. G. Boscovich empfangen, dessen Aktualität erst heute wiederentdeckt wird. Boscovich hatte in seiner „Zeitatomlehre" bereits im 18. Jahrhundert den Versuch gemacht, eine Atomistik der „Empfindungspunkte" zu entwickeln und war dabei von der These ausgegangen, die Materie sei selbst „nur als Empfindung" gegeben. Durch die Forschungen Robert Mayers sieht Nietzsche nun, daß die Kausalursachen auch nur auf Interpretationen beruhen, mit deren Hilfe das erkennende Subjekt der jeweiligen „Kraftexplosionen" Herr zu werden versucht. Ein philosophisches Modell zur nicht bloß mechanischen Deutung des Kraftbegriffs findet er auch in den Schriften Otto Casparis, der im Anschluß an Leibniz und Kant die „innere Beziehungstätigkeit" der in Wechselwirkung stehenden Teilchen der Materie begrifflich zu fassen sucht. Und schließlich greift Nietzsche auch bereitwillig auf Gedanken des Anatomen Wilhelm Roux zurück, der im „Kampf der Teile im Organismus" ein Prinzip der physiologischen Selbststeuerung aufgestellt hat, das systemtheoretischen Überlegungen im Anschluß an die Kybernetik bereits sehr nahe kommt.

Vor diesem historischen und systematischen Hintergrund wird auch sogleich verständlich, daß der den „siegreichen Begriff der Kraft" letztlich noch überwindende Begriff des „Willens zur Macht" stets eine Pluralität bezeichnet. Denn so wie die physikalische Kraft nur in einer Vielzahl von Kräften vorkommt, so kann es den „Willen zur Macht" stets auch nur in einer Vielfalt teils zusammenwirkender, teils gegensätzlicher Mächte geben. Deshalb empfiehlt es sich, mit Blick auf den Realitätsgehalt des „Willens zur Macht" stets von der *Vielfalt der Willen zur Macht* zu sprechen.

Nietzsches Ergänzung des physikalischen Begriffs der „Kraft" durch den im Sinne von „dynamis" und „potentia" angelegten Begriff der Macht wird verständlicher, wenn wir uns auch die alltägliche Bedeutung des Begriffes vor Augen führen: Offenkundig ist, daß wir auch heute von Macht nicht nur im politischen Sinne sprechen. Die Macht Gottes, die Macht des Schicksals oder die Macht der Gewohnheit sind sprichwörtlich. Keine Lebenslage ist ohne rettende oder versagende Mächte. Von der Macht der Liebe oder der des Wissens, der Macht der Musik oder der Sprache, von der Übermacht des Schlafes oder der des Todes reden wir ganz selbstverständlich. Die Macht ist irgendetwas, das in irgendeiner Weise Wirkungen hervorbringt oder hervorbringen kann; sie ist aber nicht schon diese Wirkung selbst. Deshalb trifft man den Sinn des Wortes besser, wenn man es mit „Disposition zu Wirkungen" oder einfach mit „Vermögen" übersetzt, in einen Ausdruck also, der auch etymologisch mit dem Machtbegriff zusammenhängt.

Damit stellt sich eine eigentümliche Richtungseigenschaft der Macht heraus. Sie scheint in irgendeiner Weise auf eine Wirkung zu zielen, insbesondere dann, wenn sie diese Wirkung „noch nicht" zeigt, wir sie aber – entweder jederzeit oder unter bestimmten Bedingungen – erwarten. Wir erleben und erfahren Mächte so, *als ob* in ihnen eine Absicht wirke. Der Macht scheint ein Wille innezuwohnen, der jederzeit zu Wirkungen bereit ist. Es ist zumindest ein *Analogon* des Willens, das wir in der Macht als wirksam ansehen. Jede Berührung mit einer Macht wird als eine Herausforderung des Willens erfahren. Solange Macht im Spiele ist, ist auch der Wille tangiert. Da nun aber vom Willen ernsthaft nur gesprochen werden kann, wenn ihm eine Realisierungschance entspricht, wenn er das Vermögen zu möglichen Wirkungen einschließt und wenn tatsächlich die Macht nicht anders erfahren werden kann, als ob in ihr ein Wille wirke, rufen sich Macht und Wille wechselseitig auf den Plan. So wie keine Macht ohne einen durch sie wirkenden Willen vorgestellt werden kann, so zerfällt auch der Wille, wenn er machtlos ist; er wird zu einem „ohnmächtigen" Willen und damit zum bloßen Wunsch.

Diese Deutung der Macht, mit ihrer notwendigen inneren Beziehung zum Willen, stößt jedoch auf die Schwierigkeit, daß Nietzsche kaum eine Gelegenheit ausläßt, um gegen den „Willen" zu polemisieren. Nicht weniger heftig sind seine Angriffe gegen die Annahme sogenannter „Vermögen". Wie paßt das zu seiner Auszeichnung der Macht und vor allem zu seinem nachdrücklichen Gebrauch des Ausdrucks „Willen zur Macht"?

Gerade die Machtanalyse erlaubt, diesen Widerspruch aufzuklären: Nietzsches Einspruch richtet sich gegen den Willen als spontane Ursächlichkeit eines Ichs. Einen freien, substantiellen Willen, der bloß aus sich heraus wirkt, den „giebt es nicht"! Es gibt ihn ebensowenig, wie es die „Wahrheit", die „Wirklichkeit" oder das „Subjekt" in einem absoluten, sprach- und denkunabhängigen Sinne gibt. Es ist aber etwas anderes, ob wir den „Willen" nach Art eines Gegenstandes verstehen oder ob wir in ihm lediglich ein *Zeichen* psychischer Prozesse sehen. Wenn wir uns bewußt sind, daß wir ganz bestimmte Ausdrucksformen des Lebendigen lediglich im Sinne eines Wollens *deuten*, daß wir uns selbst und andere nach dem Schema des Wollens *interpretieren*, dann umgehen wir die von Nietzsche kritisierten Mißverständnisse der alten Metaphysik und können, so wie er es mit seinem Begriff des „Willens zur Macht" tut, unbefangen auch wieder vom „Willen" sprechen.

Was wir als „wollen" deuten, ist also zunächst nur die Empfindung eines elementaren Dranges. Wo sich Triebe und Bedürfnisse melden, wo Furcht, Freude oder Schmerz auftreten, wo Lust anzieht und Unlust abstößt, kurz: überall, wo der organische Prozeß eine Stellungnahme von uns selbst fordert, da bietet sich auch der „Wille" an. Er entspringt der fundierenden Dynamik des Leibes – oder eben genauer: Er zeigt diese Dynamik für uns an. Während für Schopenhauer der Leib noch eine Vergegenständlichung des Willens und damit lediglich eine Vorstellung des Wollens ist, wird der Wille bei Nietzsche zu einer bloßen Vorstellung des Leibes. Und diese Vorstellung ist lediglich eine Auslegung, eine Interpretation unserer selbst. Als Zeichen ist der Wille ein von uns gedeuteter Ausdruck der lebendigen Kräfte. Er zeigt ihre Stärke und ihre Richtung an; er ist ein auf Mitteilung angelegtes Zeichen sogenannter „Kraftentladungen"; er tritt im Medium von Befehl und Gehorsam auf, ist auf das Gegenüber anderer (lediglich erdeuteter) Willen angewiesen und tendiert mit dem Anspruch auf Unterordnung zu hierarchischer Organisation.

Alles dies aber sind Momente, die nicht nur den Willen, sondern auch die Macht auszeichnen. Der Wille konzentriert die Machterfahrung auf *einen* Vorgang. Er überzeichnet die flüchtige Dominanz einer Regung, er setzt ein Ziel und suggeriert einen aus sich selbst verständlichen Anfang. Er autonomisiert ein Geschehen, das faktisch allenfalls ein Moment in einem komplexen Ablauf ist, erlaubt so jedoch, mit uns selbst und anderen auf dem Wege wechselseitiger Interpretation umzugehen. Nachdem die Illusion einer Autonomie des Willens durchschaut ist, bleibt von ihm nurmehr die Funktion des Zeigens und des Bezeichnens von Macht. Er übersetzt das Machtgefühl in einen mitteilbaren Anspruch, erlaubt die Rede über das, was sich im Verhältnis von Befehl und Gehorsam gegenübersteht. Er setzt das nach außen gerichtete Symbol einer nach außen gerichteten Aktivität, zielt also sowohl in seiner Bedeutung wie auch in seiner realen Bewegung auf andere. Im Wollen geht eine Macht, wie schwach sie auch immer sein mag, über sich hinaus, so daß man sagen kann: Aller Wille ist Wille zur Macht. Also könnte man es auch bei der bloßen Bezeichnung „Wille" oder „Wollen" belassen. Doch Nietzsche möchte um jeden Preis vom reinen Willen loskommen. Deshalb wird ausdrücklich hinzugefügt, was in jedem Willen ohnehin schon steckt, nämlich seine notwendige Ausrichtung auf Macht.

Die ausdrückliche Einbindung der Macht in das Wollen erlaubt aber nun ihrerseits, den Übergang auch in die andere Richtung – von der Macht zum Willen – zu vollziehen: Die Macht steht für die Gesamtheit äußerer Mittel und deckt die Sphäre möglicher Wirksamkeit vollständig ab. Sie bedarf jedoch, um überhaupt als solche erkannt zu werden, eines steuernden Zentrums. Mit jedem Auftritt verweist sie „hinter" sich auf eine koordinierende Instanz, die wir als „Willen" begreifen. Also können wir eine Macht, sei es unsere eigene oder irgendeine andere, gar nicht ohne Willen denken. Bereits in der Wahrnehmung der Macht ist deren Drängen nach Macht augenblicklich eingeschlossen, ihr wie immer auch beschaffener Auftritt scheint unmittelbar als Ausdruck einer inneren Dynamik. Diese Dynamik ist in jedem Fall auf Macht gerichtet. Also wirkt in jeder Macht ein Wille zur Macht.

Der aufgezeigte Zirkel schließt sich somit in beide Richtungen: In jeder Macht drängt a priori ein *Wille* zur Macht, und jeder Wille ist a priori ein Wille zur *Macht*. Deshalb ist es auch erlaubt zu sagen, daß Nietzsches berühmte Formel eine Tautologie darstellt: In jedem Willen steckt immer schon eine Ausrichtung auf Macht, und keine Macht ist ohne einen steuernden Willen zu denken. Stärker läßt sich die innere Einheit der beiden Begriffe wohl nicht akzentuieren. Letztendlich ist der eine nicht mehr als die Interpretation des anderen.

Die damit offenkundig werdende Redundanz der Formel vom „Willen zur Macht" läßt sich wohl nur als eine rhetorische Steigerung jenes starken Willens zur Tatsächlichkeit, zur realen Wirksamkeit rechtfertigen, dem Nietzsche mit seinem neuen Grundbegriff Ausdruck geben will. Es soll kein Zweifel übrigbleiben, daß der Wille ein Element der als Macht erfahrenen Wirklichkeit ist. Und es soll wohl auch deutlich werden, daß die Krise des neuzeitlichen Bewußtseins nur überwunden werden kann, wenn wir unseren Willen auch praktisch in dieser Realitätsbindung begreifen. Diese Bindung aber zeigt nichts anderes als die Angewiesenheit des Menschen auf seine Welt und damit auf das, was Zarathustra den „Sinn der Erde" nennt.

Auf dem Höhepunkt mechanistischer Weltbetrachtung versucht Nietzsche also mit seiner Formel vom „Willen zur Macht" wieder auf den Standpunkt menschlicher Selbst- und Welterfahrung zurückzuführen. Die Rede vom „Willen zur Macht" ist Ausdruck eines Versuchs, in Anerkennung der überwältigenden Leistungen der modernen Wissenschaft das Weltverhältnis des Menschen in jenem Erleben zu verankern, in dem er sich als organisches, also als leibliches Wesen stets selbst begegnet. In einer Anstrengung, die sein gewiß nicht geringes begriffliches Potential vielleicht übersteigt, versucht Nietzsche, die weltbeherrschende physikalische Perspektive in eine noch umfassendere Perspektive aufzunehmen, die aber dennoch bescheiden bleibt, weil sie die Perspektive des Menschen ist.

Gesetzt, diese Deutung trifft zu, dann gibt uns Nietzsches Lehre nur umso deutlicher zu verstehen, wie radikal seine Suche nach einer philosophischen Antwort auf die Sinnfrage zielt: Da der Wille ebenso wie die Macht für jeden, der sie als solche interpretiert, eine Richtung der Wirksamkeit enthält, sind sie beide auf Sinn angelegt. In der Tradition der Philosophie wird der Wille stets als „zwecksetzendes Vermögen" verstanden; Kant hat ihn ausdrücklich so definiert. Der Zweck aber ist nichts anderes als das, was uns im Handeln die Richtung gibt. Deshalb erkennen wir dort, wo wir etwas als „Wille" deuten, mit Notwendigkeit einen Sinn. Das gilt entsprechend für die Macht. Folglich kann man Nietzsches Versuch, den ganzen Kräftezusammenhang der Natur als ein Gegen- und Miteinander von „Willen zur Macht" auszulegen, auch als einen Akt elementarer metaphysischer Sinngebung begreifen: Durch den „Willen zur Macht" wird in jede Kraft ein Sinn hineingelegt. Deshalb gilt für den Menschen, genauer: für das Individuum, daß es *seinen* Sinn nur findet, wenn es sich im Sinne der Willen zur Macht zu bewegen und auszulegen versteht. Es ist daher eine bis heute noch nicht wirklich verstandene metaphysische Konsequenz Nietzsches, wenn er den Sinn eines Individuums genau darin sieht, daß es sich selbst als Wille zur Macht begreift.

6. Die ewige Wiederkehr

In ‚Also sprach Zarathustra' gibt es noch eine zweite „Lehre". Die aber kommt nicht von dem prophetischen Weisen selbst, sondern sie wird ihm auf eigentümliche Weise mitgeteilt – und zwar von seinen Tieren. Nachdem Zarathustra in einem schwer deutbaren Rätsel, das er als das „Gesicht des Einsamsten" sah, seine Zunge löst, dann jedoch darüber vor Ekel und Verzweiflung schreit, ehe er allmählich zur Genesung kommt –, nachdem er also auf diese den Leser selbst in Mitleidenschaft ziehende Weise vorbereitet ist, versammeln sich seine Tiere, Adler und Schlange, um ihn, weil sie die Zeit für gekommen halten, mit ihm zu sprechen.

Anschaulich führen sie ihm vor Augen, wie sehr die Welt mit

ihren „Wohlgerüchen" und „Bächen" auf ihn wartet. Und er gesteht ein, wie gern er solche Worte vernimmt, auch wenn sie seiner Skepsis nicht standhalten. Er wisse, daß dies alles nur Worte seien, die über die Dinge hinweggehen: In Wahrheit gebe es keine Welt, die da warte; zu jeder Seele gehöre eine andere Welt, ja schon die Vorstellung von einer äußeren Welt sei so falsch wie alles Benennen und Bezeichnen der Dinge: „Es ist eine schöne Narrethei, das Sprechen: damit tanzt der Mensch über alle Dinge." Das aber ist das Stichwort für Adler und Schlange: „Singe und brause über, oh Zarathustra, heile mit neuen Liedern deine Seele: dass du dein grosses Schicksal tragest, das noch keines Menschen Schicksal war! Denn deine Thiere wissen es wohl, oh Zarathustra, wer du bist und werden musst: siehe, *du bist der Lehrer der ewigen Wiederkunft* –, das ist nun *dein* Schicksal!" (Z 3, Genesende; 4, 275)

Und als wollten sie sichergehen, daß er die Botschaft auch wirklich verstanden hat, fassen sie den Kern dieser Lehre noch einmal zusammen: „Siehe, wir wissen, was du lehrst: dass alle Dinge ewig wiederkehren und wir selber mit, und dass wir schon ewige Male dagewesen sind, und alle Dinge mit uns. Du lehrst, dass es ein grosses Jahr des Werdens giebt, ein Ungeheuer von grossem Jahre: das muss sich, einer Sanduhr gleich, immer wieder von Neuem umdrehn, damit es von Neuem ablaufe und auslaufe: – – so dass alle diese Jahre sich selber gleich sind, im Grössten und auch im Kleinsten, – so dass wir selber in jedem grossen Jahre uns selber gleich sind, im Grössten und auch im Kleinsten" (Ebd.; 4, 276).

Das ist die Lehre von der ewigen Wiederkehr des Gleichen. Und zu dieser Lehre gehört ihre literarische Präsentation. Sie wird nur in ‚Also sprach Zarathustra' ausgeführt und dort auch nur als Teil einer Zwiesprache Zarathustras mit seiner Natur. Der prophetische Weise kommt auch nach der Entdeckung dieses – wie es mehrfach heißt – „abgründlichsten Gedankens" nirgendwo dazu, ihn in einer Rede auszubreiten oder zu erläutern. Er nimmt ihn tatsächlich nur noch singend wieder auf, wie etwa in „Das andere Tanzlied" oder im „Ja- und Amen-Lied" (Z 3), die das Rätsel dieses Gedankens eher vertiefen als lösen. Und so bleibt es noch im letzten Lied des Buches, dem „trunkenen" oder

„Nachtwandler-Lied", in dem ihm „Lust", „Ewigkeit" und „Wiederkehr" verschmelzen.

Der Gedanke der ewigen Wiederkunft wird also wie ein Geheimnis vorgestellt. Auch wenn ein Buch nicht der rechte Ort ist, um Geheimnisse mitzuteilen (geschweige denn, sie zu bewahren), ist die literarische Form, in der Nietzsche seinen „Gedanken der Gedanken" ausspricht, ernst zu nehmen. Ganz abgesehen von der mit Zarathustras fiktiver Wiederkehr ohnehin gesetzten Grenze zwischen Kunst und Philosophie muß man den Eindruck haben, daß Nietzsche sich hier – ganz bewußt – an etwas Unmöglichem versucht: nämlich eine durch und durch individuelle Erfahrung auszusprechen. Da dies nur mit Worten von allgemeiner Bedeutung möglich ist, gerät er unvermeidlich an die Grenze des Sagbaren. Angemessen wäre dieser „schwerste Gedanke" der Wiederkunft wohl nur in einer sogenannten „Privatsprache" auszudrücken. „Privatsprachen" aber gibt es nicht. Das hat der den „Käfig der Sprache" vermessende und Nietzsche in vielen Einsichten tief verbundene Ludwig Wittgenstein bewußt gemacht.

Die Sonderstellung der Lehre von der Wiederkunft erhellt auch aus ihrer höchst seltenen Erwähnung in den nach dem ‚Zarathustra' zum Druck bestimmten Schriften. Tatsächlich gibt es nur zwei Stellen, an denen Nietzsche noch einmal auf seinen alles „überwindenden Gedanken" zurückkommt. Beide finden sich in seinem Lebensrückblick ‚Ecce homo' (EH, Geburt 3, u. EH, Z 1; 6, 312 f. u. 335 ff.).

Alle dabei von Nietzsche hervorgehobenen biographischen und literarischen Umstände machen deutlich, daß es mit dem Gedanken der ewigen Wiederkunft eine besondere Bewandtnis hat: Man kann die Wiederkehr nicht wie eine herkömmliche metaphysische These über den Zustand der Welt begreifen. Es wird nicht gesagt, daß da tatsächlich ein – wie auch immer erfahrenes – Insgesamt von Wirklichkeit sei, in dem ein unablässiges Werden und Vergehen herrscht, das sich in – freilich unerhört großen Zeitabständen – genau so wiederholt, daß dieselben Dinge und dieselben Situationen in ewigen Kreisläufen wiederkehren. Zwar ist das allem Anschein nach der mitteilbare Gehalt der These.

Aber wenn es nur um den ginge, bedürfte es weder des Rätsels noch der Tiere noch des Gesangs. Die offenkundige Erschütterung, die mit dem ersten „Gesicht" verbunden ist, wäre ebensowenig verständlich wie die pathetische Befreiung davon, wenn es nur um die Erkenntnis einer kosmischen Rotation aller Ereignisse ginge. Es wird auch nicht in der für Nietzsche typischen kritischen Distanz gesagt, daß wir das, was wir als Ding und Ereignis „interpretieren", in einem weiteren Schritt als Werden und Vergehen „auslegen", welches wir dann – wiederum als Ganzes betrachtet – als ein ewiges Kreisen „deuten". Die Interpretationsthese führt ja lediglich zu einem veränderten metaphysischen Vorbehalt, also zu einer die endlichen Erkenntnisbedingungen des Menschen mitreflektierenden „kritischen Metaphysik".

In einer solchen mit dem Maß des Menschen rechnenden Metaphysik können wir ohne Widerspruch zugestehen, daß alles nur Erscheinung oder Schein ist, wir können also jederzeit einräumen, daß es den „Willen", die „Wirklichkeit" oder die „Wahrheit" in einem absoluten Sinn ebensowenig „gibt" wie es das „Leben", das „Werden" oder auch die „Sprache" gibt. Das kritisch-metaphysische Zugeständnis ändert aber nichts daran, daß wir weiterhin Theorien über die Zeit, über den Kosmos oder über den Anfang und das Ende des Lebens aufstellen. Daher ist es für das Verständnis der Lehre von der ewigen Wiederkunft von entscheidender Wichtigkeit, daß sie offenbar *nicht* in diesem theoretischen Sinn gemeint ist. Ihr überfallartiger Auftritt, ihre existentielle Wirkung, ihre geheimnisvolle literarische Einführung, ihre ausdrückliche Bindung an die Kunstfigur des Zarathustra und nicht zuletzt ihr Selbstverständnis als „tragische Weisheit", die bisher nie gelehrt wurde und die auch künftig nicht gelehrt, sondern vorerst nur von diesem einzigartigen Zarathustra gesungen werden kann: alles dies macht deutlich, daß sie nicht als Theorie – weder über die Zeit, noch über den Kosmos, noch über das Leben – angelegt ist. Sie ist offenkundig mehr – jedenfalls in Nietzsches eigenem Verständnis.

Allerdings ist es alles andere als leicht, dieses Mehr zu bestimmen. Der philosophische Status der Lehre von der ewigen Wiederkehr läßt sich nicht eindeutig benennen. Am einfachsten wäre es noch, ihr in Erinnerung an Platon, den man bei Nietzsche, wie schon mehrfach betont, immer im Auge behalten muß, einen esoterischen Charakter zuzusprechen. So würde sie zur Geheimlehre, die nur in einem Kreis von Eingeweihten ausgebreitet werden könnte. Aber warum lehrt Zarathustra sie dann nicht wenigstens seine Schüler? Außerdem gerät bereits eine esoterische Lehre in ein Abseits der Philosophie – einer Philosophie, wie sie seit Sokrates gelehrt worden ist: Nach dem sokratischen Verständnis kann die Philosophie, auch wenn sie mehr ist als bloße Wissenschaft, auf allgemein gültige Argumente nicht verzichten. Deshalb würde eine nur für Eingeweihte reservierte Lehre ein Diskussionstabu verhängen, das mit dem virtuell öffentlichen Charakter philosophischen Wissens nicht vereinbar wäre. Es ist offenkundig, daß Zarathustra, wenn er schon zu Beginn seiner Wanderschaft vom „Markt" der großen Städte Abschied nimmt, sich exklusiv an seine Schüler wendet und sich auch später nur wenigen Ausgezeichneten mitteilt, seinem Wirken einen esoterischen Charakter zu geben versucht. Da er aber, von Andeutungen abgesehen, die Einsicht in die ewige Wiederkehr sogar diesem engsten Kreis der Vertrauten vorenthält, trifft noch nicht einmal das Attribut „esoterisch" zu. Die Lehre gilt daher im strengen Sinne nur für ihn, und sie bleibt sein – eben nur in Anspielungen angedeutetes – Geheimnis. Als solches haben wir es zu respektieren.

Das schließt natürlich nicht aus, daß wir den Gedanken, so wie *wir* ihn verstehen, interpretieren. Ja, man kann bei einer eigenständigen philosophischen Deutung sogar hoffen, den von Nietzsche gemeinten Sinn zu treffen. Schließlich hat er sich selbst in eigenen Notizen, die heute im Nachlaß zu finden sind, an solchen Interpretationen versucht. Dort stößt man beispielsweise auf die Bemühung, dem Gedanken eine physikalisch-kosmologische Pointe zu geben. So behauptet Nietzsche ohne nähere Begründung: „Der Satz vom Bestehen der Energie fordert die *ewige Wiederkehr*" (N 1887, 5/54; 12, 205). An anderen Stellen versucht er, hypothetische Argumente zu entwickeln, die u. a. so verlaufen:

„Wenn die Welt als bestimmte Größe von Kraft und als bestimmte Zahl von Kraftcentren gedacht werden *darf* – und jede andere Vorstellung bleibt unbestimmt und folglich *unbrauchbar* – so folgt daraus, daß sie eine berechenbare Zahl von Combinationen, im großen Würfelspiel ihres Daseins, durchzumachen hat. In einer unendlichen Zeit würde jede mögliche Combination irgendwann einmal erreicht sein; mehr noch, sie würde unendliche Male erreicht sein. Und da zwischen jeder ‚Combination‘ und ihrer nächsten ‚Wiederkehr‘ alle überhaupt noch möglichen Combinationen abgelaufen sein müßten und jede dieser Combinationen die ganze Folge der Combinationen in derselben Reihe bedingt, so wäre damit ein Kreislauf von absolut identischen Reihen bewiesen: die Welt als Kreislauf der sich unendlich oft bereits wiederholt hat und der sein Spiel in infinitum spielt" (N 1888, 14/188; 13, 376).

Die scharfsinnige Überlegung ist bestechend; doch sie beruht auf Prämissen, die empirisch nicht beweisbar sind. So können wir, auch wenn die Annahme noch so naheliegt, nicht wissen, ob die „Welt", von der Nietzsche hier spricht, als sei sie wie ein großes Ding gegeben, wirklich als eine „bestimmte Größe von Kraft" gedacht werden kann. Und selbst wenn dies zutreffend wäre, bliebe immer noch offen, ob daraus eine endliche Zahl von „Kraftcentren" folgte; denn da durch die Gesamtmenge der Kraft noch keineswegs die Natur der einzelnen Kräfte festliegt, kann auch über deren Quantität keine definitive Aussage gemacht werden. Problematisch ist schließlich auch die Funktion der Zeit, die Nietzsche hier als objektiv gegebene Größe annehmen muß, obgleich er ansonsten eingesteht, daß es sie „an sich" nicht gibt (N 1885, 36/25; 11, 561).

Gleichwohl ist Nietzsches Gedankenexperiment kein Einzelfall; in der zeitgenössischen Wissenschaft gibt es verschiedene Versuche, die schon in der Antike vertretene und in dieser Form bereits von Leibniz durchgespielte These plausibel zu machen. Der in der Tradition der romantischen Naturphilosophen stehende Otto Caspari glaubte sogar, sie mit der ja auch von Nietzsche beabsichtigten „tieferen Erfassung des Kraftbegriffs" beweisen zu können. Doch der Beweis konnte schon damals nicht überzeugen, und er hält auch heute selbst einer wohlwollenden Prüfung nicht stand. Man kommt bestenfalls zu dem Ergebnis, daß ein solcher Beweis nicht zu führen ist. Die These läßt sich weder bestätigen noch widerlegen; anders gewendet: Sie ist, je nach den gesetzten Bedingungen, ebenso plausibel zu beweisen wie zu verwerfen. Damit bestätigt sich auch für die kosmologisch-metaphysische Deutung des Wiederkunftsgedankens Kants Lehre von der Antinomie der reinen Vernunft, die uns vor Augen führt, daß wir weder vom Anfang noch vom Ende unserer Welt ein sicheres Wissen haben können und also auch nicht wissen können, ob sie ewig oder niemals wiederkehrt.

Entsprechendes gilt für Nietzsches nachgelassene Versuche, den Gedanken der Wiederkunft zur Rechtfertigung des Werdens heranzuziehen. „Hätte die Welt ein Ziel, so müßte es erreicht sein", ist ein Satz, den er sich mehrfach notiert (vgl. N 1885, 36/15; 11, 556). Man möchte gar nicht glauben, daß ein so entschiedener Kritiker der Metaphysik sich noch ernsthaft mit solchen Behauptungen abgibt. Doch obgleich auch hier ein logisch-kosmologisches Argument im Hintergrund steht (in „unendlicher" Zeit müßten alle möglichen Kombinationen, also auch die eines Ziels, längst durchgespielt sein), ist sein Interesse offensichtlich ein anderes. Jenes muß zwar auch metaphysisch genannt werden, steht aber in engstem Bezug zur Bewältigung des menschlichen Lebens: Wie können wir das an uns selbst erfahrene und durch uns beeinflußte Werden, nämlich die Geschichte, überhaupt erträglich finden?

Welches Gewicht Nietzsche der Geschichte einräumt, konnte bereits im Zusammenhang seiner anfänglichen Sinnfragen deutlich werden. Ein wirklich befriedigender und insofern auch gerechtfertigter Sinn kann nur gefunden werden, wenn man sich zur Geschichte verhält wie ein Künstler. Man hat also etwas zu schaffen, das sinnlich gegenwärtig bleibt, das zwar als exemplarisches Werk für andere hervortritt, in dessen Produktion man sich jedoch immer auch selbst genießt. So wird der Sinn des Tuns nicht in ein fremdes Äußeres verlegt, sondern verbleibt in der Sphäre des individuellen Erlebens. In den drei Formen geschichtlicher Erfahrung, der monumentalischen, antiquarischen und kritischen, kommen ja lediglich unterschiedliche Weisen der Selbstbezüglichkeit zum Ausdruck. Jeder sucht in der Geschichte *seine eigene* Stärke und findet nur deshalb in ihr seine eigene Bestimmung. Letztlich also sucht und findet auch der historisch bewußte Mensch seinen Sinn in sich selbst.

Die drei Typen der Geschichtsbetrachtung zeigen aber auch, daß die Menschen ohne eine sinnträchtige Erwartung an den Geschichtsverlauf nicht auskommen. Sie unterstellen unvermeidlich eine Richtung mit einem Ertrag des historischen Geschehens und damit immer auch einen *für viele* geltenden Sinn, den noch im ,Antichrist' verteidigten „Gemeinsinn" (AC 42; 6, 217). Nietzsches eigenes Urteil gibt dafür ein Beispiel, es beweist die Kraft des Sinnverlangens selbst noch im Zweifel an der Geschichte: Gegen das Christentum spricht neben allem anderen auch, daß es von der Antike nur noch Trümmer hinterlassen hat, daß „Germanen und andre Rüpel" in der Lage waren, das, „was aere perennius dastand, das *imperium Romanum,* die grossartigste Organisations-Form unter schwierigen Bedingungen, die bisher erreicht worden ist", zu zerstören (AC 58; 6, 245). Diese Erkenntnis erschüttert Nietzsche in ähnlicher Weise wie Jahre vorher die (irrtümliche) Meldung über den Brand des Louvre: „Die ganze Arbeit der antiken Welt *umsonst:* ich habe kein Wort dafür, das mein Gefühl über etwas so Ungeheures ausdrückt. [. . .] der ganze *Sinn* der antiken Welt umsonst! . . . Wozu Griechen? wozu Römer?" (AC 59; 6, 247)

Daß dieses „Wozu?" nicht auf den ganzen Geschichtsverlauf ausgedehnt wird, auch dafür steht Zarathustras Lehre von der ewigen Wiederkunft. Zumindest läßt sie sich so interpretieren. Auch für die Geschichte gilt, daß sie ihr Ziel längst erreicht haben müßte, wenn sie wirklich eines hätte. Auch sie ist ganz und gar dem Werden und Vergehen unterworfen. Also zieht die Wiederkunftslehre die äußerste Konsequenz des Nihilismus, ja sie erscheint als dessen „extremste Form": „Denken wir diesen Gedanken in seiner furchtbarsten Form: das Dasein, so wie es ist, ohne Sinn und Ziel, aber unvermeidlich wiederkehrend, ohne ein Finale ins Nichts: ,die ewige Wiederkehr'. Das ist die extremste Form des Nihilismus: das Nichts (das ,Sinnlose') ewig!" (N 1886/87, 5/71; 12, 213)

Für die Geschichte bliebe bei einer solchen These eigentlich nur eine Konsequenz, nämlich ihre sofortige Liquidation. Denn wenn ihr Ziel entfällt, wird auch alles historische Wollen gegenstandslos. Ohne Ziel will man, selbst wenn man etwas will, letztlich nichts. Denn das große „Umsonst" am Ende hebt alle Zwischenziele auf. Alle Ziele und Werte sind dann nur noch „Lockmittel", mit denen sich die Komödie unseres Daseins in die Länge zieht. (Ebd.)

All das sind die ernüchternden Elemente des Gedankens der ewigen Wiederkunft. Und dennoch hat er für Nietzsche nicht die Konsequenz, tatsächlich *jeden* Sinn zu beseitigen! Die vom Nihilismus nahegelegte Interpretation, „als ob es gar keinen Sinn im Dasein gebe, als ob alles *umsonst* sei", ist nicht die Quintessenz der Wiederkunft. Vielmehr lenkt sie alle Sinn- und Handlungsansprüche auf ihren Ursprung, auf den tätigen Menschen – und nur auf ihn! – zurück. Im Zeichen des „abgründlichsten Gedankens" braucht der stets vom eigenen Leib und vom unmittelbaren Erleben ausgehende und nur von hier durch eigenes Schaffen mit der eigenen Kultur vermittelte Sinn sich nicht mehr in der bloßen Unendlichkeit zu verlieren, sondern er kehrt immer wieder zu sich selbst zurück. Wo mit Blick auf die Geschichte das Nichts droht, stellt die Wiederkunft erneut den *eigenen* Sinn in Aussicht. Darin liegt ihr heilendes, ihr rettendes Moment, auch wenn sie keine allgemeine Besserung und erst recht keine Erlösung von den Übeln des Daseins verspricht. Sie dient allein der „*Genesung*" des historischen Sinns.

Das aber heißt, wenn wir nur auf die Bedeutung von „Genesung" achten: Sie lenkt ihn nicht durch etwas anderes ab, das am imaginären Ende oder gar außerhalb der Geschichte liegt, sondern sie gibt ihm bloß seine anfänglichen Kräfte wieder zurück. Sie schenkt ihn, wie das jeder nach überstandener Krankheit empfindet, dem Leben wieder. So macht die Lehre von der ewigen Wiederkehr auch den skeptisch gewordenen, weder an den welthistorischen Fortschritt noch an das erlösende Heil glaubenden Menschen fähig, historisch zu handeln, d. h. *seine* geschichtliche Aufgabe zu erfüllen.

Bereits diese Deutung macht klar, daß die den jeweils eigenen Sinn einholende Kraft der Wiederkunft nicht erst mit Blick auf die Geschichte wirksam wird. Die heilende Kraft kommt vielmehr in jedem einzelnen Dasein zur Geltung, das in der Lage ist, den Gedanken auszuhalten. Er wird nicht ohne Grund der „schwerste Gedanke" genannt – man muß stark sein, um ihn zu ertragen. Wem das jedoch gelingt, wer nüchtern und energisch genug ist, auf Lohn oder Erlösung an einem wie auch immer gedachten Ende zu verzichten, wer sich damit begnügt, seine Erfüllung ganz in seiner Aufgabe zu finden, *weil* es seine eigene Aufgabe ist, dem wachsen neue Kräfte zu. Denn ihm macht die Lehre der ewigen Wiederkunft bewußt, wie sehr es auf die Erfüllung dieses Augenblicks ankommt. Sie läßt ihn alle künftigen Ziele und Zwecke als trügerisch durchschauen und gibt ihm stattdessen eine Gewißheit: daß *dieser Augenblick* ewig wiederkehrt. Und so lernt er im Ertragen des großen „Umsonst" alles auf seine Gegenwart, auf sein Dasein, auf seinen leibhaftig-lebendigen Sinn zu konzentrieren und „Ja" zum Leben zu sagen: „Des Ringes Durst ist in euch: sich selber wieder zu erreichen, dazu ringt und dreht sich jeder Ring" (Z 2, Tugendhaften; 4, 121).

Eben dieses Kreisen-Wollen im Ring der Wiederkehr nennt Nietzsche nicht nur unser „liebstes Selbst", sondern auch unsere „Tugend": „Ach, meine Freunde! Dass *euer* Selbst in der Handlung sei, wie die Mutter im Kinde ist: das sei mir *euer* Wort von Tugend!" (Ebd., 123) Die Tugend folgt aus dem „Willen zum Selbst", und in ihr vollzieht jedes Individuum sein eigenes Gesetz: „Wir aber *wollen Die werden, die wir sind,* – die Neuen, die Einmaligen, die Unvergleichbaren, die Sich-selber-Gesetzgebenden, die Sich-selber-Schaffenden!" (FW 335; 3, 563) Das ist die praktische, genauer: die ethische Konsequenz der Wiederkunftslehre, und nur aus ihr erschließt sich, was mit dem inzwischen so mißverständlichen Begriff der „Züchtung" gemeint ist, nämlich eine „Selbst-Zucht" unter dem Anspruch eines Gesetzes, das nur das eigene sein kann und das eben deshalb so viel vom einzelnen verlangt.

Man kann, wie das in der Literatur geschehen ist, die ethische Leistung des Wiederkunftsgedankens mit Kants „kategorischem Imperativ" vergleichen und von einem „existentiellen Imperativ" sprechen.[19] Abgesehen davon, daß Nietzsches Gedanke eher experimentell-hypothetischen Charakter hat und nicht mit dem Anspruch auftritt, allgemein begründbar zu sein, liegt darin zumindest eine aufschlußreiche Analogie. Sie gibt zu erkennen, wie sehr es auch Nietzsche um den Primat der Praxis und um eine Selbstbindung des Individuums durch ein Gesetz zu tun ist. Es bedürfte jedoch einer eingehenderen Interpretation beider Denker, um Gemeinsamkeiten und Unterschiede auszuloten. Offenkundig ist, daß Nietzsche seine individuelle Tugendlehre, anders als Kant, im Bewußtsein einer epochalen Krise entwickelt und dabei auf den klassischen Maßstab der Vernunft verzichten möchte.

Ob ihm das tatsächlich gelingt, steht auf einem anderen Blatt. In seinem Bemühen aber setzt er auf die vermeintlichen Geheninstanzen der Vernunft, den Leib, die Sinnlichkeit und überhaupt auf das Individuum einen stärkeren Akzent als alle seine Vorgänger. Dabei betont er ganz von selbst den organischen Zusammenhang des Lebens, in den auch das „kranke Thier", also der mit so starken selbstzerstörerischen, der Natur scheinbar entgegengesetzten Kräften ausgestattete Mensch, zurückfinden muß. Nach der Selbstverstümmelung der Menschheit unter dem Bann des asketischen Ideals versteht Nietzsche dies als einen therapeutischen Vorgang, als „Genesung", und damit als Wiederherstellung und Wiederkehr der ursprünglichen Kräfte.

Natürlich läßt sich der heilende Effekt der Wiederkunftslehre nicht zwingend beweisen. Aber er läßt sich immerhin so veranschaulichen, daß Zarathustras Verhalten und Nietzsches Hoffnung verständlich werden. Dabei tritt dann sowohl in kosmischer wie in historischer Perspektive das Vertrauen in die wohltätigen Kräfte der Natur hervor, das in der Freude über die Genesung immer schon wirksam ist. Das leibliche Weltverhältnis, das seine Kraft aus den rhythmisch pulsierenden, sich in kleinen und großen Zyklen wiederholenden physiologischen Vorgängen zieht, wird so auf das ganze Weltgeschehen ausgeweitet, um auch noch dem exzentrischen Menschen, vielleicht sogar noch dem nach höchsten Aufgaben verlangenden „Übermenschen" einen Rückhalt zu geben, der seinem Selbstverständnis angemessen ist. Indem er seine an sich selbst erfahrene Lebendigkeit auf das Ganze der von ihm erschlossenen Zeit ausdehnt, hat er die Aussicht, auch noch als „freier Geist" – also selbst noch in seinem sublimsten „Willen zur Macht", d. h. in seinem höchsten Bedürfnis nach Sinn : – befriedigt zu werden.

Und gesetzt, *alles* ist „Wille zur Macht", dann kommt diese Einheit aus äußerer und innerer Kraft erst im Kreisen der Wiederkunft wirklich zu sich selbst. Denn die aus einem inneren Zentrum nach außen drängende Kraft muß erst ins Zentrum zurück, um zur vollkommenen Einheit zu gelangen. So schließt sich der „Ring des Seins": „Alles scheidet, Alles grüsst sich wieder; ewig bleibt sich treu der Ring des Seins" (Z 3, Genesende; 4, 273).

Am Ende können wir die Frage nach dem theoretischen Status des Gedankens der Wiederkunft offenlassen. Gewiß wird man die im Nachlaß gefundene Bemerkung, es handle sich um „die *wissenschaftlichste* aller möglichen Hypothesen" (N 1886/87, 5/71; 12, 213), nicht teilen, auch wenn ihr negatives Moment, nämlich die Verneinung aller bestimmten metaphysischen Aussagen über Zwecke und Ziele, dem Geist der Wissenschaft vollkommen entspricht. Die ja nicht unwesentliche positive Aussage, daß alles genau so, wie es ist, wiederkehrt, geht weit über das hinaus, was empirisch oder rein logisch beweisbar ist. Deshalb hat es einen guten Sinn, dem Gedanken der Wiederkunft seinen unaussprechlich individuellen Charakter zu belassen. Es ist ein alter, von Nietzsche ins moderne Bewußtsein gehobener Mythos, der als wissenschaftliche Theorie seinen stärkenden, heilenden Sinn verlieren würde. Er bleibt daher im Kern ein „Geheimnis" und kann für die Interpreten bestenfalls eine „Wahrsagung" (N 1884, 27/58; 11, 289) sein. Deshalb muß auch nicht entschieden werden, ob er, wie Nietzsche hoffte (N 1881, 11/139; 9, 573), die „Religion der freiesten heitersten und erhabensten Seelen" sein kann und sein soll. Diese könnte die „Religion der Liebe" sein, für die ein „freier Geist", nämlich der Hebräer Jesus, bereits einmal ein Beispiel gegeben hat (AC 30 u. 32; 6, 201 u. 204). Nietzsches eigenes Bekenntnis zu dieser Religion der Wiederkunft lautet: *amor fati.*

7. Freier Geist

Es gibt viele Formeln, die Nietzsches Wirksamkeit auf einen Begriff zu bringen versuchen. Alle großen Themen seiner Experimental-Philosophie, die Umwertung der Werte, Nihilismus, Immoralismus und Übermensch, der Wille zur Macht und die ewige Wiederkehr, bieten Anhaltspunkte für ein markantes Kennzeichen seines Wirkens. Da er in seinen Aphorismen und Gedichten und nicht zuletzt in seinem ‚Zarathustra‘ Zeugnis eines überragenden literarischen Talents ablegt, hat man früher das auszeichnende Merkmal gern in seiner Existenz als „Künstlerphilosoph“ gesehen. Das sagt immerhin mehr als die entweder viel zu enge oder viel zu weite Formel vom „Leben als Literatur“, die unter dem Einfluß der modernen Semiotik in Umlauf gekommen ist. Mit guten Gründen gilt Nietzsche dagegen als ein „Aufklärer“, dem es gelingt, selbst noch über die Aufklärung aufzuklären. Wer das Wort versteht, mag in seinen Schriften daher auch einen „Dialektiker der Aufklärung“ am Werk sehen. In dieser Eigenschaft bewirkte er aber nicht etwa, wie Georg Lukács meinte, eine „Zerstörung der Vernunft“, sondern eher wohl das Gegenteil: deren Erweiterung durch Einsicht in ihre geschichtlichen, seelischen und leiblichen Bedingungen. Daß diese Bedingungen höchst begrenzt und überaus gefährdet sind, muß Vertreter einer totalitären Vernunftkonzeption natürlich verstören.

Zu Unrecht hat man Nietzsche auch den „letzten Metaphysiker“ genannt. Mit ihm ist die Metaphysik ebensowenig am Ende, wie sie das nach Kant oder Hegel war. Er hat im Gegenteil nicht eben wenig dazu beigetragen, daß sie auch heute, nach Wittgenstein und Heidegger, mit ihren radikalen Fragen gegenwärtig ist. Wer die Geschichte immer noch in Kategorien des Fortschritts mißt, mag Nietzsche an die „Spitze der Moderne“ stellen oder ihn, je nach Geschmack, zusammen mit Baudelaire oder Goethe zu den Vorboten der sogenannten „Postmoderne“ rechnen. Etwas mehr Berechtigung hat es schon, ihn einen „zügellosen Platoniker“ zu nennen, obgleich auch dieses Urteil nicht gerade viel Gespür für Nietzsches reizbares Krisenbewußtsein verrät. Die früher gern gezogenen Vergleiche mit Karl Marx treffen gewiß auch etwas Richtiges, wenn sie ihn einen „konservativen Revolutionär" nennen. Paradoxien passen ohnehin gut zu diesem heiteren Tragiker und seiner heilig-nüchternen Experimental-Philosophie.

Im persönlichen Umgang friedfertig und verbindlich, freute er sich ungemein, als ein Rezensent eine seiner Schriften mit „Dynamit" verglich. Und seine kleinbürgerliche Herkunft hinderte ihn ebensowenig wie seine bescheidene Lebensweise, sich „erkannt" zu fühlen, als sein erster großer Interpret, der Däne Georg Brandes, in seiner Denkweise einen „aristokratischen Radikalismus" zu entdecken glaubte. Die einstige Freundin, Lou Andreas-Salomé, die einen genauen Blick für ihn bewiesen hat und eines der besten Bücher über ihn schrieb, auch wenn sie seine philosophische Größe noch nicht voll ermessen konnte, nannte ihn einen „Sado-Masochisten an sich selber".

Nehmen wir Nietzsches längst konsolidierte Stellung als „Klassiker" der Philosophie zum Maßstab, so müssen alle diese Formeln als unzureichend angesehen werden. Sie erfassen allenfalls einzelne Problemstellungen und Hypothesen oder bringen auffällige Einstellungen zum Ausdruck, sind aber kaum geeignet, die Vielfalt und Gegensätzlichkeit seiner Themen auf den Nenner seiner philosophischen Größe zu bringen. Wenn es denn überhaupt möglich ist, den Wesenszug seines Denkens unter ein prägnantes Signum zu stellen, so bedarf es dazu vielleicht einer größeren Distanz. Noch ist er uns mit seinen Problemen viel zu nahe. Behelfen wir uns daher mit einem Prädikat, das sich Nietzsche über den größten Zeitraum seines Schaffens hinweg selbst gegeben hat, das wenig spezifisch zu sein scheint und auch nichts Spektakuläres hat, angesichts seiner radikalen Leibphilosophie mit ihrer Relativierung aller psychischen und intellektuellen Leistungen aber nicht nur etwas Überraschendes, sondern auch etwas überaus Mutiges und wahrhaft Tiefes zum Ausdruck bringt: Es ist seine Selbstauszeichnung als „freier Geist".

Mit der Ablösung von Richard Wagner bekennt sich Nietzsche offen dazu, ein „freier Geist" zu sein. Im Herbst 1876 plant er eine fünfte ,Unzeitgemässe Betrachtung', die den Titel ,Der

Freigeist' tragen soll. Aus den fragmentarischen Notizen wird schließlich im Jahre 1878 ein Buch *für* „freie Geister", wie es im Untertitel von ‚Menschliches, Allzumenschliches' heißt. Statt einer Vorrede stellt er ein Zitat aus Descartes' ‚Discours de la Méthode' voran. Darin spricht der strenge Rationalist von seiner langen Suche nach der für ihn besten Beschäftigung und teilt dann sein Ergebnis mit: daß er nämlich „die ganze Frist des Lebens darauf verwendete, meine Vernunft auszubilden und den Spuren der Wahrheit in der Art und Weise, welche ich mir vorgesetzt hatte, nachzugehen" (MA 1; 2, 11).

Das ist das so einfach zu formulierende wie schwer zu realisierende Programm des „freien Geistes". Nietzsche macht es sich ohne Abstriche zu eigen, und seine Kritik an der Wahrheit ändert daran ebensowenig wie seine Abgrenzung von der herrschenden Moral. Seine Absage an absolute metaphysische Ansprüche steht nicht im Widerspruch zu seinem Verlangen nach Wahrhaftigkeit und Redlichkeit. Im Gegenteil: Strenggenommen ist sie nur eine Konsequenz der entschieden individuellen Intellektualität des „freien Geistes", die Nietzsche bis zum Ende seines bewußten Schaffens praktiziert. Und so kommt er 1886 in der Vorrede zur Neuausgabe von ‚Menschliches, Allzumenschliches' auch ausdrücklich auf sein gleichermaßen theoretisches wie praktisches Lebensideal zurück und entwirft sein im Leiden gereiftes Programm des „freien Geistes". Dem Anschein nach hat es mit dem klaren Vorsatz des Descartes nichts mehr zu tun. Doch der gewaltige Unterschied kommt wohl nur dadurch zustande, daß Nietzsche, anders als sein Vorgänger, sich genötigt sieht, sowohl den individuellen wie auch den allgemeinen Lebenshintergrund auszumalen.

Einstmals, so schreibt er im Rückblick, habe er sich die „freien Geister" als „tapfere Gesellen" erfunden, weil er in Krankheit und Vereinsamung Gesellschaft nötig gehabt habe – „als ein Schadenersatz für mangelnde Freunde". Das klingt spielerisch, ebenso die Hoffnung, die er daran knüpft: „Dass es dergleichen freie Geister einmal geben *könnte*, dass unser Europa unter seinen Söhnen von Morgen und Uebermorgen solche muntere und verwegene Gesellen haben wird [. . .]" (MA 1, Vorr. 2; 2, 15).

Der Ton wird merklich ernster, wenn Nietzsche im Anschluß an seine Vision künftiger menschlicher Größe von seiner eigenen Aufgabe spricht. Er hofft, jene künftige Größe vorbereiten zu können, er fühlt sich dazu, auch wenn er selbst nur „Schemen" und „Schattenspiel" sein sollte, durch die hinter ihm liegenden schweren Erfahrungen geradezu prädestiniert. Was er dann beschreibt, ist eine gleichermaßen existentielle wie epochale Deutung von Zarathustras erster Rede „Von den drei Verwandlungen". Es sind, wie wir nun genauer wissen können, die Verwandlungen des „freien Geistes", der die Fesseln der Konvention in einer „grossen Loslösung" abwirft und sich in einem unbändigen Willen zu sich selbst befreit. Dieser Akt, Zarathustras Übergang vom „Kamel" zum „Löwen", folgt aus dem „Willen zum *freien* Willen"; er ist der „erste Ausbruch von Kraft und Willen zur Selbstbestimmung, Selbst-Werthsetzung" und ist überaus riskant. Denn er bringt „Schlimmes und Schmerzliches" mit sich, birgt die Gefahr des Scheiterns und führt auch nur zu einem höchst „fragwürdigen", einsamen Sieg. Aber: „der *erste* Sieg immerhin".

Der „freie Geist" ist damit nicht am Ende. Er hat vielmehr noch einen langen Weg vor sich, ehe er zu „jener ungeheuren überströmenden Sicherheit und Gesundheit" gelangt, zu „jener *reifen* Freiheit des Geistes, welche ebensosehr Selbstbeherrschung und Zucht des Herzens ist". Und was Nietzsche dann als weitere Folge beschreibt, ist die biographisch aufgeladene Vision eines Glückszustandes, den Zarathustra in großartiger Vereinfachung als das Stadium des „Kindes" bezeichnet, eines Kindes, das an alles in naivem Weltvertrauen herangeht und sein Leben – damit freilich auch sein Leiden – stets aufs neue noch vor sich hat. Diese Bindung an einen tragischen Lebenshintergrund bleibt auch erhalten, wenn Nietzsche sich den weiteren Weg des „freien Geistes" ausmalt bis zu jenem „Ueberschuss, der dem freien Geiste das gefährliche Vorrecht giebt, *auf den Versuch* hin leben und sich dem Abenteuer anbieten zu dürfen: das Meisterschafts-Vorrecht des freien Geistes" (MA Vorr. 4; 2, 18).

Wichtig an dieser weitreichenden Erwartung ist zunächst das Vertrauen auf eine gelingende Einbindung in die Natur. Dafür steht die „grosse Gesundheit". In ihr erfährt man die eigene Lebendigkeit positiv; man weiß zwar – bis in die „Chemie der Begriffe und Empfindungen" hinein – von der elementaren Bindung an den Stoffwechsel der Natur, aber man akzeptiert sich als „Pflanze" oder „Thier" und schüttelt auch die Krankheiten des Nihilismus und des Pessimismus ab. Die Gesundheit erlaubt, die eigenen Kräfte auszuleben; erst sie gewährt, das zu tun, was man will; sie führt schließlich ständig neue Lebensenergien zu, ohne die man nicht schöpferisch werden könnte. Hier liegt auch schon der zweite Akzent in der erweiterten Konzeption des „freien Geistes": Nietzsche hofft auf eine Freisetzung produktiver Kräfte, die neue Darstellungs- und Lebensformen schaffen. Der nach der „grossen Loslösung" wieder zu sich selbst zurückkehrende Wille – auch darin liegt eine dem Kreisprozeß des Lebens entsprechende „Wiederkunft" – wird in der „grossen Gesundheit" zum künstlerischen Genius.

Dies ist ein dominierender Gedanke im Werk der achtziger Jahre. Der „freie Geist" hat zu seiner Sinnlichkeit zurückzufinden. Er hat sich seiner eigenen Lebendigkeit zu vergewissern und kann nur so „ästhetisch" werden. Obgleich die Kunst als eine Potenz des „freien Geistes" notwendig intellektuell und individuell verfaßt ist, so schöpft sie doch ihre eigentümliche Kraft aus nichts anderem als eben jener Sinnlichkeit. Darin findet sie ihren elementaren Sinn. Im Rückgang auf den „Sinn der Erde" hat alles Schaffen eine kosmische, geologische und biologische Dimension. Die aber kann nur dann produktiv erschlossen werden, wenn wir uns in unserer Leiblichkeit selbst als ein Element des Lebens erfahren. Folglich muß der Ursprung der Kunst bis in unsere Physiologie hinein verfolgt werden. Genau das versucht Nietzsche in jenen Jahren unter dem Schlagwort einer „Physiologie der Kunst".

Man braucht sich nur daran zu erinnern, daß „Physiologie" von seiner griechischen Bedeutung her „Naturlehre" heißt, um den umfassenden Sinn dieses Vorhabens einzuschätzen. Nietzsche nimmt den Ausdruck zwar in der modernen, nur auf die physis des Leibes bezogenen Bedeutung und sucht nach den Reizen und Reaktionen des ganzen „Nerven-" und „Muskelsystems", um aus ihnen jene Rausch- und Traumzustände abzuleiten, in denen ein Mensch schöpferisch wird; er geht so weit, in der künstlerischen Produktivität einen „Reflex" der inneren Fülle, eine bloße „Entladung", eine „Exuberanz" aufgestauter Energien, letztlich sogar „eine Art Automatismus des ganzen Muskelsystems unter dem Impuls von Innen wirkender starker Reize" zu entdecken (N 1888, 14/170; 13, 356). Aber er kommt in diesen späten Jahren auch verstärkt auf den Kunstgott Dionysos zurück, der die Griechen in einem ursprünglichen Rausch der Sinne und des Sinns mit dem Leben als Ganzem versöhnte. Mit Dionysos jedoch erlangt auch die ästhetische Physiologie eine tiefere Bedeutung. Der Gott holt den Menschen mitsamt seiner Kunst in den Kreislauf der Natur hinein. In seinem Zeichen kann sich der Mensch den Gegensätzen des Daseins überlassen, um gerade darin mit der Welt und mit sich selber eins zu sein. So erfährt er schließlich – in jeweils doppelter Bedeutung – *in sich und außer sich* das Pulsieren von Werden und Vergehen. Nicht ohne Grund wird Dionysos, der Gott der Kunst, zum Gott der Wiederkunft.

Alles dies müßte dem „freien Geist" gegenwärtig sein, wenn er zur höchsten Kraftentfaltung kommt. Seine „Loslösung" entbindet ihn nicht von der tragenden Dynamik der Natur. Das heißt für Nietzsche: Er begreift sich selbst bewußt und ausdrücklich als „Willen zur Macht". Und erst wenn er gegenüber sich und anderen in aller Freiheit seines Wollens und Schaffens diesen letztlich unverfügbaren Impuls aus seinem Inneren bejaht, kommt er im vollen Sinne zu sich selbst. Dann vollendet sich sein „eigentliches Macht- und Freiheits-Bewusstsein", er wird tatsächlich „Herr des *freien* Willens" und erlangt das umfängliche Wissen der „Verantwortlichkeit" (GM 2, 2; 5, 293 f.).

Den Menschen, den „freien Geist", der über ein solches Wissen verfügt, nennt Nietzsche ein „souveraines Individuum". Ihm schreibt er nicht nur alle unter anderen Voraussetzungen verworfenen Eigenschaften wie „Willen", „Freiheit" und „Selbst-Verantwortung" zu, sondern ihm spricht er sogar ein „Gewissen" nicht ab (ebd.). So erst wird der Mensch nach Nietzsche zur „Person", genauer: Er *macht sich* zur Person (vgl. MA 1, 95; 2, 92). Deshalb kann es dann auch nicht mehr überraschen, daß der

„freie Geist" sogar Tugenden hat. Natürlich können diese nicht die Konventionen sein, von denen er sich in der „grossen Loslösung" befreit hat. Die überkommene Sittlichkeit kann, nur weil sie besteht, für ihn keine Verbindlichkeit haben. Das schließt jedoch nicht aus, daß der souveräne Mensch sich aus *eigenen* Gründen daran hält. Seine Tugend kann auch nicht aus abstrakten Grundsätzen bestehen, die unterschiedslos für alle und alles gelten. Sie hat vielmehr *sein eigenes* Gesetz zu vollziehen und muß verbindlicher Ausdruck *seines eigenen* Wollens sein. So wird das „souveraine Individuum" zum „autonomen übersittlichen Individuum", das seine höchste Tugend darin hat, auch noch „Herr" über die eigenen Tugenden zu sein.

Es ließe sich hier relativ leicht zeigen, daß Nietzsche auf diese Weise ganz unvermutet zur radikal verstandenen Ethik Kants zurückfindet. Diese erklärt nämlich auch den einzelnen Menschen „als Person" zum „Zweck an sich selbst". Man könnte beispielsweise den unbedingten „Befehl", den sich der zu sich selbst gekommene „freie Geist" erteilt, als einen kategorischen Imperativ verstehen: „Du solltest Herr über dich werden, Herr auch über die eigenen Tugenden. Früher waren sie deine Herren; aber sie dürfen nur deine Werkzeuge neben andren Werkzeugen sein" (MA 1, Vorr. 6; 2, 20).

Doch lassen wir am Ende den Vergleich mit Kant auf sich beruhen. Offenkundig ist, daß Nietzsche ein Ideal des „freien Geistes" entwirft, das ohne Tugenden nicht gedacht werden kann. Dazu gehören Redlichkeit und Wahrhaftigkeit, Mut und Tapferkeit, die von Zarathustra gepredigte Gerechtigkeit sowie die in ‚Ecce homo' zum Exempel werdende tragische Weisheit. Damit ist der Kanon der antiken Tugenden beisammen. Nimmt man die „Religion der Liebe" hinzu, die im amor fati der Wiederkunft ihren Ausdruck findet, dann fehlt noch nicht einmal die Frömmigkeit. Das „souveraine Individuum" trägt somit alle Züge des „Megalopsychos", des Menschen von hoher Gesinnung, der bei Aristoteles die größten ethischen Vorzüge in sich vereinigt. Dazu kommt der erst vom neuzeitlichen Individuum ausdrücklich gemachte Freiheitsanspruch mit der erklärten Bereitschaft zur Verantwortung.

Gewiß ist die Vision des „freien Geistes" nur eine von vielen in Nietzsches Experimental-Philosophie. Aber neben den anderen großen Projekten – von der Unschuld des Werdens bis zur ewigen Wiederkehr – ist sie mit Sicherheit diejenige, der Nietzsches eigene Lebensführung am nächsten kommt. Natürlich dürfen wir nicht darüber hinwegsehen, daß er sich selbst nur als „Schemen und Einsiedler-Schattenspiel", also als blassen und abseits wandelnden Vorboten des „freien Geistes" charakterisiert. Es gibt auch keinen Anlaß, sein von Krankheit gezeichnetes, an sich selbst leidendes und so schrecklich auseinanderbrechendes Leben zu idealisieren. Und dennoch kommt er uns in seinem Versuch, als „freier Geist" zu leben, philosophisch und menschlich am nächsten. Deshalb dürfte sich über dieses Experiment, das im übrigen jeder an sich selbst zu vollziehen hat, sein Werk auch am ehesten erschließen.

Vielleicht kann sogar Nietzsches wechselvolle Wirkungsgeschichte unter dem Signum des „freien Geistes" verständlich werden. Die „grosse Loslösung" ist schmerzhaft auch für jene, von denen das Individuum sich trennt. Und wenn sich die Verselbständigung so provokativ vollzieht wie bei diesem Denker, dann muß man mit den schärfsten Gegenreaktionen rechnen: Wer bei der Wissenschaft seiner Zeit nur „angeborene Grauhaarigkeit" entdeckt und kommen sieht, daß ihre „gediegene Mittelmässigkeit" im „Ekel" vor sich selber endet (2. UB 9; 1, 315); wer die seine eigene Kultur tragende Religion als eine „folie circulaire" beschreibt (AC 51; 6, 231), die sich lediglich auf eine „Idioten-Formel" gründet (AC 26; 6, 196) und die „Sclaven-Moral" unter der Herrschaft einer „parasitischen Art Mensch" begünstigt (ebd.); wer sich mit verletzendem Spott und schneidender Kritik von den leitenden Idealen seiner Epoche nicht nur einfach distanziert, sondern ihnen überhaupt den „Krieg" erklärt, der hat mit Gegnerschaft, ja mit Feindschaft zu rechnen. Also hat Nietzsche den Kampf eröffnet, und er konnte von Anfang an sicher sein, daß seine Widersacher in der Wahl ihrer Waffen nicht zimperlich sein würden. Und in der Tat, sie greifen zu Wortverdrehung, Zitatverstümmelung und Verfälschung ganzer Texte und setzen in allem auf das bewußte Mißverständnis. Das liegt umso näher, je ferner man dem „freien Geist" steht.

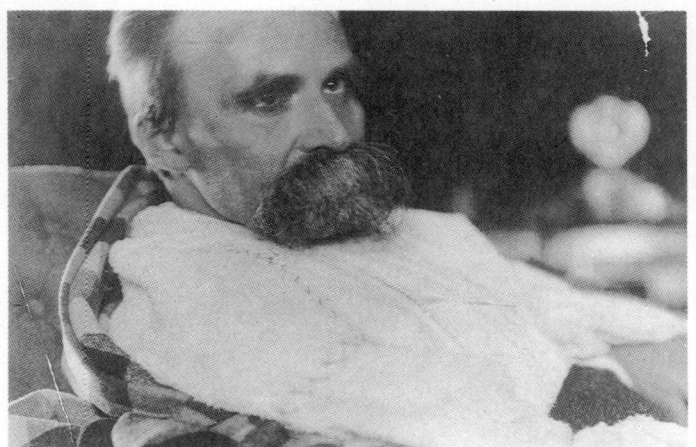

Friedrich Nietzsche, Krankenbild. Stiftung Weimarer Klassik.

Das gleiche gilt für jene, die sich im Kampf geistlos auf Nietzsches Seite schlagen. Die rhetorische Übersteigerung seiner Kritik und das gewaltsame Pathos seiner Bilder und Formeln versprechen leichte Beute. Die Nachlaßverwalter, allen voran die Schwester, haben diese billige Erwartung geschürt und so den Ideologen des zwanzigsten Jahrhunderts Vorschub geleistet. Sie lieferten Munition für den Propagandakrieg, in dem es dann ohne Rücksicht auf den Zusammenhang genügte, den „Willen zur Macht", den „Herrenmenschen" oder die „blonde Bestie" zu zitieren – und schon war für die Fortsetzung der Schlacht gesorgt. Nietzsche hat – daran kann trotz seiner Vorliebe für leise und zarte Töne kein Zweifel sein – den Kriegslärm gewollt. Also mußte er damit rechnen, daß seine Stimme darin zuweilen untergehen würde. Es gehört jedoch zur Ironie seiner Wirkungsgeschichte, daß sich auch der Widerstand gegen die totalitären Ideologien in seinem Namen artikulieren konnte. So steht er in den ideologischen Kämpfen des 20. Jahrhunderts an nahezu allen Fronten und wird gegen sich selbst ins Feld geführt. Die Tragik seines Wirkens setzt sich also nach seinem Tode fort.

Das philosophisch vorrangige Problem beim Verständnis Nietzsches ist jedoch, wie es überhaupt gelingen kann, diesen individuellen Denker der Individualität allgemein zu deuten. Eine für jeden verbindliche Auslegung kann es natürlich bei einem ganz auf sich selbst gestellten „freien Geist" nicht geben. Als Individuum kann er nur *Exempel* für andere Individuen sein. Doch das genügt unseren philosophischen Ansprüchen in der Regel nicht. Also müssen wir uns, so wie das im vorliegenden Buch geschehen ist, an Interpretationen versuchen. Die können aber nur überzeugen, sofern sie in sich selbst schlüssig sind. Ob sie dem Denker, um den sie sich bemühen, gerecht werden, entscheidet sich erst, wenn sie ihm das letzte Wort belassen. Deshalb bleibt am Ende auch nur die Empfehlung, ihn selbst zu lesen und sich von ihm zu eigenem Denken provozieren zu lassen.

V. Vorspiel oder Nachspiel einer Philosophie der Zukunft?

Nietzsche im 20. Jahrhundert

„Sie reden alle von mir [. . .], aber niemand denkt an mich." Dieser resignierte Satz Nietzsches klingt wie ein vorweggenommenes Fazit seiner Wirkungsgeschichte im 20. Jahrhundert. Der erste Teil hat sich in einem geradezu erschreckenden Ausmaß als wahr erwiesen; die zweite Satzhälfte trifft zum Glück nicht auf alle seine Leser zu. Zwei der bedeutendsten Nietzsche-Interpreten, Karl Löwith und Albert Camus, haben sich den Satz als Motto gewählt, um ihn wenigstens durch ihre eigene Leistung zu entkräften. Sie sind nicht die einzigen, die in der philosophisch allein angemessenen und von Nietzsche offensichtlich gewünschten Weise – nämlich durch selbständiges Denken – auf ihn reagierten.

Unter seinen Interpreten gibt es eine stattliche Zahl eigenständiger und urteilsfähiger Köpfe – von Lou Andreas-Salomé über Alois Riehl, Karl Joël, Rudolf Eisler, Robert Reininger und Theodor Litt bis hin zu Michael Landmann, Walter Kaufmann, Peter Heller, Friedrich Kaulbach, Josef Simon und Henning Ottmann – um nur die deutschen (oder aus Deutschland stammenden) Autoren aufzuzählen. Die literarische Deutung hat nach dem Vorbild von Erich Heller und Eckhard Heftrich wissenschaftliche Solidität gewonnen. Die Nietzsche-Philologie konnte nach dem langen Streit um die Nachlaßverwaltung durch das Nietzsche-Archiv endlich auch mit ihrer historisch-kritischen Arbeit einsetzen; hier haben Mazzino Montinari und Wolfgang Müller-Lauter, allein schon durch die Kritische Gesamtausgabe und die Edition der ‚Nietzsche-Studien', große Verdienste; entsprechendes gilt für die von Ernst Behler und Karl Pestalozzi ausgehenden Impulse. Zu erwähnen sind ferner die Biographen

Charles Andler, Curt Paul Janz und Werner Ross, die den philosophisch so aufschlußreichen Lebenshintergrund ausgeleuchtet haben. Schließlich gibt es Denker von hohem Rang, die mit Nietzsches Impuls zu eigenen, originellen Theorien gefunden haben: In Deutschland sind dies vor allem Georg Simmel und Max Weber, Martin Heidegger und Karl Jaspers, Helmuth Plessner und Arnold Gehlen; in Frankreich Henri Bergson, Paul Valéry und der bereits genannte Albert Camus; in Italien Vilfredo Pareto und Benedetto Croce und im angelsächsischen Sprachraum John Dewey, dessen Einfluß auf die Gegenwartsphilosophie vielen erst jetzt zu Bewußtsein kommt.

Doch der philosophische Umgang mit der Provokation durch Nietzsches Werk macht nur den geringeren Teil seiner Wirkung aus. Der Autor des ‚Zarathustra‘ zog insbesondere die *Künstler* – und solche, die es sein wollten – in seinen Bann. Sie sind es denn auch, die ihm über alle nationalen und sozialen Grenzen hinweg zu einer in der Philosophie beispiellosen Popularität verhelfen. Eine vergleichbare Prominenz hat es vorher wohl nur bei Lord Byron oder bei Verdi, in Deutschland allein bei Richard Wagner gegeben. Und erst der Film hat hier später noch eine Steigerung ermöglicht – man denke an Charlie Chaplin.

Das ästhetische Feuerwerk in Nietzsches Schriften, die revolutionäre Gestik seines Stils, die offensive Radikalität seiner Kritik, der gesuchte Bruch mit der eigenen Gegenwart sind dabei jeweils nur einzelne Momente einer Wirksamkeit, die seine schlagartige Popularität allein nicht erklären können. Das 19. Jahrhundert kennt mehr als eine proklamierte Revolution, und es hat die „Umwertung der Werte“ in den wissenschaftlichen, technischen und sozialen Umwälzungen bereits praktisch vollzogen. Gewiß hatte die Ruchlosigkeit im Auftritt des „Antichristen“ etwas Sensationelles. Aber der Nihilismus war, nach Nietzsches eigener Diagnose, eine weithin anerkannte Tendenz. Man wußte schon längst, wie Georg Simmel richtig betont hat, „dass Gott todt ist“. Auch den Aufstand des Genies hatten die vorhergehenden Generationen schon mindestens zweimal geprobt. Also reichen Form und Inhalt der Botschaft Zarathustras allein nicht aus, um die noch vor der Jahrhundertwende einsetzende rauschhafte Nietzsche-Rezeption verständlich zu machen. Der vor dem ersten Weltkrieg betriebene und auch danach noch eine Zeitlang fortgesetzte Nietzsche-Kult hat tiefere Ursachen.

Davon wird heute mindestens eine übersehen, wenn ein neuer Kult allein auf die Texte gegründet wird: Denn es ist vielmehr die in sich überaus widersprüchliche *Einheit von Werk und Leben*, die an Nietzsche fasziniert. Ihre Authentizität beziehen seine Schriften eben nicht allein aus dem Scharfsinn der Analyse, aus der Stringenz der Schlüsse oder aus der Brillanz der Diktion. Aus ihnen spricht von Anfang bis Ende eine tragische Wahrheit, die sich weder rein theoretisch noch bloß semantisch fassen läßt und die ihre existentielle Bestätigung im unfreiwilligen Opfer des Lebens findet. Das ganze Werk erscheint als eine rückhaltlose, leidenschaftliche, mitunter sogar gewalttätige Inszenierung einer intellektuellen Existenz, die im geistigen Zusammenbruch ihre schauerliche Vollendung findet.

Nietzsches einziger Vertrauter, der Baseler Theologe Friedrich Overbeck, hatte, als ihn die ersten Wahnsinnszettel aus Turin erreichten, den Verdacht, der Freund verstelle sich, um seinen auf die Spitze getriebenen Aussagen die letzte Pointe zu geben. Aus intimer Kenntnis von Person und Werk hielt er es durchaus für möglich, der Wahnsinn könne die gesuchte Konsequenz des bisherigen Schaffens sein. Erst als er dem Kranken in Turin gegenüberstand, wurde ihm schlagartig klar, daß hier alle Verstellung am Ende und der Freund nur noch ein „Trümmerhaufen" war (Brief vom 11. 1. 1889 an Köselitz). Gleichwohl blieb Overbeck der Ansicht, Nietzsche habe dem Wahnsinn „zugelebt".

Dieser Eindruck – ganz gleich, ob richtig oder nicht – verbindet sich nach 1890 geradezu zwangsläufig mit der Lektüre von Nietzsches Schriften. Der Abgrund scheint sich unvermittelt im produktiven Geist selber aufzutun. Der sich unter Ansprüche stellende Mensch ist zum Experiment verurteilt; Rettung kann nur das Wagnis bringen: „stecke Dir selber Ziele, *hohe* und *edle Ziele* und gehe an ihnen zu Grunde!" (N 1873, 29/54; 7, 651) Der „Sinn des Daseins" kann nur im selbstgewählten Scheitern liegen: „ich weiss keinen besseren Lebenszweck als am Grossen und Unmöglichen, animae magnae prodigus, zu Grunde zu gehen" (2. UB 9; 1, 319).

Das ist die von Nietzsche vorgelebte Botschaft. Sie trifft den Lebensnerv seiner ersten Leser. Eine ganze Generation genießt die Prophetie des Neuanfangs im Bewußtsein des gerade dadurch möglichen Untergangs. Man euphorisiert sich mit dem Drama des „freien Geistes", der eben niemals „wirklich" frei, niemals „bloß" Geist ist, und doch nichts anderes sein kann und sein will. Die durch die industrielle Umwertung bis ins Innerste erschütterte und zum Äußersten herausgeforderte europäische Intelligenz holt sich aus Nietzsches Lehre den stärksten Zuspruch. Im Zeichen der „grossen Loslösung" darf sie gerade auch die an sich selbst erfahrene Schwäche als Bedingung ihrer Sensibilität und Produktivität annehmen. Die Krankheit wird zum Stigma der großen Seelen, ohne in Widerspruch zur proklamierten „grossen Gesundheit" zu geraten. Das stimuliert insonderheit die Künstler unter den Lesern. Sie machen sich Mut im Geiste Zarathustras. Sie können sich nun ganz ihrem eigenen Sinn hingeben, können sich ihrer Aufgabe opfern und erweisen so dem Leben den besten Dienst. Unter dem Eindruck von Nietzsches Ende sehen sie darin auch schon ihr Schicksal erfüllt. In den existentiellen Imperativ der individuellen Sinngebung kommt somit ganz von selbst ein ästhetisches Moment. Das Leben selbst wird zum Kunstwerk – und dies nicht nur im großen und ganzen, sondern in jeder einzelnen Existenz, sofern sie nur auf den Reiz ihrer eigenen Bedingungen reagiert.

So bietet Nietzsches tragisches Leben im Werk kurz vor Anbruch des 20. Jahrhunderts die gleichermaßen existentielle wie ästhetische Signatur einer mit Hochspannung geladenen neuen Zeit. Wer immer für die Unruhe vor den angesagten großen Ereignissen empfänglich war, der fand hier seinen Stachel. Jeder einzelne durfte sich als Brücke zur Zukunft begreifen. Ob es überhaupt eine Zukunft, einen Zweck oder ein Ziel gab, war allein von seiner Tat abhängig. Die aber unterlag nur der Bestimmung durch ihn selbst. Jeder einzelne war unmittelbar zu seinem eigenen Schicksal. Er hatte nur noch die Notwendigkeit des

Ganzen über sich. Unter dem umgreifenden Gebot des amor fati unterstand er nur noch dem eigenen Gesetz.

Auf diese Weise konnte sich jeder in der Erwartung des „grossen Mittags" sonnen – der selbsternannte imperiale Tatmensch nicht weniger als der feinsinnige Décadent. In der Abschiedsstimmung des fin de siècle wirkte die Artisten-Metaphysik des l'art pour l'art je nach Bedarf als Stimulans oder als Quietiv. Und im Schaffensrausch der neuen technischen und politischen Machtvollkommenheiten befreiten der „Immoralismus" und der „Wille zur Macht" nur zu leicht von allen Rücksichten. Nietzsches exaltierter Renaissancismus bot jedem Zuspruch, sofern er nur nach der Devise des Zeitgeistes im „Strom des Lebens" nach „neuen Ufern" Ausschau hielt. Dabei bot das Programm einer „Umwertung der Werte" aber eben auch den kritischen, den sich unzeitgemäß abgrenzenden Naturen gute Gründe für eine radikale Opposition.

In dieser Ambivalenz erreichte die Botschaft Zarathustras natürlich vor allem die *Jugend* und alles, was sich dafür hielt. Die Heranwachsenden fanden in der Aufbruchsstimmung der ‚Morgenröthe' und der ‚Fröhlichen Wissenschaft' leicht zusammen; sie fühlten sich der „Naivität" des Kindes noch nahe genug, sehnten den Bruch der „alten" und die Verkündigung der „neuen Tafeln" herbei und werteten ihre frischen Kräfte als Beweis für die Einheit von Leib und Geist. Die einen machten einen „Stil" – den „Jugendstil" – daraus, die anderen eine „Bewegung", die den „freien Geist" im „freien Körper" zu erleben suchte. Beide konnten sich auf Nietzsche berufen. Seine „Philosophie der Zukunft" war, trotz ihres kompromißlosen Tons, weiträumig genug, um allen, die der Not der Gegenwart zu entkommen suchten, Vertrauen in die eigenen Kräfte einzuflößen. So konnte es geschehen, daß der Denker einer hermetischen Individualität zum Mentor der ersten Massenbewegung des 20. Jahrhunderts avancierte.

Wir beginnen erst heute zu entdecken, wie groß das kulturelle Spektrum tatsächlich ist, in dem Nietzsches Einfluß zur Geltung kommt: In der *bildenden Kunst* sind es Jugendstil und Expressionismus, Kubismus und Futurismus, alle Varianten des l'art pour l'art, aber eben auch der neue Realismus der Nachkriegszeit, die seine Spuren erkennen lassen. Von Picasso gibt es Zeugnisse einer frühen Nietzsche-Lektüre, in denen er sich den Gestus der Realitätserzeugung durch die Kunst wie eine Selbstverständlichkeit zu eigen macht. Kandinsky, Macke, Marc oder Klee sind mit dem Zarathustra vertraut, und noch die Malerei von Max Beckmann und Otto Dix ist von der Auseinandersetzung mit ihm geprägt. Mit dem Dadaismus und dem Surrealismus beginnt ein neuer Wirkungsabschnitt, der bis in die zweite große Kriegsperiode des Jahrhunderts hineinreicht. Bis dahin sind es insbesondere auch die Bildhauer und Architekten, die aus der monumentalischen Denkweise Nietzsches ihre ins Große und Größte berechneten Anregungen beziehen. Die Namen von Auguste Rodin, Wilhelm Lembruck, Henry van de Velde, Peter Behrens, Bernhard Hoetger oder Bruno Taut müssen hier genügen.[20]

Hinzu kommt das weite Feld *literarischer Rezeption,* in dem sich alles finden ließe, was heute keinen Rang und Namen mehr hat. Nietzsche – auch darin liegt eine Ironie seiner Wirkungsgeschichte – zog Schwärme von jenen an, die er verächtlich als „Legionäre des Augenblicks" und umstandslos als „missrathen", „schlechtweggekommen" oder „parasitär" bezeichnet hätte. Aber man stößt eben auch auf die größten Namen: auf Hofmannsthal, Rilke, Schnitzler, Morgenstern oder George, auf Gerhart Hauptmann sowie auf Heinrich und Thomas Mann oder auf Musil, Benn und Hesse. Außerhalb des deutschen Sprachraums ließen sich Wilde, Shaw, Wells, die beiden Lawrences, Apollinaire, France, Proust, Gide, d'Annunzio, Marinetti oder Kazantzakis und viele andere nennen. – Über die Dichter und über seine eigene Dichtung erreicht Nietzsche dann auch die *Komponisten,* die er ursprünglich direkt durch seine Musik hatte ansprechen wollen. Hier ist insbesondere auf Gustav Mahler und Alban Berg zu verweisen. Aber auch Richard Strauss wäre zu nennen, dessen Vertonung von ‚Also sprach Zarathustra' inzwischen zu den populären Stücken der sogenannten ernsten Musik gehört.

Diese außerordentliche Breiten- und Tiefenwirkung erreicht Nietzsche natürlich nicht als Klassiker. Er wird vielmehr *wie ein*

Zeitgenosse aufgenommen. Ein Indiz dafür ist die bis in die dreißiger Jahre hineinreichende Aktualität jener Literatur, die man „Weltanschauungs-Belletristik" genannt hat und die – von Nietzsche aus gesehen – nur epigonalen Charakter hat: Rudolf Steiner, Ludwig Klages oder Oswald Spengler verfertigen seichte Aufgüsse seiner Ideen und werden doch gelesen, als spräche aus ihnen der Geist der Zeit. Tatsächlich aber wird durch sie nur eine dramatisch vereinfachte und rhetorisch vergröberte Nietzsche-Version pädagogisch, psychologisch oder politisch ausgewertet.

Auch für die besseren Köpfe ist sein Werk alles andere als ein obligates Bildungsgut. Der Geist Zarathustras ist gegenwärtig; das Motiv des „Übermenschen", das Zusammenspiel von Gesundheit und Krankheit oder die Tragik des „Schaffenden", insonderheit des Künstlers, sind die beherrschenden Themen. Darüberhinaus finden sich Belege intensiver theoretischer Auseinandersetzung sowie Zeugnisse glänzender Einsicht. Dies gilt beispielsweise für Thomas Manns bedeutende Rede über ‚Nietzsches Philosophie im Lichte unserer Erfahrung' (1947), eine leidenschaftlich warnende Empfehlung, die jeder beherzigen sollte, der sich mit dem Philosophen befaßt: „Wer Nietzsche ‚eigentlich' nimmt, wörtlich nimmt, wer ihm glaubt, ist verloren."

Wir verstehen freilich die von Thomas Mann schon 1930 mit ähnlichen Worten ausgesprochene Warnung nur angesichts der gewaltigen Faszination, die bis in die Jahrhundertmitte von Nietzsche ausgeht. Seinen ‚Doktor Faustus' nennt Thomas Mann selbst einen „Nietzsche-Roman". Noch 1950 schreibt Gottfried Benn: „Eigentlich hat alles, was meine Generation diskutierte, innerlich sich auseinanderdachte, man kann sagen: erlitt [...] – alles das hatte sich bereits bei Nietzsche ausgesprochen und erschöpft, [...] alles weitere war Exegese." 1952 verschärft er diese Aussage noch einmal und spricht davon, daß Nietzsche „die größte Erschütterung in Deutschland war, die es je gab".[21]

Die *Wissenschaftler* haben sich nicht in gleichem Umfang von Nietzsche erschüttern lassen. Aber auch hier ist sein Einfluß, vor allem auf die neu entstehenden Disziplinen, außerordentlich.

In der *Soziologie* hat wohl nur Georg Simmel hinreichend deutlich zu erkennen gegeben, was er der Systemkritik des

Aphoristikers verdankt. Allerdings hat er bei seiner wichtigsten philosophischen Idee, der Konzeption des „individuellen Gesetzes", die von Nietzsche herkommende Spur nicht kenntlich gemacht. Bei Ferdinand Tönnies, Max Weber oder Karl Mannheim ist der Leser, ebenso wie bei Max Horkheimer und Theodor W. Adorno, ganz auf eigene Spurensuche angewiesen. Inzwischen liegen dazu erste Untersuchungen vor.[22] In Arnold Gehlens Lebenswerk ist der Einfluß Nietzsches offenkundig, aber bis heute noch nicht aufgearbeitet. Manche Besonderheit in der deutschen Soziologie, etwa Ralf Dahrendorfs Lob des Thrasymachos oder Helmut Schelskys Idee einer Anti-Soziologie, glaubt man schon verstanden zu haben, wenn man weiß, was „Gegensatz" („Konflikt") oder „Pathos der Distanz" bei Nietzsche bedeuten. Daß auch die soziologische Rezeption nicht auf Deutschland beschränkt geblieben ist, läßt sich etwa bei Vilfredo Pareto, Marcel Mauss oder Raymond Aron erkennen, bei Autoren also, die nicht – wie beispielsweise Georges Sorel – zu den Nietzscheanern im engeren Sinn gerechnet werden können.

Um den Einfluß auf die *Psychoanalyse* wenigstens anzudeuten, reicht es aus, an eine biographische Bemerkung Freuds, der um 1877 wohl zu den frühesten Nietzsche-Lesern gehört hat, zu erinnern: Er gesteht, daß er Nietzsches Schriften „lange gemieden" habe, weil sich dessen „Ahnungen und Einsichten [. . .] oft in der erstaunlichsten Weise mit den mühsamen Ergebnissen der Psychoanalyse decken".[23] Freud also wollte in der entlarvenden Psychologie des Philosophen nicht schon das finden, was er selbst zu entdecken hoffte; er wollte sich seine „Unbefangenheit" bewahren. Beiläufiger ist Nietzsches Originalität wohl nie gelobt worden. – Deutlicher als der Gründer haben sich die nachfolgenden Theoretiker der Psychoanalyse, Alfred Adler, Carl Gustav Jung, Otto Rank und Sandor Ferenczi, oder auch die mit ihren Beiträgen zur Freud-Schule und zur Theorie des Narzißmus viel zu wenig beachtete Lou Andreas-Salomé, auf Nietzsche berufen. Die spätere Theorieentwicklung, insbesondere in den USA und in Frankreich, hat immer wieder Anleihen bei dem Analytiker des Menschlich-Allzumenschlichen gemacht, nicht selten auch, um damit über Freud hinauszugehen.

Ehe freilich Nietzsche auch in der *Philosophie* Wirkungen zeitigte, mußten einige Jahrzehnte nach seinem Tod vergehen. Dabei ist es keineswegs so, daß der „Dichterphilosoph" anfangs totgeschwiegen oder bloß mißverstanden wurde. In Deutschland war man durch Schopenhauer oder durch Feuerbach und Stirner eigentlich gut auf ihn vorbereitet. Entsprechendes gilt für die angelsächsische Welt, wo Ralph Waldo Emerson über den Pragmatismus von Peirce, James und F. C. Schiller Einfluß auf die universitäre Lehre gewonnen hatten. Dieser Einfluß fand nun wieder in Europa Resonanz und begünstigte die Aufnahme Nietzsches, etwa durch Hans Vaihinger in Deutschland oder durch Alfred Fouliée in Frankreich. Die daraus hervorgehende „Lebensphilosophie" war dann jedoch in beiden Ländern schon keine Theorie mehr, sondern eher eine „Bewegung", auch wenn angesehene Universitätslehrer – wie etwa Wilhelm Dilthey oder Heinrich Rickert – sich um eine philosophische Fundierung bemühten. Im Existentialismus der vierziger und fünfziger Jahre hat die von Nietzsche inspirierte „Lebensphilosophie" dann eine mit dramatischem Gestus vorgetragene Wendung nach innen genommen.

Solange jedoch der Neukantianismus und der Neuhegelianismus zusammen mit einer nur historisch ausgerichteten Forschung an den deutschen Hochschulen herrschten, mußte Nietzsche ein Außenseiter bleiben. Daran änderte zunächst auch die Phänomenologie Husserls nichts. Denn wer glaubte, er könne die Philosophie nur als „strenge Wissenschaft" betreiben, der konnte in dem Autor des ‚Zarathustra' bestenfalls den Dichter bewundern. Die respektablen Monographien von Alois Riehl, Karl Joël, Raoul Richter oder Rudolf Eisler standen einem solchen Urteil zwar entgegen, konnten die vorherrschende Einstellung aber nicht wesentlich ändern. Erst in den zwanziger Jahren kam mit der Entdeckung Kierkegaards und mit der Ausweitung der Phänomenologie auf religiöse, anthropologische und existentielle Fragen ein ganz neues Interesse auf. Karl Jaspers stellte in seiner erstmals 1919 erschienenen ‚Psychologie der Weltanschauungen' den Nihilismus in einen großen geistesgeschichtlichen Zusammenhang; Karl Löwith erprobte mit seiner 1923 angenommenen Dissertation über Nietzsches „Selbst-Interpretation" ein neues Deutungsverfahren; und in den Marburger Vorlesungen Martin Heideggers erscheint Nietzsche bereits als eine der großen philosophischen Gestalten im Hintergrund.

Diese drei Denker waren es auch, die Nietzsche zur geistigen Auseinandersetzung mit dem Nationalsozialismus nutzten – eine politisch riskante und philosophisch ambivalente Leistung, denn nicht wenige sahen in dem Philosophen „mit dem Hammer" einen Protagonisten der braunen Bewegung. In der Tat haben die gewalttätigen Phrasen seiner Moralkritik, seine unendliche Distanz gegenüber allem Recht, die Gleichsetzung von Wahrheit und Lüge, die Verherrlichung alles Starken, Lebendigen und Instinktiven – so differenziert es auch gemeint sein mochte – eine barbarische Stimmung erzeugt, die den Aufstieg Hitlers begünstigte. So entbehrt es nicht einer gewissen Konsequenz, daß Nietzsche nach 1933 ein öffentlich gefeierter und akademisch geduldeter Denker wurde. Jedoch: Mehr als seine Phrasen entlehnte man ihm nicht – nicht selten noch nicht einmal die.

Daran änderte auch Nietzsches Schwester nichts, die unter tatkräftiger Mitwirkung ihres Archivs alles daransetzte, ihren Bruder den neuen Machthabern näher zu bringen. Die Nazigrößen blieben jedoch reserviert. Sie müssen die irritierende Geistigkeit Nietzsches stärker gespürt haben als einige seiner Interpreten vom Schlage eines Alfred Baeumler oder Fritz Giese. Während der eine noch vergleichsweise vorsichtig den „Willen zur Macht" als politische Ideologie für den Faschismus empfiehlt,[24] sieht der andere in Hitler bereits die „Erfüllung" von Nietzsches Denken. Dazu mußte allerdings der Gegensatz von „dionysisch" und „apollinisch" in den von „semitisch" und „arisch" verfälscht und die Hakenkreuzfahne als Symbol der ewigen Wiederkehr erdeutet werden.[25] Auf solche Gewaltsamkeiten verstanden sich dann auch die politischen Akteure, wenn sie in ihren Reden Zarathustras „Werde hart!" oder die markige, auf den „löwenhaft" freien Willen bezogene Wendung von der „blonden Bestie" aus dem Zusammenhang rissen.[26]

Immerhin wurde dadurch erreicht, daß über Nietzsche gelehrt und geschrieben werden durfte. Dieser Freiraum wurde insbesondere von Jaspers, aber auch, obgleich nur geheimnisvoll raunend, von Heidegger genutzt, und sogar der 1933 geächtete und dann vertriebene Karl Löwith hatte dadurch den Vorteil, daß seine bedeutende Studie über die Wiederkunftslehre noch 1935 in Berlin erscheinen konnte. So bestätigte sich zumindest an diesen dreien die von Karl Kraus in ‚Die dritte Walpurgisnacht' (1933) aufgestellte Vermutung, daß es eine „Fahrlässigkeit" sei, Hitler in eine „geistige Verwandtschaft" mit Nietzsche zu bringen.

Angesichts der persönlichen Bedrohung, der insbesondere Jaspers ausgesetzt war, konnte die Distanz zur herrschenden Ideologie natürlich nur verschlüsselt kenntlich gemacht werden. Der Leser wußte aber genau, was Jaspers dachte, wenn er hervorhob, man lerne bei Nietzsche, „das Entgegengesetzte zu denken". Mutig und unmißverständlich war auch der Hinweis, der Kenner hüte sich, „der Wörtlichkeit von Aussagen zu verfallen"; er erfahre im übrigen schnell, daß die „Rohigkeit des Argumentierens mit herausgegriffenen Sätzen" auf Abwege führe und bekomme schließlich eine „Einübung im Zweideutigen" geboten.[27]

Dieser Zweideutigkeit bediente sich Martin Heidegger dann selbst ausgiebig, um in seinen Vorlesungen die eine oder andere Abgrenzung gegenüber den Machthabern vorzunehmen. Wenn man dem Zeugnis seiner Hörer trauen darf, so wurde die versteckte Kritik an Hitlers Gewaltregime von den Anwesenden sehr gut verstanden.[28] Dabei ist bemerkenswert, daß Heidegger nicht nur als Universitätsmitglied tief in die Machenschaften der Machtergreifung verstrickt war, sondern auch als Denker manche diffuse Gemeinsamkeit mit dem Ungeist des Nationalsozialismus teilte. Man würde freilich seine Rolle überschätzen, wenn man das souveräne Urteil, das Karl Löwith später über Nietzsches Verhältnis zur nazistischen Bewegung fällt, auch auf ihn beziehen wollte:

„Nietzsches Schriften haben ein geistiges Klima geschaffen, in dem bestimmte Dinge möglich wurden, und die Aktualität ihrer Massenauflagen während des Dritten Reiches war kein bloßer Zufall. Umsonst betont Nietzsche, daß sein *Wille zur Macht* ausschließlich ein Buch zum *Denken* sei; denn sein Gedanke war eben doch der Wille zur Macht, von dem er wußte, daß er den

Deutschen als Prinzip durchaus verständlich sein werde. [. . .] Der Versuch, Nietzsche von seiner geschichtlich wirksamen Schuld entlasten zu wollen, ist darum ebenso verfehlt wie der umgekehrte Versuch, ihm jeden untergeordneten Mißbrauch seiner Schriften aufzubürden. Gewiß hätte sich Nietzsche so wenig in Hitler wiedererkannt wie Rousseau in seinem Verehrer Robespierre; aber das ändert nichts daran, daß beide einen Umsturz vorbereiteten und andern Wege öffneten, die sie selber nicht gingen."

Heidegger, Jaspers und Löwith haben die systematische Nietzsche-Interpretation der Nachkriegszeit wesentlich beeinflußt. Noch 1973 konnte Peter Köster schreiben, man sei bislang aus dem Schatten des „Monuments", nämlich der zweibändigen Ausgabe von Heideggers Nietzsche-Vorlesungen,[30] nicht herausgetreten: Die Nietzsche-Forschung stehe „unter dem Eindruck von Werken, die ihren Ursprung in den dreißiger Jahren haben".[31] Diese Feststellung trifft in der Tat auf den größeren Teil der Arbeiten zu, insbesondere auf die Werke von Eugen Fink, Karl-Heinz Volkmann-Schluck und Eckhard Heftrich. Aber es gibt auch Autoren, die ihren Zugang von anderen Positionen wählen, wie etwa Walter Kaufmann, Michael Landmann, Karl Ulmer oder Bernhard Bueb in seiner bemerkenswerten Dissertation über ‚Nietzsches Kritik der praktischen Vernunft'. Eigenen Rang gewinnen darüber hinaus die von Theologen und Philosophen geführten Debatten über Nietzsches Verhältnis zum Christentum[32] sowie die Untersuchungen zu Nietzsches Auseinandersetzung mit den Naturwissenschaften.[33]

Doch spätestens seit der Mitte der siebziger Jahre tritt die Nietzsche-Forschung aus dem „Schatten" der monumentalen Deutungen heraus. Eine umfassende historisch-kritische Aufarbeitung setzt ein, die in vielem die aus der Beschäftigung mit den Klassikern der Philosophie inzwischen vertrauten Dimensionen übertrifft. Denn außer den Philosophen beschäftigen sich nun in großem Umfang auch die Literaturwissenschaftler und die Kunsthistoriker mit seinem Werk – und dies plötzlich in ganz Westeuropa sowie in den Vereinigten Staaten, unter zunehmender Beteiligung einiger osteuropäischer Länder.

Die Wiedergeburt Nietzsches im Geist historisch-kritischer Forschung geschieht in der Erwartung, daß sein bis dahin nur unvollkommen erschlossener Nachlaß, daß vor allem aber die Methode seines Denkens, in Verbindung mit seinen noch nicht erschlossenen Quellen, neue Einsichten in die Eigenart geistiger Produktivität erlaubt. Man traut Nietzsche nicht nur wie kaum einem anderen zu, bislang noch unverstandene Dinge gesagt zu haben, sondern man sieht in ihm und seinen Texten einen exemplarischen Fall des Denkens überhaupt. Seine Schriften gelten nunmehr als einzigartige Dokumente, in denen sich – bewußt und unbewußt – ganz allgemein das Schicksal des Geistes ausspricht. Nur so läßt sich das weit über historische, philologische und wohl auch philosophische Fragen hinausgehende Interesse an diesem Autor erklären. Während sich das Interesse in den ersten Jahrzehnten weitgehend auf die Person und ihre philosophisch-literarischen Einsichten konzentrierte, achtet man nun verstärkt, mitunter sogar ausschließlich, auf die in den Texten zum Vorschein kommenden semantischen Strukturen. Vor allem für seine französischen Interpreten wurde Nietzsche zum bloßen Medium, in und an dem sich die These von der Vorherrschaft der Medien, insonderheit der Sprache, demonstrieren ließ.[34]

Der philosophischen Bedeutung Nietzsches hat dies keinen Abbruch getan, auch wenn er dadurch eine Zeitlang wieder literarisch – oder genauer: literaturwissenschaftlich – in Mode kam. Es hat sich eigentlich nur erneut bestätigt, daß sein Denken über die Grenzen der akademischen Philosophie hinweg unmittelbare Anstöße geben kann. Gewiß hat sein Bemühen, das Vokabular der Schulphilosophie beiseite zu schieben, etwas Gewaltsames, Verzweifeltes, mitunter auch etwas Tragikomisches. Denn er bemüht sich einfach nicht um eine genauere Kenntnis der Theorien, denen er den Abschied geben möchte. Hätte er Leibniz, Kant oder Hegel wirklich gekannt, wäre er zu einiger Bescheidenheit genötigt gewesen; er hätte sich vermutlich oft eingestehen müssen, was er nur einmal, angesichts der metaphysischen, Gott und Natur gleichsetzenden Teleologiekritik Spinozas zu Papier bringt: „Ich habe einen *Vorgänger* und was für einen" (Karte an Overbeck vom 30.7. 1881; KSB 6, 111). Doch die Unkenntnis seiner großen Vorgänger schmälert seine eigene Leistung nicht; sie kommt im Gegenteil der Ursprünglichkeit seines Denkens zugute. Ganz auf der Höhe seiner Zeit, tief von der Erfahrung der Natur und der Geschichte in sich und außer sich durchdrungen, gelingt es diesem raffinierten Denker, zur Naivität philosophischer Elementarfragen zurückzukehren.

Nietzsche erinnert die Philosophie mit subtiler Brutalität daran, daß es auch im wissenschaftlichen Zeitalter noch einiges zu staunen gibt. Er ist sich der Erbschaft Platons wie kaum ein anderer bewußt; er weiß von der Unwiderruflichkeit der von Kant inaugurierten „kopernikanischen Wende"; er macht sich, Jahre vor Freud, keine Illusion über die Oberflächlichkeit des menschlichen Bewußtseins. Und doch versteht er sich auf das Kunststück, mit vorsokratischer Unschuld auf das Ganze des Daseins zuzugehen, um das „Werden", das „Innere der Kraft" oder die „Einheit von Leben und Tod" in Verbindung mit dem Schicksal des Menschen zu denken. Nietzsche ist der Artist der ursprünglichen philosophischen Fragen. Er führt uns vor, daß wir auch in einer hochtechnisierten industriellen Lebenswelt die alten existentiellen Probleme haben und philosophisch immer noch am Anfang stehen.

Was er vorführt, sieht einfach aus. Es scheint so leicht, ihm zu folgen. Nur deshalb konnten sich so viele auf ihn berufen. Wer nach neuen Lebensformen suchte, wer Anspruch auf elementare Quellen, auf lebensvolle Gewißheiten, auf verläßlichere Gründe – und in alledem auf einen sinnlich verbürgten Sinn seines Daseins – erhob, wer dennoch aber nicht antiquiert, sondern seiner Zeit voraus erscheinen wollte, der konnte in Nietzsche seinen Mentor finden. Darin liegt bis heute die große Chance, die er für den Zugang zur Philosophie eröffnet; daraus erklären sich aber auch die kapitalen Schwierigkeiten im Nachvollzug seines Werks. Denn er ist in allen diesen stets auch vom jeweiligen Zeitgeist beförderten Ansprüchen, ist hinter allen Masken und Moden ein tiefer Denker, ein Philosoph ersten Ranges. Er gehört in die Reihe der Großen von Platon bis Hegel, auch wenn er ihnen mit Gewalt entkommen wollte.

VI. Anhang

1. Anmerkungen

1 Die Nietzsche-Zitate werden in den nachstehenden Klammern lokalisiert. An erster Stelle steht der Hinweis auf das Buch mit der entsprechenden Aphorismus-Nummer oder auf die datierte Nachlaßnotiz; an zweiter Stelle der Hinweis auf Band und Seitenzahl der Studienausgaben von Werken und Briefen, herausgegeben von *G. Colli* und *M. Montinari.* Zu den Abkürzungen siehe das Verzeichnis der Siglen, S. 7.

2 So referiert Nietzsche selbst ein Gespräch mit Ritschl in seinem ‚Rückblick auf meine Leipziger Jahre‘ (Schlechta, Werke, Bd. III, 135).

3 Das Thema sollte lauten: Der Begriff des Organischen seit Kant – ein Titel, der auch Nietzsches naturwissenschaftliche Interessen erkennen läßt.

4 So der Titel der Veröffentlichung. Die Vorlesung war mit ‚Über die Persönlichkeit Homers‘ angekündigt.

5 Kennzeichnend ist das Urteil des Bonner Kollegen *Hermann Usener,* „jemand, der so etwas geschrieben habe, sei wissenschaftlich tot." *Ritschl* spricht von einer „geistreichen Schwiemelei" und schreibt dem jungen Kollegen einen bemerkenswerten Brief, in dem es u. a. heißt: „Sie können dem ‚Alexandriner‘ (so hatte Nietzsche die historisch arbeitenden Kollegen genannt; V. G.) und Gelehrten unmöglich zumuthen, daß er die *Erkenntniß* verurtheile und *nur* in der Kunst die weltumgestaltende, die erlösende und befreiende Kraft erblicke." (Brief vom 14. Feb. 1872). Den literarischen Streit um das Buch, vornehmlich geführt von U. Wilamowitz-Moellendorff und Nietzsches Freund Erwin Rohde, hat *K. Gründer* (Der Streit um Nietzsches „Geburt der Tragödie", Hildesheim 1969) wieder zugänglich gemacht.

6 Brief an *Arnold von Salis* vom 21. 4. 1872 (Briefe, hrsg. v. *Max Burckhardt,* Basel/Stuttgart 1963, Bd. 5, 158).

7 Die ‚Fröhliche Wissenschaft‘ erscheint 1882 zunächst nur mit *vier* Büchern, an deren Ende Zarathustra angekündigt wird (FW 342). 1886 schließt Nietzsche, auch hier wieder mit einer beachtenswerten Vorrede, ein *fünftes* Buch an, das seitdem zum corpus der ‚Fröhlichen Wissenschaft‘ gehört.

8 *Lou Andreas-Salomé:* Lebensrückblick, Frankfurt 1968, 84 (Brief an Paul Rée vom 18. 8. 1882).

9 *G. Colli:* Nach Nietzsche, Stuttgart 1980, 209.

10 Vgl. dazu: *F. Kaulbach:* Nietzsches Idee einer Experimentalphilosophie, Köln/Wien, 1980; *V. Gerhardt:* Experimental-Philosophie, in: Pathos und Distanz, Stuttgart 1988, 161–187.

11 *I. Kant:* Akad. Ausg., Bd. 27, 2, 1321.

12 *I. Kant:* Kritik der Urteilskraft, §§ 1, 9, 14 u. 29; Akad. Ausg. 5, 204, 219, 224 u. 274.

13 Die Zitate in den letzten Sätzen stammen aus der Einleitung *Kants* zu seiner Kritik der reinen Vernunft (A 13; Akad. Ausg. 4, 23).

14 *M. Montinari:* Nietzsche lesen, Berlin/New York 1983, 3.

15 *W. Müller-Lauter,* Nietzsche. Seine Philosophie der Gegensätze und die Gegensätze seiner Philosophie, Berlin/New York 1971.

16 Vgl. dazu: *V. Gerhardt:* Die Perspektive des Perspektivismus, in: Nietzsche-Studien 18, 1989, 260–281.

17 Darüber haben uns inzwischen vor allem die Studien *H. Plessners* belehrt: Lachen und Weinen (1941); Das Lächeln (1950); Über den Begriff der Leidenschaft (1950); Trieb und Leidenschaft (1971), alle inzwischen in: Gesammelte Schriften, Frankfurt 1980–85.

18 Siehe dazu: *V. Gerhardt:* Die Moral des Immoralismus, in: Krisis der Metaphysik. Festschrift für Wolfgang Müller-Lauter, hrsg. von *G. Abel* u. *J. Salaquarda,* Berlin/New York 1989, S. 417–447, *ders.:* Selbstbegründung. Nietzsches Moral der Individualität, in: Nietzsche-Studien 21, 1992, 28–49.

19 *B. Magnus:* Nietzsche's Existential Imperative, Bloomington/London 1978.

20 Siehe dazu: *D. Schubert:* Nietzsche-Konkretionsformen in der bildenden Kunst 1890–1933, in: Nietzsche-Studien 10/11, 1981/82, 278–317.

21 Nietzsches Wirkung auf die deutsche Literatur ist in dem von *B. Hillebrand* (1978) herausgegebenen Sammelband dokumentiert.

22 *K. Lichtblau:* Das „Pathos der Distanz" – Präliminarien zur Nietzsche-Rezeption bei Georg Simmel, in: H. J. Dahme/O. Rammstedt (Hrsg.): Georg Simmel und die Moderne, Frankfurt a. M. 1984, 231–281; *H. Baier:* Die Gesellschaft – ein langer Schatten des toten Gottes, in: Nietzsche-Studien 10/11, 1981/82, 6–33; *W. Hennis:* Max Webers Fragestellung, Tübingen 1987; *R. Maurer:* Nietzsche und die Kritische Theorie, in: Nietzsche-Studien 10/11, 1981/82, 34–79.

23 *S. Freud:* Selbstdarstellung (1925), in: Gesammelte Werke, hrsg. von A. Freud u. a., Bd. 14, Frankfurt a. M. 1963, 83.

24 *A. Baeumler:* Nietzsche als Philosoph und Politiker, Leipzig 1931.

25 *F. Giese:* Nietzsche, die Erfüllung, Tübingen 1934, 30 ff. u. 127.

26 Dazu eindrucksvoll: *W. Müller-Lauter:* Über den Umgang mit Nietzsche, in: Sinn und Form, 5, 1991, 833–851.

27 *K. Jaspers:* Nietzsche, Berlin 1936, 2. Aufl. 1947, 456 f.

28 Siehe dazu ausführlicher: *V. Gerhardt:* Hundert Jahre nach Nietzsche, in: Pathos und Distanz, a. a. O., 197 f.

29 *K. Löwith,* Nietzsche nach sechzig Jahren (1956), wieder in: Sämtliche Schriften, Bd. 6, 451 f.

30 Inzwischen liegen in den Bänden 43, 44, 47 und 48 der Heidegger-Gesamtausgabe ausführliche Fassungen der Nietzsche-Vorlesungen Heideggers vor.

31 *P. Köster:* Die Problematik wissenschaftlicher Nietzsche-Interpretationen, in: Nietzsche-Studien 2, 1973, 31–60, 31.

32 Zu nennen sind hier insbesondere die bis in die achtziger Jahre fortgeführten Arbeiten von *E. Biser* und *G.-G. Grau.*

33 Zu erwähnen ist vor allem die wegweisende Studie von *A. Mittasch:* Nietzsche als Naturphilosoph, Stuttgart 1952; ihm folgen dann *K. Schlechta* und *A. Anders* (1962) und *G. Abel* (1984).

34 Exemplarisch dafür ist *Jacques Derridas* Vortrag ‚Éperons. Les styles de Nietzsche‘, den er 1973 in dem einflußreichen ersten Sammelband von ‚Nietzsche aujourd'hui?‘ (Paris 1973) veröffentlichte. Der deutsche Text – ‚Sporen. Die Stile Nietzsches‘ – ist in der informativen Zusammenstellung von *W. Hammacher:* Nietzsche aus Frankreich, Berlin 1986, wiedergegeben. Dort sind auch Beiträge anderer Autoren aus dem Umfeld des literarischen (Post-)Strukturalismus (des später auch so genannten ‚Dekonstruktivismus‘) versammelt. Eine umfassende Deutung Nietzsches von diesem Ansatz her hat *A. Nehamas* in ‚Nietzsche. Life as Literature‘ (1985; dt.: 1991) vorgelegt. Eine lesenswerte Einordnung dieser ganzen Interpretationsrichtung in den Zusammenhang der sprachwissenschaftlichen und der philosophischen Hermeneutik gibt *E. Behler* in: Derrida – Nietzsche, Nietzsche – Derrida, Paderborn 1988.

2. Literaturverzeichnis

a) Werkausgaben

Werke. Kritische Gesamtausgabe, hrsg. v. G. Colli u. M. Montinari, Berlin/New York 1967 ff. [KGW].

Sämtliche Werke. Kritische Studienausgabe in 15 Bänden, hrsg. v. G. Colli u. M. Montinari, München/Berlin/New York 1980 [KSA] (textidentisch mit KGW, aber ohne Nietzsches philologische Aufsätze und Vorlesungen, ohne Jugendschriften und nur mit stark verkürzten Kommentaren; es fehlen ferner die Konkordanzen für den Nachlaß; ein Registerband bietet die von Montinari zusammengestellte Lebensübersicht und ein Namensregister).

Briefe. Kritische Gesamtausgabe, hrsg. v. G. Colli u. M. Montinari, Berlin/New York 1975 ff. [KGB].

Sämtliche Briefe. Kritische Studienausgabe, hrsg. v. G. Colli u. M. Montinari, München/Berlin/New York 1986 [KSB] (textidentisch mit KGB, aber ohne Kommentare, dafür jedoch mit Namensregister).

Werke und Briefe. Historisch-kritische Gesamtausgabe, hrsg. v. H.J. Mette, München 1933–1942 (von dieser großangelegten Edition sind nur die Jugendschriften, Arbeiten aus der Studenten- u. Militärzeit, den ersten Baseler Jahren sowie Briefe bis zum Jahr 1877 erschienen).

Werke in drei Bänden, hrsg. v. K. Schlechta, München 1966 (diese verdienstvolle Edition liegt inzwischen in mehreren Ausgaben vor, auch als fünfbändiges Taschenbuch; hilfreiches Register, Literaturangaben und Konkordanzen; enthält nur einen Teil von Nietzsches Nachlaß in unübersichtlicher Anordnung).

Werke. Kröners Taschenausgabe, Stuttgart 1964 ff. (diese von A. Baeumler besorgte Edition basiert auf der Gesamtausgabe von Nietzsches Werken, die als sogenannte Großoktavausgabe seit 1905 von E. Förster-Nietzsche in Leipzig ediert wurde; diese Ausgabe ist, insbesondere im Hinblick auf den Nachlaß, veraltet; die Kröner-Ausgabe ist insofern empfehlenswert, als sie über ein Register verfügt).

b) Biographien und Biographisches

Althaus, H.: Friedrich Nietzsche. Eine bürgerliche Tragödie, München 1985.

Andler, Ch.: Nietzsche. Sa vie et sa pensée, 6 Bde., Paris 1920–31 (2. Aufl. in 3 Bdn.: Paris 1958).

Bernoulli, C.A. (Hrsg.): Franz Overbeck und Friedrich Nietzsche. Eine Freundschaft, 2 Bde., Jena 1908.

Brann, H.W.: Nietzsche und die Frauen, Leipzig 1931.

Eger, M.: „Wenn ich Wagnern den Krieg mache." Der Fall Nietzsche und das Menschlich, Allzumenschliche, München 1991.

Gilman, S.L. (Hrsg.): Begegnungen mit Nietzsche, Bonn 1981.

Janz, C.P.: Friedrich Nietzsche. Biographie in drei Bänden, München 1978 ff.

Podach, E.: Nietzsches Zusammenbruch, Heidelberg 1930.

Podach, E.: Gestalten um Nietzsche, Weimar 1932.

Podach, E.: Der kranke Nietzsche, Wien 1937.

Ross, W.: Der ängstliche Adler. Friedrich Nietzsches Leben, Stuttgart 1980.

Schmidt, H.J.: Nietzsche absconditus oder Spurenlesen bei Nietzsche, Teil I u. II, Kindheit, Berlin/Aschaffenburg 1991.

Verrechia, A.: Zarathustras Ende. Die Katastrophe Nietzsches in Turin, Wien/Köln/Graz 1986.

Volz, P.D.: Nietzsche im Labyrinth seiner Krankheit. Eine medizinisch-biographische Untersuchung, Würzburg 1990.

c) Gesamtdarstellungen

Andreas-Salomé, L.: Friedrich Nietzsche in seinen Werken, Wien 1894 (3. Aufl. Frankfurt 1983).

Fink, E.: Nietzsches Philosophie, Stuttgart/Berlin/Köln/Mainz 1960 (5. Aufl. 1986).

Jaspers, K.: Nietzsche. Einführung in das Verständnis seines Philosophierens (1936), Nachdruck d. 4. Aufl. 1974, Berlin/New York 1981.

Kaufmann, W.: Nietzsche. Philosoph – Psychologe – Antichrist (1950), a. d. Amerik. übers. v. J. Salaquarda, Darmstadt 1982 (mit hilfreicher Bibliographie).

Kaulbach, F.: Nietzsches Idee einer Experimentalphilosophie, Köln/Wien 1980.

Ottmann, H.: Philosophie und Politik bei Nietzsche, Berlin/New York 1987.

Müller-Lauter, W.: Nietzsche. Seine Philosophie der Gegensätze und die Gegensätze seiner Philosophie, Berlin/New York 1971.

Pütz, P.: Friedrich Nietzsche, Stuttgart 1967.

Riehl, A.: Friedrich Nietzsche. Der Künstler und der Denker, 4. verb. Aufl., Halle 1901.

Ries, W.: Nietzsche zur Einführung, 4. überarb. und erw. Neuausg., Hannover 1990.

Simon, J.: Friedrich Nietzsche, in: O. Höffe (Hrsg.): Klassiker der Philosophie, Bd. 2, München 1981, 203–224.

Ulmer, K.: Nietzsche. Einheit und Sinn seines Werkes, Bern/München 1962.

d) Interpretationen zum Werk

Abel, G.: Die Dynamik der Willen zur Macht und die ewige Wiederkehr, Berlin/New York 1984.

Behler, E.: Derrida – Nietzsche, Nietzsche – Derrida, Paderborn 1988.

Bennholdt-Thomsen, A.: Nietzsches „Also sprach Zarathustra" als literarisches Phänomen. Zur Revision, Frankfurt 1974.

Biser, E.: „Gott ist tot". Nietzsches Destruktion des christlichen Bewußtseins, München 1962.

Biser, E.: Gottsucher oder Antichrist? Nietzsches provokative Kritik des Christentums, Salzburg 1982.

Böning, Th.: Metaphysik, Kunst und Sprache beim frühen Nietzsche, Berlin/New York 1988.

Brose, K.: Sklavenmoral. Nietzsches Sozialphilosophie, Bonn 1990.

Bueb, B.: Nietzsches Kritik der praktischen Vernunft, Stuttgart 1970.

Colli, G.: Nach Nietzsche (a. d. Italienischen v. R. Klein), Frankfurt a. M. 1980.

Colli, G.: Distanz und Pathos. Einleitungen zu Nietzsches Werken (a. d. Italienischen v. R. M. Geschwend u. R. Klein), Frankfurt 1982.

Deleuze, G.: Nietzsche und die Philosophie (aus dem Französischen v. B. Schwibs), München 1976.

Figl, J.: Interpretation als philosophisches Prinzip. Friedrich Nietzsches universale Theorie der Auslegung im späten Nachlaß, Berlin/New York 1982.

Gerhardt, V.: Pathos und Distanz. Studien zur Philosophie Friedrich Nietzsches, Stuttgart 1988.

Giesz, L.: Nietzsche. Existentialismus und Wille zur Macht, Stuttgart 1950.

Goth, J.: Nietzsche und die Rhetorik, Tübingen 1970.

Grannier, J.: Le Problème de la Vérité dans la Philosophie de Nietzsche, Paris 1966.

Groddeck, W.: Nietzsches ‚Dionysos-Dithyramben‘, 2 Bde., Berlin/New York 1990.

Grau, G.-G.: Ideologie und Wille zur Macht. Zeitgemäße Betrachtungen über Nietzsche, Berlin/New York 1984.

Grau, G.-G.: Christlicher Glaube und intellektuelle Redlichkeit. Eine religionsphilosophische Studie über Nietzsche, Frankfurt a. M. 1958.

Grimm, R. H.: Nietzsche's Theory of Knowledge, Berlin/New York 1977.

Habermas, J.: Nachwort zu: Friedrich Nietzsche, Erkenntnistheoretische Schriften, Frankfurt a. M. 1968.

Hamacher, W. (Hrsg.): Nietzsche aus Frankreich, Frankfurt 1986.

Heftrich, E.: Nietzsches Philosophie. Identität von Welt und Nichts, Frankfurt a. M. 1962.

Heidegger, M.: Nietzsche, 2 Bde., Pfullingen 1961.

Heidegger, M.: Nietzsches Wort „Gott ist tot", in: Holzwege, Frankfurt 1950, 193–247.

Heidegger, M.: Wer ist Nietzsches Zarathustra? in: Vorträge und Aufsätze, Pfullingen 1954, 97–122.

Heller, E.: Nietzsches Scheitern am Werk, Freiburg/München 1989.

Heller, P.: „Von den ersten Dingen". Studien und Kommentar zu einer Aphorismenreihe von Friedrich Nietzsche, Berlin/New York 1972.

Henke, D.: Gott und Grammatik. Nietzsches Kritik der Religion, Pfullingen 1981.

Hudek, F.-P.: Die Tyrannei der Musik. Nietzsches Wertung des Wagnerschen Musikdramas, Würzburg 1989.

Kaulbach, F.: Sprachen der ewigen Wiederkunft, Würzburg 1985.

Klossowski, P.: Nietzsche und der Circulus vitiosus deus (a. d. Französischen v. R. Vouillé), München 1986.

Knodt, R.: Friedrich Nietzsche. Die ewige Wiederkehr des Leidens. Selbstverwirklichung und Freiheit als Problem seiner Ästhetik und Metaphysik, Bonn 1987.

Krause, J.: „Märtyrer" und „Prophet". Studien zum Nietzsche-Kult in der bildenden Kunst der Jahrhundertwende, Berlin/New York 1984.

Löwith, K.: Nietzsches Philosophie der ewigen Wiederkunft des Gleichen, Berlin 1935.

Mejer, Th.: Nietzsche. Kunstauffassung und Lebensbegriff, Tübingen 1991.

Mittasch, A.: Friedrich Nietzsche als Naturphilosoph, Stuttgart 1952.

Montinari, M.: Nietzsche lesen, Berlin/New York 1982.

Nehamas, A.: Nietzsche. Leben als Literatur (a. d. Amerikanischen v. B. Flickinger), Göttingen 1991.

Pfotenhauer, H.: Die Kunst als Physiologie. Nietzsches ästhetische Theorie und literarische Produktion, Stuttgart 1985.

Pieper, A.: „Ein Seil geknüpft zwischen Tier und Übermensch". Philosophische Erläuterungen zu Nietzsches erstem „Zarathustra", Stuttgart 1990.

Politycki, M.: Umwertung aller Werte? Deutsche Literatur im Urteil Nietzsches, Berlin/New York 1989.

Röttges, H.: Nietzsche und die Dialektik der Aufklärung. Untersuchungen zum Problem einer humanistischen Ethik, Berlin/New York 1972.

Schneider, U.: Grundzüge einer Philosophie des Glücks bei Nietzsche, Berlin/New York 1983.

Schlechta, K. /Anders, A.: Friedrich Nietzsche – Von den verborgenen Anfängen des Philosophierens, Stuttgart 1962.

Sloterdijk, P.: Der Denker auf der Bühne, Frankfurt a. M., 1986.

Taureck, B. H. F.: Nietzsches Alternativen zum Nihilismus, Hamburg 1991.

Volkmann-Schluck, K.-H.: Die Philosophie Nietzsches. Der Untergang der abendländischen Metaphysik, hrsg. v. B. Heimbüchel, Würzburg 1991.

e) Arbeiten zu historischen Voraussetzungen und Folgen

Guzzoni, A. (Hrsg.): 100 Jahre philosophische Nietzsche-Rezeption, Frankfurt a. M. 1991.

Hillebrand, B. (Hrsg.): Nietzsche und die deutsche Literatur, Texte 1873–1963 u. Forschungsergebnisse, 2 Bde., Tübingen 1978.

Hoffmann, D. M. (Hrsg.): Zur Geschichte des Nietzsche-Archivs. Chronik, Studien und Dokumente, Berlin/New York 1991.

Krummel, R. F.: Nietzsche und der deutsche Geist. Ausbreitung und Wirkung des Nietzscheschen Werkes im deutschen Sprachraum bis zum Todesjahr des Philosophen. Ein Schrifttumsverzeichnis der Jahre 1867–1900 (Bd. 1) u. 1901–1918 (Bd. 2), Berlin/New York 1974 u. 1983.

Nolte, E.: Nietzsche und der Nietzscheanismus, Frankfurt a. M./Berlin 1990

Sandvoss, E.: Hitler und Nietzsche, Göttingen 1969.

Schnädelbach, H.: Philosophie in Deutschland 1831–1933, Frankfurt 1983

3. Personenregister

233

Weber, M. 24, 212, 218
Wells, H. G. 216
Wilde, O. 216

Wilhelm II. 59
Wittgenstein, L. 24, 30

4. Sachregister

235

beck'sche reihe denker Herausgegeben von Otfried Höffe

Philosophie in der Beck'schen Reihe

Verlag C. H. Beck München

Wege der Philosophie

Wolfgang Röd
Der Weg der Philosophie
Von den Anfängen bis ins 20. Jahrhundert
Band 1: Altertum, Mittelalter, Renaissance
1994. 525 Seiten. Leinen

Otfried Höffe (Hrsg.)
Klassiker der Philosophie
Band 1: Von den Vorsokratikern bis David Hume
3., überarbeitete Auflage. 1994. 571 Seiten mit 23 Porträtabbildungen. Leinen
Band 2: Von Immanuel Kant bis Jean Paul Sartre
2., verbesserte Auflage. 1985. 557 Seiten mit 23 Porträtabbildungen. Leinen

Vittorio Hösle
Die Krise der Gegenwart und die Verantwortung der Philosophie
Transzendentalpragmatik, Letztbegründung, Ethik
2., um ein Nachwort erweiterte Auflage. 1994. 280 Seiten. Broschiert

Kurt Hübner
Die zweite Schöpfung
Das Wirkliche in Kunst und Musik
1994. 202 Seiten mit 1 Abbildung. Leinen

Thomas Buchheim
Die Vorsokratiker
Ein philosophisches Porträt
1994. 262 Seiten. Broschiert

Dietrich Böhler (Hrsg.)
Ethik für die Zukunft
Im Diskurs mit Hans Jonas
1994. 450 Seiten. Broschiert

Verlag C. H. Beck München